La guía del éxito

Smart but Scattered

Peg Dawson • Richard Guare

La guía del éxito

Smart but Scattered

Cómo utilizar las habilidades ejecutivas del cerebro
para mantener el ritmo, la calma
y organizarte tanto en el trabajo como en el hogar

EDICIONES OBELISCO

Si este libro le ha interesado y desea que le mantengamos informado
de nuestras publicaciones, escríbanos indicándonos qué temas son de su interés
(Astrología, Autoayuda, Psicología, Artes Marciales, Naturismo,
Espiritualidad, Tradición…) y gustosamente le complaceremos.

Puede consultar nuestro catálogo en www.edicionesobelisco.com

Colección Éxito
La guía del éxito
Peg Dawson
Richard Guare

Título original: *The Smart but Scattered Guide to Success*

1.ª edición: noviembre de 2020

Traducción: Manu Manzano
Corrección: M.ª Jesús Rodríguez
Diseño de cubierta: Isabel Estrada

© 2016, The Guilford Press. A Division of Guilford Publications, Inc.
Título publicado por acuerdo con Guilford Publications, Inc., a través de International Editors'Co.
(Reservados todos los derechos)
© 2020, Ediciones Obelisco, S. L.
(Reservados los derechos para la presente edición)

Edita: Ediciones Obelisco, S. L.
Collita, 23-25. Pol. Ind. Molí de la Bastida
08191 Rubí - Barcelona - España
Tel. 93 309 85 25
E-mail: info@edicionesobelisco.com

ISBN: 978-84-9111-608-0
Depósito Legal: B-14.811-2020

Impreso en los talleres gráficos de Romanyà/Valls S. A.
Verdaguer, 1 - 08786 Capellades - Barcelona

Printed in Spain

Reservados todos los derechos. Ninguna parte de esta publicación, incluido el diseño de la cubierta,
puede ser reproducida, almacenada, transmitida o utilizada en manera alguna por ningún medio,
ya sea electrónico, químico, mecánico, óptico, de grabación o electrográfico,
sin el previo consentimiento por escrito del editor.
Diríjase a CEDRO (Centro Español de Derechos Reprográficos, www.cedro.org)
si necesita fotocopiar o escanear algún fragmento de esta obra.

Nota de los autores

Cuando no hemos usado los pronombres en plural, hemos alternado el empleo de los pronombres personales en la forma femenina y masculina.

Todas los ejemplos y anécdotas, excepto los relacionados con nosotros mismos (y el hijo de Peg, que ha aceptado aparecer con su nombre) son inventados o representan situaciones que ilustran las fortalezas y las debilidades de las habilidades ejecutivas que hemos observado en los clientes a lo largo de nuestras carreras.

PRIMERA PARTE

Comprender al ejecutivo que tienes en tu cerebro

Capítulo 1

¿Eres inteligente, disperso y estás estresado?

Ginger estaba, una vez más, entre la espada y la pared. No había previsto el tiempo suficiente para darle los toques finales a la presentación que debía mostrarle al día siguiente a un importante cliente potencial, y ahora eran las 16:45, y en quince minutos tenía que pasar a recoger a su hijo del entrenamiento de fútbol. Se suponía que debía enseñarle el PowerPoint a su supervisor antes de salir del trabajo, y todavía le faltaban unos 45 minutos de trabajo para acabarlo. Se dejó caer por la oficina de su supervisor para comunicarle las malas noticias. «Kerry, sé que querías ver la presentación antes de que me marchara, pero el entrenamiento de Kevin termina en cinco minutos, y no puedo dejarlo colgado. ¿Puedo pasártelo antes de las nueve de esta noche?». Kerry ni siquiera trató de ocultar su disgusto. «Ginger, esto sucede muchas veces. Debes encontrar la manera de gestionar mejor tu tiempo, que no sólo afecta a tu trabajo, sino que afecta al mío también. Soy una persona que madruga mucho. ¡A las nueve de la noche ya me he me he metido en la cama!».

Ginger se disculpó lo mejor que pudo, recogió sus cosas a toda prisa y salió de la oficina a la carrera. Llamó a Kevin a su teléfono móvil para decirle que llegaría unos minutos tarde. A medida que cruzaba la ciudad en dirección a la escuela de su hijo, trató desesperadamente de pensar qué otra cosa tenía que hacer esa noche. ¿Qué tenía que preparar para la cena? Entonces se acordó de que no había sacado la comida del congelador y se preguntó si su familia toleraría otra noche más de comida rápida.

Se detuvo en la escuela, y allí estaba Kevin, con pinta de enfadado, de nuevo era el último al que iban a buscar para regresar a casa. Arrojó su mochila en el asiento de atrás y se subió delante.

—¿Cómo es que siempre soy el último en irme de aquí? –protestó.

Ginger se disculpó con él y luego trató de cambiar de tema.

—¿Tienes muchos deberes? –preguntó ella.

Kevin se encogió de hombros.

—Los he hecho casi todos en la escuela –respondió–. Y la señorita Clark nos ha dado una semana más para terminar el trabajo de ciencias sociales.

Ginger se preguntó si sería verdad. La última vez que Kevin le habló de una ampliación del plazo, resultó que se había retrasado en la entrega del trabajo y no quiso admitirlo. Ginger hizo una mueca al recordar ese incidente, y luego pensó, no por primera vez, que de tal palo tal astilla.

Ginger se detuvo en el KFC y compró la cena. Aquello valía la pena, aunque sólo fuera por ver que Kevin no se quejaba. Cuando llegaron a casa, le entregó las bolsas de comida rápida a Kevin y le pidió que cenara mientras ella cogía la mochila del ordenador portátil. Al cogerlo del asiento trasero del coche le dio la impresión de que pesaba muy poco. Maldijo en voz baja cuando abrió la cremallera y miró dentro. Efectivamente, los dos archivos que necesitaba para trabajar esa noche estaban allí, pero su portátil no. Y ahora ¿qué haría?

En el momento en que se metió dentro de casa, las lágrimas le corrían por las mejillas. Su marido, que apenas acababa de llegar y se estaba quitando el abrigo, la miró.

—¿Y ahora qué pasa? –le preguntó él, y Ginger sospechó que su día en la oficina había sido tan estresante como el de ella.

Ginger le contó lo sucedido.

—¿Así que ahora tienes que conducir de vuelta a la oficina para ir a buscar el portátil? –le preguntó su marido–. ¿No te olvidas muchas cosas últimamente?

—¿Ah, y tú no, señor Perfecto? –le soltó ella–. Por lo que recuerdo, tuvimos que cancelar nuestra tarjeta de crédito porque la perdiste en tu último viaje de negocios. Y es probable que ni siquiera la perdieras –añadió–. Seguro que está en el fondo de tu maletín. Como nunca lo ordenas…

Su hija, Kim, que había escuchado la conversación mientras bajaba las escaleras y le preguntó:

—¡Mamá! ¿Se te ha olvidado que ibas a ayudarme con el proyecto que estoy haciendo para mi clase de civismo? ¡Me prometiste que podría grabar una entrevis-

ta con vosotros esta noche, y debo entregarlo el viernes! Si no hacemos la grabación esta noche, no podré acabar el trabajo a tiempo.
Ginger se quejó.
—Está bien. Pongamos la mesa para la cena y tratemos de resolverlo todo.
Abrió las puertas de los armarios y sacó los platos. Su marido se dirigió hacia el televisor para ponerse al día con las noticias deportivas del día anterior. «Se moriría si ayudara a poner la mesa?», pensó ella. Mientras ponía los cubiertos y las servilletas se le ocurrió que su vida había sido así durante demasiado tiempo. O el día no tenía suficientes horas para poder hacer todo lo que necesitaba hacer o no tenía ni idea de cómo utilizar el tiempo del que disponía. Todas sus terminaciones nerviosas se erizaron, y se sintió como si fuera a dar un mordisco a la siguiente persona que la criticara. Algo tenía que cambiar.

¿Te resulta familiar esta situación? Todos hemos tenido días como éste. Sin duda, podrías personalizar el escenario y añadir detalles a la lista de factores de estrés. Y tal vez hayamos concluido que así es la vida del siglo XXI, y no haya nada que podamos hacer al respecto, sólo enfrentarnos a la situación, sonreír y aguantar, respirar profundamente, contar hasta diez, darnos a nosotros mismos o a los demás algunos consejos destinados a hacernos sentir mejor. Pero, de alguna manera, eso nunca funciona.

Por supuesto, podemos justificar nuestros nervios a flor de piel. La vida ahora es más compleja y exigente de lo que era hace una generación. Hoy en día las personas están sometidas a una presión constante para rendir cada vez más y hacerlo cada vez más rápido, y un número creciente de puestos de trabajo requieren invertir horas no reguladas o realizar los cometidos mediante el teletrabajo. Esto puede hacer que sea más fácil estar en casa cuando los niños llegan de la escuela, pero también dificulta la distinción entre la vida familiar y la laboral, de una manera que nos hace sentir que no ya no tenemos los períodos de tiempo de inactividad que teníamos antes, y constantemente tratamos de realizar varias tareas a la vez, el célebre *multitasking*, a pesar de que existen pruebas muy convincentes de que nuestro cerebro en realidad no puede hacerlo.

Y la tecnología y los medios de comunicación sociales presentan intrusiones adicionales en la vida familiar, por lo que incluso cuando toda la familia está reunida, la vemos fragmentada por los teléfonos inteligentes, Facebook, Instagram o Twitter.

¿Qué nos deja todo esto? ¿Cuántas de las siguientes situaciones puedes aplicarte a ti o a las personas que viven o trabajan contigo?

- Demasiadas responsabilidades laborales para encajar en una jornada de trabajo de 8 horas.
- Los conflictos de la vida personal y laboral se mezclan en un solo escenario.
- No sentimos insatisfechos con nuestro trabajo porque para hacerlo bien debemos restarle tiempo a nuestras vidas en casa y luego nos sentimos culpables de no saber gestionarlo todo de la manera en que deberíamos.
- Vivimos en un mundo conectado las veinticuatro horas al día durante siete días a la semana, del que nunca acabamos de desconectarnos porque luego utilizamos la misma tecnología para tratar de escapar de ese mismo mundo.
- Aparecen conflictos en las relaciones de pareja porque las presiones del trabajo que ambos miembros experimentan en el hogar los llevan a culparse el uno al otro por no cumplir con su parte con el fin de mantener las cosas funcionando sin problemas en casa.
- Se dan conflictos entre los padres y los hijos porque estos últimos no parecen darse cuenta de que hay un futuro ahí fuera para el que no están en absoluto preparados.
- La agenda diaria nos obliga a hacer malabarismos con múltiples demandas en casa, en el trabajo y en la familia que para realizarlas necesitaríamos días de treinta y seis horas y una hoja de cálculo tridimensional para controlarlo todo.

Todas estas cosas suponen un duro reto porque estamos saturando esa parte de nuestro cerebro que está diseñada para gestionar la complejidad. La corteza prefrontal (la zona del cerebro que se halla justo detrás de la frente) gestiona un conjunto de habilidades llamadas *ejecutivas* que están diseñadas para ayudarnos a llevar a cabo las tareas de la vida cotidiana. Tal vez hayas oído hablar de ellas. Posiblemente conozcas alguno de nuestros otros libros, como por ejemplo *Smart but Scattered*,[1] en el que se describen las habilidades ejecutivas en los niños, o puede que hayas leído historias en la prensa que te han despertado la curiosidad.

---

1. «Inteligente pero disperso». *(N. del T.)*

A estas habilidades se las conoce como *ejecutivas* porque son las requeridas para ejecutar tareas. Forman un grupo heterogéneo que incluye aspectos como el inicio de las tareas, la atención sostenida, la planificación, la organización, la gestión del tiempo, la regulación emocional y el control de los impulsos, entre otras (*véase* el siguiente cuadro), pero lo que tienen en común es que, cuanto mejor funcionan estas habilidades, más capaces somos tanto de llevar a cabo tareas cotidianas como de desarrollar un plan para alcanzar los objetivos de vida que nos satisfagan. Por el contrario, cuanto más débiles son dichas habilidades, más probable es que acabemos teniendo muchas dificultades para lidiar con las demandas que asumimos rutinariamente en el trabajo, el hogar y la vida familiar.

LOS 12 ESENCIALES

- Inhibición de respuesta
- Memoria de trabajo
- Control emocional
- Iniciación de tareas
- Atención sostenida
- Planificación/priorización
- Organización
- Gestión del tiempo
- Flexibilidad
- Metacognición
- Persistencia dirigida a un objetivo
- Tolerancia al estrés

Está claro que Ginger tiene varias debilidades en cuanto a sus habilidades ejecutivas, incluyendo la memoria de trabajo, la gestión del tiempo y el control emocional. Y parece que su marido también posee un conjunto de debilidades propias, como la poca organización y la poca metacognición (la habilidad que le permite considerar el panorama general, en este caso la posibilidad de que pueda ayudar poniendo la mesa para la cena). Y Kevin, al igual que su madre, parece tener habilidades de gestión del tiempo y de planificación posiblemente débiles. Por otra parte, su hermana puede ser buena en muchas de esas habilidades, pero se siente frustrada porque quienes que están a su alrededor no poseen las habilidades que ella parece tener de manera natural.

El siglo XXI ha creado demandas para nuestras funciones ejecutivas como nunca antes: la complejidad que se nos pide que procesemos, las cosas que necesitamos recordar sólo para hacer frente el día a día, las tareas y las obligaciones que tenemos que nos empujan en muchas direcciones a la vez exceden lo que nuestros lóbulos frontales pueden manejar cómodamente. Solemos quitarle importancia al asunto y nos decimos que podemos realizar múltiples tareas, y así es como pasamos nuestros días, y sin embargo la investigación muestra que el cerebro no puede realizar múltiples tareas, y nuestros intentos de hacerlo degradan la eficacia del trabajo y aumentan la probabilidad de cometer errores y omisiones. Por desgracia, ésta no es la solución.

Entonces, ¿cuál es la solución? Pensemos en que comprender las habilidades ejecutivas, saber usarlas y mejorarlas es la clave para sobrevivir hoy en día, y tal vez incluso de prosperar en la vida.

Qué ofrece este libro

Una vez que entiendas las habilidades ejecutivas, tanto el conjunto de las habilidades que abarca este término como las fortalezas y debilidades que afectan a tu capacidad para implementarlas en el día a día, comenzarás a entender mejor tanto la forma de operar como por qué manejas algunas de las tareas y responsabilidades mejor que otras. Y si te detienes a considerar los perfiles de las habilidades ejecutivas de las personas que viven y trabajan contigo, su comportamiento también tendrá mucho más sentido para ti.

Nuestra esperanza es que los lectores de este libro acaben asimilando especialmente dos cosas. En primer lugar, esperamos darles herramientas y estrategias para mejorar sus habilidades ejecutivas débiles que desean trabajar. Las últimas investigaciones sobre el cerebro nos aseguran que la neuroplasticidad (la idea de que el cerebro puede cambiar con el tiempo y con la práctica dirigida) está presente durante toda la vida, en lugar de terminar en algún momento de la infancia, como se creía inicialmente. La mala noticia es que se necesita más esfuerzo y práctica sostenida para cambiar los cerebros de los adultos que lo que se requiere para lograr el mismo resultado en los niños y los adolescentes. La buena noticia es que, si se quiere hacer frente a la mejora de las habilidades ejecutivas, los psicólogos y otros investigadores han desarrollado estrategias probadas para conseguirlo. Parte de esta investigación es complicada y densa (y es una lectura aburrida, para ser honestos).

En segundo lugar, esperamos que los lectores acaben siendo más indulgentes consigo mismos y con los demás en cuanto a las habilidades ejecutivas evidentemente débiles, así como más capaces de apreciar las propias fortalezas y las de las personas que viven y trabajan con ellos, tales como cónyuges o parejas, hijos y compañeros de trabajo, y que sepan que esas fortalezas pueden ser utilizadas para compensar las debilidades. Lo ideal sería que, después de leer este libro, no sólo seas capaz de utilizar tus propias fortalezas para superar tus debilidades, sino también que seas capaz de encontrar la manera de aprovechar las fortalezas de los demás para compensar sus propias debilidades. (Lo admitimos, esto funciona mejor cuando puedes ofrecer tus puntos fuertes para ayudar a los que te rodean a evitar sus debilidades, porque se experimenta más como una vía de doble sentido que como un recorrido sin meta alguna).

Entonces, ¿qué podemos hacer?

Volvamos a Ginger. ¿Cómo podría cambiar su vida después de leer este libro? Al abordar el «Cuestionario de Habilidades Ejecutivas» del capítulo 2, Ginger podría descubrir que mientras que tiene tres debilidades particulares, la gestión del tiempo las supera a todas y, debido a esta mala gestión, entra en juego la deficiente memoria de trabajo, que a su vez conduce a la frustración agravada por la falta de control emocional. Esto podría llevarla a decidir que, si pudiera poner en práctica algunas estrategias para mejorar la gestión del tiempo, sus otras debilidades no serían tan graves. Ginger sería capaz de mejorar sus habilidades ejecutivas (quizá no del todo, pero sí de manera muy significativa) a través de una combinación de señales ambientales y soportes (tales como recordatorios en su smartphone y comprobaciones realizadas por su supervisor en momentos clave, cuando se avecinan los plazos a cumplir), y aprendiendo a añadir estimaciones de tiempo a sus planes de trabajo, para hacer un mejor uso de su fortaleza en la planificación con el fin de reforzar su debilidad en la gestión del tiempo.

Nuestro objetivo al escribir este libro es ayudar al lector a entender cómo las habilidades ejecutivas son nuestra mejor defensa contra las presiones a las que nos enfrentamos en casa, en el lugar de trabajo y en nuestras relaciones. Y he aquí cómo lo hacemos:

- En primer lugar, describimos las habilidades ejecutivas con cierto detalle y explicamos su relación con el desarrollo del cerebro para poder entender cuál es el papel que desempeñan en el funcionamiento cognitivo durante toda la vida.
- Proporcionamos un cuestionario para identificar el propio perfil de habilidades ejecutivas. Esto permite empezar a pensar en cómo se pueden utilizar los puntos fuertes y otros recursos para combatir o disminuir el impacto negativo de las debilidades.
- Describimos maneras de modificar el entorno para reducir el impacto de las habilidades ejecutivas débiles.
- Proporcionamos una amplia variedad de estrategias para mejorar las habilidades ejecutivas débiles.
- Ayudamos a identificar las estrategias que podrían ser mejores para cada uno, proporcionando preferencias de aprendizaje y de cambio de comportamiento.
- Detallamos cómo puedes utilizar tu conocimiento de la función ejecutiva en tres ámbitos clave de la vida: trabajo, hogar y relaciones.
- En un capítulo dedicado al lugar de trabajo, hablamos de cómo se puede evaluar la correspondencia entre tu perfil de habilidades ejecutivas y las demandas del trabajo, y describimos cómo se puede utilizar el conocimiento de las habilidades ejecutivas para funcionar mejor con los compañeros de trabajo cuyos perfiles de habilidades ejecutivas pueden ser muy diferentes al tuyo.
- En un capítulo dedicado al hogar, hablamos de cómo, a pesar de tener las mismas habilidades ejecutivas que tu pareja, vuestras fortalezas y debilidades

pueden manifestarse de manera diferente. Exponemos diversas estrategias para aprovechar tus puntos fuertes y débiles (y los de los demás miembros de la familia) para que tu hogar funcione sin problemas.
- En un capítulo dedicado a las relaciones, explicamos por qué cuanto más entiendas tu propio perfil y el de las personas con las que mantienes una relación (particularmente las relaciones con el cónyuge, o la pareja, los hijos y los propios padres), más probabilidades tendrás de ser capaz de gestionar los conflictos y las tensiones.
- Consideramos cada habilidad ejecutiva por separado e identificamos problemas comunes que surgen cuando la habilidad es una debilidad y proponemos algunas estrategias que puedes utilizar para modificarla, mejorarla o trabajarla.
- Por último, ofrecemos una descripción de lo que ocurre con las habilidades ejecutivas, y las capacidades cognitivas en general, a medida que envejecemos. Resulta que hay cosas que puedes comenzar a hacer ahora, sin importar cuál sea tu edad actual, para preservar tu funcionamiento cognitivo durante la vejez. Querrás leer ese capítulo antes de dejar el libro.

ESTE LIBRO ES PARA TI...

Si tienes tendencia a...
- Procrastinar.
- Saltar de una actividad a otra sin terminar ninguna.
- Tienes problemas para mantener los espacios de trabajo o del hogar ordenados y organizados.
- Te olvidas de hacer las cosas para las que te has comprometido.
- Te retrasas siempre.
- Pierdes la calma cuando las personas no se comportan de la manera que piensas que deberían.
- Te resulta difícil poner en práctica el Plan B cuando las cosas no salen de la manera en que pensabas que lo harían.
- Malgastas el tiempo cuando, en realidad, sabes que te queda trabajo por hacer.

Entonces sí, este libro es para ti.

Te contamos cómo identificar tus habilidades débiles, las áreas de tu vida más afectadas por ellas, y te ofrecemos estrategias útiles para cambiarlas y que sientas que tienes más control sobre tu vida. También te enseñaremos a reforzar todas tus habilidades ejecutivas y, en el proceso, reducir los niveles de estrés a los que estás sometido.

Por ejemplo, si tiendes a posponer las cosas, te contamos cómo elegir una tarea, escoger un tiempo de inicio específico, y planificar trabajar en ella durante tan sólo unos minutos para evitar el temor de realizarla.

O si tienes problemas con el mantenimiento de la atención en una tarea o trabajo, te mostraremos cómo acortar la tarea, de manera que el final ya se encuentre a la vista desde el principio, y cómo al finalizarla te puedes plantear la siguiente actividad para que puedas tenerla presente.

Si tienes dificultades con la memoria de trabajo (no recuerdas dónde has dejado las llaves del coche o el teléfono móvil), te enseñaremos a «descargar» esta tarea para que tu cerebro no tenga que trabajar mucho. De esa manera, una vez practiques, no tendrás que pensar tanto para recordar dónde están las llaves o el móvil.

Todo esto es sólo una idea de lo que viene. Pero el primer paso es comprender toda la gama de habilidades ejecutivas y la manera en que gobiernan tanto lo que hacemos como lo que intentamos hacer. Y el segundo paso es identificar tu propio perfil de habilidades ejecutivas para saber cuáles son las fortalezas a las que puedes recurrir y qué debilidades es posible que desees abordar.

Empecemos.

Capítulo 2

Tu perfil de habilidades ejecutivas

Puede que estés impaciente por comenzar a recorrer el camino hacia la automejora a la que se alude en el capítulo 1, pero primero queremos ayudarte a entender el proceso de ese cambio. En este capítulo, describimos el curso del desarrollo del cerebro que permite que emerjan y se fortalezcan las habilidades ejecutivas. Verás que, aunque el momento óptimo para el desarrollo de estas habilidades es cuando somos jóvenes, el cerebro es un órgano que se adapta a lo largo de nuestras vidas, y todos tenemos el potencial para crecer y fortalecer estas habilidades. En la segunda mitad del capítulo tendrás la oportunidad de evaluar tus propias habilidades ejecutivas fuertes y débiles, lo que te dará la información que necesitas para seguir un camino de mejora. Como el cambio de comportamiento puede ser un reto, también te damos una amplia variedad de ideas con respecto a cómo puedes estructurar tu vida y tu entorno para que este proceso de cambio y adaptación te resulte más fácil. En cualquier caso, creemos que tener el control del proceso te ayudará a mejorar la calidad de tu vida y a reducir tu nivel de estrés.

Cómo se desarrollan en el cerebro las habilidades ejecutivas: Biología y experiencia

Como es el caso de muchas de tus habilidades, existen dos contribuyentes principales al desarrollo de las habilidades ejecutivas: la biología y la experiencia. En cuanto a la contribución biológica o neurológica, el potencial de habilidades ejecutivas es esencialmente innato, y el cerebro ya está parcialmente cableado en el nacimiento. Esto es similar a la manera en que se desarrolla el lenguaje. Por supuesto, al nacer, las habilidades ejecutivas, como el lenguaje, existen tan sólo como un potencial. Esto significa que tu cerebro ya contiene el equipo neurológico básico para desarrollar estas habilidades. Pero entonces entran en escena una serie de factores que influyen en cómo éstas se desarrollan realmente.

Por ejemplo, cualquier tipo de trauma psicológico grave o una lesión física en el cerebro, particularmente las que implican a los lóbulos frontales, puede afectar negativamente el desarrollo de las habilidades ejecutivas. Los genes también juegan un papel importante, y por lo tanto los que heredaste de tus padres probablemente afecten a estas habilidades. Si cuando estabas creciendo no poseías habilidades como la organización, la gestión del tiempo, la atención u otras, hay bastantes probabilidades de que arrastres esos mismos problemas en la edad adulta.

En cuanto al entorno, algo que fuera biológica o físicamente tóxico durante tu infancia también podría afectar el desarrollo de tus habilidades ejecutivas.

Las toxinas ambientales pueden incluir cualquier cosa, desde la exposición al plomo al abuso infantil. En numerosos estudios se ha demostrado que los bajos ingresos familiares y las circunstancias económicas desfavorecidas afectan negativamente al desarrollo del cerebro y de las habilidades ejecutivas en los niños. Por ejemplo, las circunstancias económicas pueden conducir a una menor interacción de los padres con sus hijos, a una disminución de la capacidad de respuesta a la angustia de éstos, y a una crianza más dura, lo que resulta en un aumento del estrés en los niños. De todos es sabido que el estrés impide el desarrollo de las habilidades ejecutivas, y que degrada su disponibilidad y su uso por parte de un niño (o adulto) que ya las posee. La depresión materna contribuye aún más a estos problemas de interacción y es un factor de estrés aditivo para la madre y el niño. El tercer elemento de esta tríada de desventajas es el bajo nivel educativo. Si bien cualquiera de estos factores puede afectar negativamente al desarrollo del cerebro en los niños, juntos pueden dar lugar a una condición de estrés sostenido para el niño y la madre, así como a un ambiente de ausencia de estimulación para el niño. Ambas condiciones están correlacionadas con las deficiencias en el desarrollo de las habilidades ejecutivas.

Con aptitudes neurológicas razonablemente normales y factores ambientales negativos mínimos, el desarrollo del cerebro debe proceder tal como se ha diseñado. Así es como funcionaría:

Neurología: Crecimiento y Desarrollo + Experiencia = Habilidades ejecutivas

> **INVESTIGACIÓN NEUROCIENTÍFICA Y HABILIDADES EJECUTIVAS**
>
> A lo largo de este libro, cuando es el caso, hemos tratado de revisar e incorporar información de la investigación en neurociencias que se aplica a las habilidades ejecutivas. Cuando se trata de aplicar esta investigación a las estrategias de intervención, la ciencia está en pañales. Aún existen importantes lagunas entre lo que la investigación en neurociencias nos dice sobre el cerebro y las implicaciones que tiene dicha investigación para la mejora de las habilidades ejecutivas. En nuestros esfuerzos por resumir esta investigación y sugerir lo que podría significar para su aplicación en el mundo real, hemos simplificado lo que es una historia mucho más compleja. Esperamos que en nuestro intento para extrapolar a partir de la neurociencia nos hayamos mantenido fieles a las tendencias que se observan en esa investigación.

Al nacer, tu cerebro pesaba aproximadamente 300 gramos. En la edad adulta, el peso del cerebro aumenta hasta 1 300 o 1 400 gramos. Este aumento en tamaño y peso responde a una serie de cambios.

En primer lugar, al nacer, el cerebro posee alrededor del 90 % de las células nerviosas que necesitará como adulto. Sin embargo, con el tiempo y con la experiencia, estas células nerviosas crecen en tamaño. Además, éstas deben comunicarse para que seas capaz de pensar, sentir y actuar. Para «hablar» entre sí, las células nerviosas desarrollan ramificaciones que les permiten enviar y recibir información de otras células. Estas ramificaciones, denominadas «axones» y «dendritas», crecen con gran rapidez durante la primera y segunda infancia. Los axones y las dendritas se conectan entre sí a través de las sinapsis.

Estas sinapsis, junto con sus axones y dendritas, forman el cableado que permite a nuestro cerebro enviar y recibir información. Cuando eras un bebé recién nacido, cada neurona enviaba señales eléctricas a través de unas 2 500 sinapsis. Durante los siguientes tres años más o menos, ese número aumenta hasta llegar a aproximadamente 15 000 sinapsis. Otro componente clave en estas primeras etapas de crecimiento es la formación de una sustancia conocida como «mielina». La mielina es una vaina grasa que rodea al axón, la fibra que transmite una señal de una célula nerviosa a otra. La mielina aísla las ramificaciones que llevan los impulsos nerviosos, por lo que las «conversaciones» entre las células nerviosas son cada vez más rápidas y más eficientes.

El proceso de mielinización continúa así en las primeras etapas de la edad adulta y es responsable del desarrollo de lo que se denomina la «sustancia blanca del cerebro». Esta materia blanca consiste en haces de axones que conectan diferentes regiones del cerebro y les permiten comunicarse entre sí.

Luego está la materia gris. Éste es un término que se utiliza a menudo como una metáfora para el aprendizaje, para la parte pensante del cerebro mismo. Se le llama «materia gris» porque su color es entre gris y rosa, pero la distinción verdaderamente importante entre la materia gris y la blanca es que la gris se compone de células nerviosas, o neuronas, así como de las conexiones entre ellas expuestas anteriormente, las sinapsis. El desarrollo de este tipo de materia cerebral es un poco más complejo. Alrededor del quinto mes de embarazo, se estima que el cerebro del niño por nacer tiene alrededor de cien mil millones de neuronas. Esto es casi comparable con las que tiene el cerebro adulto promedio. Sin embargo, en la infancia temprana, después del nacimiento, el número total de sinapsis en el cerebro (alrededor de mil billones) excede en gran medida al número que contendrá el cerebro adulto. Si el desarrollo de las neuronas y del cerebro continuara a ese ritmo, el cerebro de un adulto sería enorme. En lugar de ello, se produce un fenómeno diferente. El aumento de la materia gris, de las neuronas, y en particular de las sinapsis, llega a su máximo antes de cumplir los 5 años de edad y es seguido por una reducción gradual o «poda» de las conexiones neuronales. El aumento inicial de estas fibras que conectan las sinapsis, en particular, ocurre durante el período de aprendizaje y experiencia rápida en la primera infancia. Investigaciones recientes sobre el cerebro sugieren que, a medida que este aprendizaje y desarrollo de habilidades se vuelve más eficiente, cualquier aumento adicional en la materia gris podría socavar el aprendizaje.

Con esa poda que ocurre en la infancia se consolidan las habilidades mentales, y las conexiones de la sustancia gris que no eran necesarias o utilizadas disminuyen. Se produce otro aumento importante en el número de sinapsis justo antes de la adolescencia. Esto va seguido de nuevo por un proceso de poda que se extiende a lo largo de la adolescencia y hasta la edad adulta temprana, que termina alrededor de los 25 años de edad. Una buena parte de esta etapa de crecimiento tiene lugar principalmente en los lóbulos frontales. Ahora, los científicos generalmente coinciden en señalar que los sistemas frontales del cerebro desempeñan una función clave, aunque no exclusiva, en el desarrollo de las habilidades ejecutivas. Por lo tanto, podemos decir que estas áreas, que incluyen la corteza frontal y prefrontal, junto con las conexiones a las zonas adyacentes, constituyen en buena parte la base del cerebro para las habilidades ejecutivas.

El punto importante a recordar de toda esta información es que durante la infancia y la adolescencia y en los años de adulto joven el cerebro está preparado para el aprendizaje y, a medida que se adquieren y se practican nuevas habilidades, se establecen las vías neurales que subyacen a estas habilidades. A partir de esta descripción, probablemente también te darás cuenta de que el momento óptimo para el aprendizaje de nuevas habilidades se extiende desde la primera infancia hasta la edad adulta.

Esto no quiere decir que a medida que nos hacemos adultos perdamos la capacidad de aprender nuevas habilidades. Muy al contrario, durante la edad adulta podemos seguir aprendiendo y cambiando. Con respecto a las habilidades ejecutivas, sin embargo, el desarrollo del cerebro y el cambio se produce a mediados de la segunda década de la vida. Para la mayoría de nosotros, después de este período ya no se producen cambios significativos en cuanto a nuevas habilidades. Verás el resultado final de este aprendizaje al completar el Cuestionario de Habilidades Ejecutivas que te ofrecemos más adelante en este mismo capítulo, con el que identificarás tus fortalezas y debilidades.

Fundamentándonos en nuestra experiencia clínica, después de que los adultos hayan completado el cuestionario, si les preguntamos cuánto tiempo hace que poseen su perfil de habilidades ejecutivas, por lo general, responden con respuestas tales como: «Desde que puedo recordar», «Siempre» o «Me parece que desde siempre». Basándonos en lo que sabemos sobre el desarrollo del cerebro, esto tiene sentido, ya que después de los 25 años las áreas del cerebro que más se asocian con las habilidades ejecutivas ya no experimentan un cambio significativo.

Pero supongamos que un adulto desee tratar de cambiar una o más de sus habilidades ejecutivas, mejorar un área que ha identificado como débil y que constituye un impedimento para su trabajo o para su vida personal. Dado que las áreas del cerebro que subyacen en las habilidades ejecutivas ya no experimentan un cambio significativo, ¿es posible cambiar alguna de las habilidades ejecutivas? La respuesta es un sí rotundo. En el capítulo 4 se explica cómo tu destreza en el aprendizaje puede hacer que esto suceda. No sólo es posible cambiar los comportamientos asociados con esa habilidad ejecutiva, sino que en el cerebro también se producirán cambios como resultado de tus esfuerzos. A saber, la mielinización a lo largo de las vías axonales se incrementará con el aprendizaje de nuevas habilidades. Así, en el mundo de las habilidades ejecutivas, un perro viejo puede aprender nuevos trucos.

Sin embargo, como suele decirse, cuando se es adulto el cambio de una habilidad requiere más esfuerzo. Si estás preparado para ello, la buena noticia es que cuando hagas ese esfuerzo inicial y continúes practicando, con el tiempo no sólo aumentarás las fortalezas de esa habilidad, sino que se dará una correspondiente disminución del esfuerzo necesario para lograrlo. La reducción en el esfuerzo necesario sucede tanto a nivel neurológico –los cambios cerebrales subyacentes resultan en una transmisión más eficiente de los impulsos nerviosos– como a nivel comportamental. En el capítulo siguiente, después de que hayas completado tu perfil de habilidades ejecutivas, te guiaremos a través de los pasos de este proceso de cambio. Te diremos dónde están los peligros potenciales de dicho proceso, y te proporcionaremos algunas estrategias para facilitarte el cambio, asimismo, te propondremos actividades para ayudarte a mantener el esfuerzo y la energía requeridos.

Habilidades ejecutivas: El esquema inteligente pero disperso

Han pasado más de veinte años desde que empezamos a escribir sobre las habilidades ejecutivas. Como psicólogos infantiles que hemos puesto énfasis en cómo funcionan los niños en las escuelas, nos acercamos a estas habilidades primero desde una perspectiva de aprendizaje. Escribimos un libro para psicólogos escolares y educadores con el fin de ayudarles a entender lo importantes que son las habilidades ejecutivas para el éxito escolar. Poco después seguimos con los libros dedicados a los padres (*Smart but Scattered* y *Smart but Scattered Teens*), con las mismas intenciones. Consultamos la literatura de aquella época y rápidamente nos dimos cuenta de que todos los neuropsicólogos, neurólogos y creadores de listas de control del comportamiento tenían un método diferente de etiquetado y organización de las habilidades ejecutivas. Con los años hemos comprobado que las personas que escriben o imparten conferencias sobre las habilidades ejecutivas tienden a tomar uno de los dos caminos siguientes: o bien combinan una serie de habilidades ejecutivas en unas pocas categorías amplias (tan sólo tres) o, más recientemente, las dividen en categorías cada vez más limitadas (hasta cuarenta).

Nosotros tomamos un camino intermedio. Como defendemos que los niños aprenden mejor estas habilidades cuando se les enseñan explícitamente y se les da muchas oportunidades de practicarlas, cuantas más habilidades identificábamos menos probable resultaba que alguien pudiera asumir la carga de enseñarlas. No estábamos seguros de que un padre o un maestro tenga el tiempo suficiente para enseñar cuarenta habilidades. Por otro lado, no pensamos que resulte útil agrupar una serie de habilidades ejecutivas en categorías amplias, porque consideramos que las etiquetas y las definiciones deben estar vinculadas a las intervenciones. A modo de ejemplo, muchas personas que escriben sobre habilidades ejecutivas combinan la planificación y la organización en una sola habilidad. En realidad, nos gusta decir que nosotros somos muy buenos en cuanto a la planificación y pésimos en cuanto a la organización. ¿Has conocido a personas así, buenas en la planificación y pésimas en la organización, o viceversa? Suponemos que sí, así que estamos bastante seguros de que son dos habilidades separadas.

Establecimos once habilidades que pensamos que son fundamentales para el éxito escolar, y hemos vivido muchas experiencias ayudando a padres y a profesores a encontrar maneras de trabajar con los niños para fortalecer estas once habilidades. A estas alturas creemos que nuestro enfoque y nuestras definiciones han resistido la prueba del tiempo.

Aunque nuestro enfoque inicial estaba centrado en el desarrollo de las habilidades ejecutivas en los niños, muy poco después de empezar el proceso nos dimos cuenta de que, si los padres y los profesores comprendían mejor sus propias habilidades ejecutivas, serían capaces de entender por qué dichas habilidades son tan importantes. Por lo tanto, desarrollamos un cuestionario que los adultos podrían utilizar para determinar su propio perfil de habilidades ejecutivas. Y después lo incorporamos en nuestros talleres. No sólo nos complace comprobar que los adultos se beneficiaron de este autoconocimiento, sino que también empezamos a aprender más acerca de cómo aparecen estas habilidades una vez que el período de desarrollo ha quedado atrás. Entonces, nos dimos cuenta de que, de la misma manera en que los niños aportan habilidades ejecutivas a la escuela, los adultos aportan habilidades ejecutivas al lugar de trabajo. Y cuando reparamos en eso, decidimos que había un lugar para una habilidad ejecutiva más. Fue entonces cuando añadimos la *tolerancia al estrés* a la lista. Ésta se superpone a otras habilidades en nuestro esquema, sobre todo a la flexibilidad y al control emocional, pero también creemos que es una habilidad separada, y que hay que poner de relieve el papel único que la tolerancia al estrés parece desempeñar para ayudar a los adultos a comprender sus distintos tipos de entornos de trabajo. Si esto te intriga (tal vez porque esta habilidad es o bien una fortaleza o una debilidad para ti), entonces querrás leer el capítulo 19 sobre la tolerancia al estrés para aprender más acerca del tema.

HABILIDADES EJECUTIVAS DÉBILES *VERSUS* DISCAPACIDAD

Este libro se centra en ayudar a entender tu patrón de habilidades ejecutivas fuertes y débiles. Consideramos que cada habilidad consiste en un *continuum* que va de la fortaleza a la debilidad, pero hay que distinguir entre las debilidades y las discapacidades, ya que este libro será de gran ayuda para las personas cuyo perfil de habilidades ejecutivas no lo emplazan en el extremo del *continuum*.

¿Puede una habilidad ejecutiva débil ser tan pronunciada que, en realidad, se convierte en una discapacidad? La mayoría de los trastornos psicológicos afectan a las habilidades ejecutivas, así que la respuesta es sí. Veamos algunos ejemplos. Las personas que sufren de ansiedad suelen tener un control emocional débil. La memoria de trabajo también tiende a resultar afectada por la ansiedad. Quienes padecen depresión a menudo tienen dificultades con la iniciación de tareas, y una iniciación de tareas débil a menudo afecta a otras habilidades ejecutivas tales como la atención sostenida, la planificación y la gestión del tiempo. Personas en las que la inhibición de respuesta es débil, si el problema es extremo, pueden ser diagnosticadas de algún trastorno de control de impulsos o de un trastorno adictivo. También hay que añadir que algunas discapacidades implican habilidades ejecutivas fuertes que pueden ser llevadas al extremo. Podemos imaginar a personas cuya necesidad de organización es tan pronunciada que tienen dificultades para tolerar nada que esté fuera de lugar. Algunas personas con trastorno obsesivo-compulsivo podrían desarrollar este tipo de conducta. También puede haber personas que sienten la necesidad de planificar todas las contingencias posibles. Éstas pueden ser portadoras de una fuerza en la planificación a tal extremo que sufren de ansiedad anticipando los posibles errores. Una vez más, esta característica se asocia a veces con un trastorno obsesivo-compulsivo.

Tal vez, la manera más sencilla de distinguir entre una debilidad en el funcionamiento ejecutivo y una discapacidad es el uso de la definición de discapacidad incluida en el Acta de los Americanos con Discapacidades (ADA, por sus siglas en inglés). El ADA define una discapacidad como «un impedimento físico o mental que limita sustancialmente una o más actividades importantes de la vida». En este libro se habla del impacto de las habilidades ejecutivas débiles en el lugar de trabajo, en el hogar y en las relaciones interpersonales. Un individuo que no puede funcionar adecuadamente en ninguna de esas situaciones –que no puede mantener un trabajo por mucho tiempo, que entra y sale de las relaciones, o que no puede hacer las tareas necesarias para mantener un hogar– es poco probable que obtenga respuestas o soluciones sólo en este libro. Más que la lectura de un libro de autoayuda como éste podría ser necesaria una intervención médica o psicológica más intensiva.

Tu perfil de habilidades ejecutivas

Tras años de investigación y trabajo con las habilidades ejecutivas y el estudio de cómo afectan a nuestra capacidad para llevar a cabo las actividades de la vida diaria, hemos aprendido que, si bien sería maravilloso que funcionáramos de la mejor manera en la mayoría de las habilidades ejecutivas, de hecho, los adultos solemos ser mejores en algunas habilidades que en otras. También hemos constatado que, cuando las personas pueden identificar su perfil individual de puntos fuertes y débiles, pueden utilizar esta información para funcionar mejor en las relaciones personales y en los entornos domésticos y laborales. En las dos páginas siguientes te mostramos la autoevaluación que te permitirá determinar tu propio perfil único. Puedes rellenarlo aquí, o puedes descargarlo e imprimir una copia en www.guilford.com/dawson7-forms

¿Qué significa esto?

A menos que todas tus puntuaciones se agrupen (lo que puede suceder, pero si es así, te animamos a volver atrás y revisar tus respuestas con mayor sinceridad), ahora tienes una lista de dos o tres habilidades fuertes y dos o tres débiles. Para profundizar en cada una de ellas, las definimos detalladamente y proporcionamos una breve descripción de alguien que es fuerte en esa habilidad y alguien que es débil en la misma.

Inhibición de respuesta: Es la capacidad de pensar antes de actuar; es la habilidad de resistir la tentación de decir o de hacer algo, que nos proporciona el tiempo suficiente para evaluar una situación y cómo nuestro comportamiento podría afectar a la misma.

- Las personas que son fuertes en la inhibición de respuesta saben controlar sus impulsos. Son la voz de la razón en una discusión, y antes de decir algo consideran si lo que tienen que decir mejorará la situación o la empeorará.
- Las personas que son débiles en la inhibición de respuesta son con frecuencia culpables de meter siempre la pata. Dicen cosas sin pensar, toman de-

cisiones sin tener en cuenta todas las consecuencias y hacen valoraciones precipitadas que pueden conducirlos por el camino equivocado.

Cuestionario de Habilidades Ejecutivas

Lee cada ítem y luego evalúalo basándote en la medida en que estés de acuerdo o en desacuerdo con lo bien que te describe. Utiliza la escala de calificación para elegir la puntuación apropiada. A continuación, añade las tres puntuaciones en cada sección. Utiliza la clave al final del cuestionario para determinar tus habilidades ejecutivas fuertes (de dos a tres puntuaciones más altas) y débiles (de dos a tres puntuaciones más bajas).

1	2	3	4	5	6
Muy en desacuerdo	En desacuerdo	Tiendo a estar en desacuerdo	Tiendo a estar de acuerdo	De acuerdo	Totalmente de acuerdo

Ítem **Tu puntuación**

1. No me precipito en llegar a las conclusiones. _____
2. Pienso antes de hablar. _____
3. Me aseguro de evaluar todos los hechos antes de pasar a la acción. _____
   TOTAL _____

4. Tengo una buena memoria para los hechos, fechas y detalles. _____
5. Soy muy bueno en recordar las cosas que me he comprometido a hacer. _____
6. Rara vez necesito recordatorios para completar las tareas. _____
   TOTAL _____

7. Mis emociones apenas se interponen en el camino de mi rendimiento en el trabajo. _____
8. Las pequeñas cosas no me afectan emocionalmente ni me distraen de la tarea en cuestión. _____
9. Cuando me siento frustrado o me enfado, mantengo la calma. _____
   TOTAL _____

10. No importa cuál sea la tarea, me pongo en marcha tan pronto como me es posible. _____
11. La procrastinación por lo general no es un problema para mí. _____
12. En muy pocas ocasiones dejo tareas para el último minuto. _____
    TOTAL _____

13. Me resulta fácil mantener la concentración en mi trabajo. _____
14. Una vez que empiezo un trabajo, lo desempeño con diligencia hasta que lo completo. _____
15. Incluso cuando me interrumpen, me resulta fácil volver al trabajo y terminarlo. _____
    TOTAL _____

16. Cuando comienzo el día, tengo en mente un plan claro para lo que espero lograr. _____
17. Aunque tenga mucho que hacer, puedo centrarme fácilmente en las cosas más importantes. _____
18. Suelo dividir las grandes tareas en subtareas y cronogramas. _____

TOTAL _____

19. Soy una persona organizada. _____
20. Me resulta natural mantener mi área de trabajo limpia y organizada. _____
21. Soy bueno en el mantenimiento de sistemas para organizar mi trabajo. _____

TOTAL _____

22. Al final del día, por lo general, he terminado lo que me propuse hacer. _____
23. Soy bueno en la estimación de cuánto tiempo se tarda en hacer algo. _____
24. Suelo ser puntual para las citas y las actividades. _____

TOTAL _____

25. Me tomo con calma los eventos inesperados. _____
26. Me adapto fácilmente a los cambios en los planes y en las prioridades. _____
27. Me considero una persona flexible y adaptable a los cambios. _____

TOTAL _____

28. Evalúo rutinariamente mi rendimiento y elaboro métodos para mi mejora personal. _____
29. Soy capaz de dar un paso atrás si debo tomar decisiones objetivas. _____
30. Evalúo el panorama general y disfruto de la solución de los problemas relacionados con él. _____

TOTAL _____

31. Creo en mí mismo como en alguien que se dirige a cumplir sus metas. _____
32. Descarto fácilmente las satisfacciones inmediatas para trabajar en objetivos a largo plazo. _____
33. Creo en el establecimiento y logro de altos niveles de rendimiento. _____

TOTAL _____

34. Me gusta trabajar en un entorno muy exigente y de ritmo rápido. _____
35. Una determinada cantidad de presión me ayuda a rendir más y mejor. _____
36. Los trabajos que incluyen un alto grado de imprevisibilidad me resultan atractivos. _____

TOTAL _____

De *The Smart but Scattered Guide to Success* de Peg Dawson y Richard Guare. Copyright © 2016 The Guilford Press. Quienes compren este libro pueden fotocopiar y/o descargar versiones ampliadas de este material (*véase* el cuadro al final del índice)

CLAVE

Ítems	Habilidades ejecutivas	Ítems	Habilidades ejecutivas	Ítems	Habilidades ejecutivas
1-3	Inhibición de respuesta	13-15	Atención sostenida	25-27	Flexibilidad
4-6	Memoria de trabajo	16-18	Planificación/priorización	28-30	Metacognición
7-9	Control emocional	19-21	Organización	31-33	Persistencia dirigida a un objetivo
10-12	Iniciación de tareas	22-24	Gestión del tiempo	34-36	Tolerancia al estrés

Habilidades más fuertes (puntuaciones más altas)　　Habilidades más débiles (puntuaciones más bajas)

_____　　_____
_____　　_____
_____　　_____
_____　　_____

Memoria de trabajo: Capacidad de retener información en la memoria mientras se realizan tareas complejas. Supone la posibilidad de recurrir al aprendizaje pasado o a la experiencia para aplicarlo a la situación en cuestión o para proyectar hacia el futuro).

- Las personas con una fuerte memoria de trabajo no tienen problemas para hacer el seguimiento de las cosas que deben hacer, las promesas que han hecho, o las citas que tienen que mantener. Recuerdan detalles de las conversaciones e información importante acerca de las personas con las que viven o trabajan.
- Las personas que poseen una débil memoria de trabajo acostumbran a ser olvidadizas. Cuando ya están concentradas en una cosa en particular, pueden perder el control sobre información crítica (por ejemplo, olvidar una cita con el dentista porque ha surgido una urgencia en el trabajo), o perder de vista los detalles o las obligaciones menores (como olvidar comprar leche cuando salen de trabajar, algo que su cónyuge o pareja les pidió que hicieran al salir de casa por la mañana).

Control emocional: Capacidad de manejar las emociones para lograr los objetivos, completar las tareas, o controlar y dirigir la conducta.

- Las personas con un fuerte control emocional son capaces de mantener sus emociones bajo control, incluso en situaciones de estrés. Reaccionan con calma ante la confrontación o en medio de una emergencia. No «muerden el anzuelo» fácilmente (ya sea ante un jefe iracundo o ante un hijo o una hija adolescente).
- Las personas con un débil control emocional tienden a perder los estribos ante provocaciones menores. Se estresan con facilidad y tienen dificultades para manejar sus sentimientos, sobre todo en situaciones de carga emocional.

Iniciación de tareas: Capacidad de iniciar proyectos sin dilación, de una manera eficiente y oportuna.

- Las personas con una fuerte capacidad de iniciación de tareas pueden empezar proyectos y obligaciones inmediatamente. Si alguien les pide que hagan algo, se sienten más cómodos si pueden hacerlo en ese mismo momento. No necesitan plazos para motivarse.
- Las personas con una débil iniciación de tareas posponen las cosas. Piensan: «Lo haré más tarde» o «Ya empezaré mañana», y cuando se acerca la fecha límite se ven obligadas a pedir aplazamientos. A veces tardan en comenzar debido a que su perfeccionismo las lleva a dudar de que sean capaces de alcanzar sus propios estándares tan exigentes, y algunas veces se retrasan porque la tarea les parece demasiado desalentadora o requiere demasiado esfuerzo. El resultado final es el mismo: la dilación.

Atención sostenida: Capacidad de mantener la atención en una situación o tarea determinada, a pesar de las distracciones, el cansancio o el aburrimiento.

- Las personas con una fuerte atención sostenida no tienen ningún problema en emplear el tiempo suficiente para completar una tarea, incluso si es algo que encuentran tedioso, que requiere demasiado esfuerzo, o que es muy aburrido. Son capaces de filtrar las distracciones y posponer la gratificación en su afán de conseguir acabar la tarea.
- Las personas con una deficiencia en la atención sostenida pueden ser capaces de iniciar las tareas de manera rápida, pero tienen muchas dificultades para finalizarlas. Son susceptibles a las interrupciones y les resulta difícil volver a trabajar después de ellas. A menudo pierden fuerza antes de terminar la tarea propuesta. A veces, las personas con débil atención sostenida saltan atrás y adelante entre múltiples tareas, ya que no pueden tolerar emplear demasiado tiempo en una sola. Este enfoque puede funcionar para algunos, pero también está lleno de inconvenientes.

Planificación/priorización: Capacidad de crear una hoja de ruta para alcanzar una meta o completar una tarea. También implica ser capaz de tomar decisiones sobre en qué es importante centrarse en qué no lo es.

- Las personas con una fuerte habilidad de planificación y priorización sobresalen en tareas que implican dar varios pasos. Pueden visualizar cuál debe ser el resultado final, y secuenciar fácilmente los pasos que deben seguir para lograr el resultado. Frente a una tarea compleja o ante demasiada información, se concentran únicamente en la información relevante y desechan el resto.
- Las personas con una débil habilidad de planificación y priorización, cuando se enfrentan a tareas complejas o que implican una secuencia de pasos tienen dificultades para seleccionar la información importante e identificar

por dónde empezar. Pueden llegar a bloquearse frente a detalles menores y olvidar a dónde se dirigen. Se les plantean muchas dificultades sobre todo cuando la planificación les obliga a gestionar el trabajo de otros, así como el suyo propio.

Organización: Capacidad de crear y mantener sistemas para realizar el seguimiento de información o de materiales.

- No es difícil identificar a las personas que tienen una fuerte habilidad de organización. Sus espacios de trabajo y de vida son limpios y ordenados. Tienen un lugar para cada cosa, y no les gusta el desorden. Cuando regresan de un viaje, deshacen las maletas de inmediato.
- Resulta muy fácil identificar a las personas con capacidad de organización débil. El desorden parece acumularse a su alrededor, y la limpieza les resulta un incordio. Cuando alguien les pide que busquen algo (ya sea en su escritorio, en su ordenador portátil, sus armarios o el garaje), su respuesta suele ser «Sé que está por aquí, en alguna parte, pero ahora mismo no puedo encontrarlo».

Gestión del tiempo: Capacidad para estimar la cantidad de tiempo del que uno dispone, cómo asignarlo y cómo mantenerse dentro de los plazos y fechas límite. También implica la sensación de que el tiempo es importante.

- Las personas con una fuerte habilidad de gestión del tiempo cumplen con los plazos, llegan a tiempo a las citas o a las reuniones, y pueden juzgar cuánto tiempo tardan en hacer cualquier tarea que les asignen. Pueden hacer ajustes, y así acelerar hasta completar algo de manera rápida si disponen de poco tiempo.
- Las personas con una débil habilidad de gestión de tiempo tienden a experimentar verdaderas dificultades para realizar una estimación del tiempo. Por lo general, subestiman el tiempo que se tarda en hacer algo, por lo que están

seguros de tener tiempo de «hacer una cosa más» antes de salir del trabajo al final del día o de ir a una cita. Sus vidas han mejorado notablemente desde la aparición de los teléfonos móviles porque ahora pueden llamar y explicar que «llegarán tarde».

Flexibilidad: Capacidad de revisar los planes de cara a identificar los obstáculos, los retrasos, la nueva información o los errores. Se refiere a la capacidad de adaptación a las condiciones cambiantes.

- Las personas flexibles hacen ajustes fácilmente cuando sucede algo inesperado. Además de ser capaces de «adaptarse a la corriente», a menudo son creativas y más poseen una forma de pensar más abierta.
- Las personas que son inflexibles acaban fácilmente inmersos en un bucle cuando les cambian los planes u ocurre algo inesperado. La necesidad de tener planes de refuerzo parece sorprenderlas, no importa cuántas veces hayan estado en situaciones en las que tuvieron que echar mano de un plan B.

Metacognición: Capacidad de dar un paso atrás y verse a sí mismo en una situación desde una perspectiva completa. Se trata de observar cómo resolver los problemas. También incluye el autocontrol y habilidades de autoevaluación (por ejemplo, preguntándose: «¿Cómo lo estoy haciendo?» o «¿Cómo lo he hecho?»).

- Las personas que tienen una fuerte habilidad metacognitiva son capaces de ver el bosque en lugar de centrarse sólo en los árboles individuales. Ven cómo encajan entre sí las piezas del rompecabezas. Resulta difícil describir esta habilidad sin utilizar metáforas y la comprensión de las metáforas es algo que los pensadores metacognitivos hacen muy bien. Son buenos para establecer conexiones entre conceptos y experiencias dispares.

- Las personas que tienen una débil habilidad metacognitiva tienden a centrarse en los detalles aislados. Se deleitan en lo inmediato y en lo concreto y no es probable que le dediquen mucho tiempo a la introspección. A veces tienen problemas para «conectar los puntos», y esto puede ser una fuente de frustración para aquellos a su alrededor que lo hacen con facilidad.

Persistencia dirigida a un objetivo: Capacidad de tener una meta, de seguir el proceso de realización del fin marcado, sin desanimarse ni distraerse por los intereses en competencia.

- Las personas con una fuerte habilidad de persistencia dirigida a un objetivo son las que se fijan metas a largo plazo y las persiguen, impulsándose a sí mismas y trabajando para salvar los obstáculos que se les presentan. Los objetivos pueden ser elevados (escribir la gran novela americana) o mundanos (caminar treinta minutos al día, cinco días a la semana), pero una vez que los establecen trabajan «contra viento y marea» para lograrlos.
- Las personas para quienes la persistencia dirigida a un objetivo no es una fortaleza tienden a orientarse hacia el futuro mucho menos. Se conforman con cómo se están desarrollando las cosas y no pueden llevarlas al siguiente nivel. Esta debilidad puede no ser particularmente problemática para ellas, a menos que no estén satisfechas con el *statu quo* o vivan o trabajen con alguien que no lo está.

Tolerancia al estrés: Capacidad de prosperar en situaciones de estrés y hacer frente a la incertidumbre, el cambio y las demandas de rendimiento.

- Las personas con una alta tolerancia al estrés por lo general prefieren un estilo de vida que se basa en una cierta variedad e imprevisibilidad. Les gustan los puestos de trabajo en los que cada día es diferente y en los que se dan

oportunidades para desarrollar nuevas habilidades o en los que poder explorar nuevas opciones. En el extremo del *continuum*, estas personas pueden ser llamadas «adictas a la adrenalina».
- A las personas que poseen una baja tolerancia al estrés les gustaría saber lo que vendrá después, y preferiblemente, que es algo familiar y que han tenido mucha práctica con ello. Prefieren puestos de trabajo que puedan realizar de manera competente y sin ser sometidas a presión.

Cómo usar esta información

En primer lugar, ahora que ya has leído las definiciones y descripciones asociadas a las habilidades fuertes y débiles, decide si el perfil de las fortalezas y debilidades que has generado se ajusta a lo que sabes sobre ti mismo. Aunque la escala de calificación consiste en sólo tres preguntas para cada habilidad, las personas coinciden en señalar que los resultados son generalmente bastante exactos, en términos de coincidencia con los supuestos que han hecho sobre sí mismas. Si crees que los resultados no te reflejan, es posible que desees hablar con alguien que te conozca bien para ver si esa persona está de acuerdo con la manera en que hayas respondido al cuestionario.

Suponiendo que los resultados sean ciertos, el siguiente paso es buscar las fortalezas y debilidades individuales. Es posible, por ejemplo, que estos patrones te digan algo sobre las demandas de trabajo con las que te sientes más cómodo, o pueden explicar por qué te atraen algunos aspectos de la gestión del hogar más que otros. Si eres bueno en la planificación y pésimo en la organización, por ejemplo, entonces realizar las diligencias necesarias para irte con tu familia de vacaciones pueden resultarte muy fáciles, mientras que la limpieza de tu estudio te parecerá como vadear un pantano de extremo a extremo. De hecho, podríamos conjeturar que tus puntos fuertes y débiles dicen mucho sobre los tipos de situaciones y eventos que prefieres y aquellos que encuentras particularmente frustrantes. La siguiente tabla expone una imagen general de a qué podría parecerse.

EL IMPACTO DE TUS FORTALEZAS Y DEBILIDADES

Habilidad ejecutiva	Si éste es un punto fuerte para ti, es probable que…	Si esto es una debilidad para ti, es posible que sientas frustración por…
Inhibición de respuesta	Necesites tiempo antes de tomar una decisión, sopeses cuidadosamente las opciones y tengas en cuenta el impacto de tus opciones.	Decir lo primero que te viene a la cabeza y luego tener que lidiar con las consecuencias.
Memoria de trabajo	Hagas un seguimiento de las cosas, te aferres a los detalles, asegurándote de que no queda nada por revisar antes de realizar el trabajo.	Cometer errores por descuido, olvidar cosas importantes, perder cosas, ser objeto de burlas por atolondrado.
Control emocional	Las personas acudan a ti cuando se produzca una urgencia porque saben que pueden contar contigo para mantener la calma y tomar buenas decisiones.	Ser acusado de «alterarte enseguida», o ver que pierdes el control de tus sentimientos cuando quienes te rodean mantienen la compostura.
Iniciación de tareas	Te sientas eficaz y productivo, ya que puedes entrar de lleno en las tareas.	Lo difícil que es para ti empezar a trabajar en las cosas, incluso cuando sabes que el retraso se convertirá en un verdadero problema más tarde.
Atención sostenida	Experimentes una sensación de intenso enfoque o de concentración que te permite eludir las distracciones cuando tienes algo que hacer.	Lo difícil que te resulta continuar las cosas el tiempo suficiente para verlas finalizadas, sobre todo cuando te has dicho a ti mismo: «Esta vez no voy a parar hasta que esté terminado».
Planificación/priorización	Te enfrentes a una tarea compleja y encuentres la manera de llevarla a cabo, de principio a fin.	Alguien te pide que le proporciones un plan para completar una tarea o un proyecto.
Organización	Experimentes una sensación de orden cuando eres capaz de controlar tu hogar o tu espacio de trabajo.	Se te acumulan las tareas: correo sin abrir, archivos que necesitan ser ordenados, correos electrónicos que te exigen que tomes decisiones.
Gestión del tiempo	Sepas que te has asignado el tiempo suficiente para completar todo lo que tienes que hacer.	La sensación de que no importa lo mucho que trates de anticipar todo lo que podría suceder, porque de todos modos siempre llegas tarde.

EL IMPACTO DE TUS FORTALEZAS Y DEBILIDADES (cont.)

Habilidad ejecutiva	Si éste es un punto fuerte para ti, es probable que...	Si esto es una debilidad para ti, es posible que sientas frustración por...
Flexibilidad	Sepas que puedes manejar cualquier situación que se te presente. De hecho, consideras los obstáculos como una oportunidad para probar algo nuevo.	No saber cuándo tendrás que hacer un ajuste debido a que tus planes no salen como pensabas.
Metacognición	Observes una situación desde múltiples perspectivas antes de actuar y reflexiones después sobre cómo se han desarrollado las cosas.	Escuchar a otros decir: «¡No puedo creer que se te haya escapado esto!».
Persistencia dirigida a un objetivo	Establezcas metas, hagas planes, y lleves tus sueños a buen término, porque te mantienes centrado en el premio.	Desviarte del camino hacia la realización de tus objetivos. Tienes la mejor de las intenciones, pero siempre hay algo que se interpone en tu camino.
Tolerancia al estrés	Lo inesperado.	Lo inesperado.

Es posible que tus puntuaciones en habilidades ejecutivas individuales no varíen significativamente entre sí. Es algo usual. Si tus resultados son altos en general, entonces es posible que muestres una sonrisa satisfecha en el rostro mientras lees esto. ¡Incluso podríamos preguntarte por qué estás leyendo este libro! Hemos conocido a personas como tú, aunque cuando las hemos presionado un poco, por lo general, pueden distinguir entre las habilidades en las que son realmente fuertes y en las que simplemente son buenos. Y puesto que siempre hay un margen de mejora, puedes encontrar una habilidad o dos que desees modificar.

También es posible que estés leyendo esto porque vives o trabajas con personas con habilidades más débiles, y que pueden irritarte hasta lo indecible. Nos gusta sostener que a las personas que son naturalmente buenas en cualquier habilidad ejecutiva les resulta muy difícil entender a las que son naturalmente malas en la misma habilidad. La lectura de este libro puede ayudarte a identificarte más con esas personas de lo que lo haces ahora. Puedes incluso encontrar maneras de ayudar a mejorar su habilidad ejecutiva débil, aunque te instamos a que seas cauto, ya que a menudo cuando las personas con habilidades fuertes tratan de «ayudar» a las que tienen habilidades débiles suele darse conflictos o resentimiento. Con demasiada frecuencia, el individuo más débilmente cualificado entiende, a partir de la acción del que lo ayuda, que le está diciendo: «¿Por qué no puedes ser más como yo?».

Patrones de fortalezas y debilidades

La comprensión de las fortalezas y debilidades individuales puede dar lugar a algunos momentos reveladores:

- «¡Ah, mi débil habilidad de flexibilidad explica por qué odio que mi marido llegue a casa del trabajo el viernes y me sugiera repentinamente que nos vayamos de fin de semana a la montaña!».
- «Vaya, esa fuerte tolerancia al estrés explica por qué mis mejores días en el trabajo se dan cuando surge una emergencia para la que se necesita el pensamiento rápido y la solución creativa de problemas».
- «Ya lo entiendo. Mi fuerte metacognición es lo que me impulsa a pedir el *feedback* de los demás para evaluar mi propio rendimiento y hacer las cosas de manera diferente la próxima vez».

Pero hay mucho más trabajo que puedes hacer con tu perfil observando la interacción entre las diversas habilidades. Éstos son algunos de los patrones más comunes que hemos encontrado:

Gestión del tiempo fuerte/Flexibilidad débil y viceversa

Con mucha frecuencia, son habilidades complementarias. *Aquí habla Peg:* «Como suele suceder, la gestión del tiempo es uno de mis puntos fuertes y la flexibilidad es una de mis debilidades. Esto tiene mucho sentido para mí: estoy tan orientada hacia la gestión del tiempo que tengo una agenda interna e incluso un calendario en mi cabeza para saber exactamente lo que se supone que debo hacer no sólo hoy, sino esta semana, este mes y, en algunos casos, hasta varios meses más adelante. Cuando ocurre algo inesperado, lo que no es extraño, eso tiene el efecto de interrumpir mi agenda. ¿Ese agujero que ha aparecido de repente en el tubo de escape de mi coche? ¡Si tengo que llevarlo al taller, me desbaratará mis planes de toda la semana! Mi inflexibilidad aumenta porque una sorpresa invariablemente me obliga a reordenar mi tiempo. Sería como hacer un cambio en una hoja de cálculo que afectase a varios elementos de esa misma hoja, todos los cuales me viera obligada a reconfigurar a mano».

Por otro lado, si la flexibilidad es un punto fuerte para ti, hay bastantes probabilidades de que la gestión del tiempo te resulte una debilidad. Simplemente no piensas en hacer que las cosas sucedan en un tiempo predeterminado.

Por cierto, hemos constatado que algunas personas que tienen fortalezas en la habilidad de organización informan que la flexibilidad es una debilidad para ellas. *Aquí habla Peg, de nuevo:* «Tienen la misma relación con el espacio que tengo yo con el tiempo. Si el desorden se introduce en su espacio, casi sienten que eso les merma la capacidad de respirar».

Memoria de trabajo fuerte/Organización débil y viceversa

Asimismo, hemos observado que un patrón típico es que cuando cualquiera de estas dos habilidades es más fuerte, las personas confían en esta habilidad para compensar la debilidad relativa de la otra. Por ejemplo, quienes tienen una fuerte memoria de trabajo pueden dejar las llaves del coche en cualquier lugar cuando llegan a casa, y como su memoria es buena, no tienen problemas para encontrarlas a la mañana siguiente. Del mismo modo, personas para las que la organización es la habilidad más fuerte también recuerdan dónde dejan las llaves del coche, porque siempre las dejan en el mismo lugar para no tener que utilizar la memoria para encontrarlas. Dado que la investigación muestra que la memoria de trabajo disminuye con la edad, aquellos para quienes ésta es más fuerte que la organización puede que deseen encontrar estrategias de organización para construirse un apoyo a medida que disminuya su memoria.

Flexibilidad débil/Control emocional débil

Hemos encontrado que las personas que tienen una débil flexibilidad a menudo tienen también un control emocional débil. Su falta de flexibilidad con frecuencia las lleva a experimentar enojo o ansiedad cuando se enfrentan a un evento que no habían previsto. Es útil entender la conexión entre estas dos habilidades ejecutivas, porque si te das cuenta de que es más probable que sucumbas emocionalmente cuando algo se nutre de tu falta de flexibilidad, puedes utilizar estrategias para combatir la falta de flexibilidad como una manera de ayudar a controlar también tus emociones.

Inhibición de respuesta/Control emocional/Metacognición

No siempre es la inflexibilidad la que desencadena una respuesta emocional, a veces es un problema con el control de impulsos. Algo sucede, y reaccionas sin pensar. La impulsividad no implica sólo palabras y acciones (decir o hacer algo sin pensar), también puede implicar sentimientos, ira, ansiedad, vergüenza, incluso alegría. Si no hay un filtro, esos sentimientos se manifiestan intensamente. Si tu inhibición de respuesta es una fortaleza, pero el control emocional es una debilidad, surgen los sentimientos rápidamente, pero eres capaz de asentarte en ellos y encontrar la manera de manejarlos más tarde. Si eres débil en ambas habilidades, tus emociones –y tu respuesta emocional–, es probable que sean transparentes para quienes te rodean.

Si eres débil tanto en la inhibición de respuesta como en el control emocional, tu salvación puede tener una fuerte metacognición, porque esto significa que puedes dar un paso atrás y examinar la situación, analizar tus opciones, y demostrar calma y paciencia. Y si tu metacognición no es lo suficientemente fuerte como para controlar tus emociones e impulsos en el momento, te permitirá reflexionar sobre tus acciones más adelante y llegar a una manera de reparar el daño o recuperar la ecuanimidad y, tal vez, hacer las cosas de manera diferente la próxima vez.

Iniciación de tareas/Atención sostenida/Persistencia dirigida a un objetivo

Poseer una fuerte persistencia dirigida a un objetivo puede hacer que empieces las tareas con rapidez y las continúes el tiempo suficiente para conseguir finalizarlas, incluso si la iniciación de tareas y la atención sostenida no son fortalezas para ti. *Peg habla de nuevo:* «Hace varios años impartí una clase de psicología de la educación a estudiantes de grado en nuestra universidad estatal. Como parte de la clase, los estudiantes rellenaron el Cuestionario de Habilidades Ejecutivas y calcularon sus perfiles. No hice nada con los resultados hasta el final del período de calificaciones, cuando me asaltó la curiosidad de ver si había algo en sus perfiles que pudiera haber predicho el desarrollo de sus rendimientos. Uno de los datos que tuve en cuenta fue si los estudiantes habían entregado sus tareas semanales en la fecha en que debían. Como no eran penalizados por entregarlas tarde, tampoco había un premio asociado a cumplir los tiempos de entrega.

»Al final del plazo, comprobé si había alguna diferencia entre aquellos que entregaron sus papeles a tiempo y los que los entregaron más tarde de la fecha señalada. Esto es lo que encontré: todos los estudiantes que entregaron sus trabajos tarde poseían una débil habilidad de iniciación de tareas. Sin embargo, sólo algunos de los estudiantes que entregaron sus tareas a tiempo tenían una fuerte habilidad de iniciación de tareas. Había un subconjunto de estudiantes que tenían una débil iniciación de tareas, pero que habían entregado sus trabajos a tiempo. ¿Qué los definía? Todos poseían una fuerte persistencia dirigida a un objetivo. Lo que deduje fue que eran capaces de utilizar sus fortalezas en la persistencia dirigida a un objetivo para superar su tendencia a posponer las cosas».

Suponemos que las personas que poseen una fuerte persistencia dirigida a objetivos son capaces de utilizar esta fortaleza para combatir o evitar los errores asociados a cualesquiera que sean sus habilidades ejecutivas débiles. Si tienes limitaciones, pero estás determinado a crear una *start-up* en Internet, entonces encontrarás una manera de hacerlo a pesar del hecho de que la planificación no es uno de tus puntos fuertes. Si quieres dominar el español para acceder a un puesto de trabajo en la embajada de algún país de Sudamérica, entonces encontrarás la manera de evitar tu memoria de trabajo débil.

Diríamos que si estás leyendo este libro (no que hayas acabado de comprarlo, sino que en realidad ya lo estés leyendo), la persistencia dirigida a un objetivo no es tu habilidad más débil. Si se trata de uno de tus puntos fuertes, podemos mostrarte cómo puedes aprovechar esta habilidad especial para hacer frente a algunas de las otras habilidades que son débiles en ti. Si la persistencia dirigida a un objetivo no una de tus fortalezas, entonces en algún momento es posible que desees dar un salto adelante hasta el capítulo que se ocupa de esta habilidad en particular, porque puede ser tu puerta de entrada a la automejora.

Pero vamos a ir paso a paso. En el siguiente capítulo, describimos las tres estrategias que hemos diseñado para la gestión de las habilidades ejecutivas débiles. Una de ellas se centra en la manera de manipular tu entorno para que puedas funcionar con una habilidad débil, pero para la que no estás particularmente motivado a mejorar. Las otras dos pueden ayudar a mejorar realmente la habilidad. Si decides centrarte en cambiarte a ti mismo en lugar de cambiar el entorno, comprender el papel que juega el esfuerzo en este proceso te será muy útil. Pero eso es un tema para el siguiente capítulo, así que avancemos.

Capítulo 3

Gestionar las habilidades ejecutivas mediante la modificación del entorno

Suponiendo que hayas hecho tu trabajo en el capítulo 2, ahora conoces tu perfil de habilidades ejecutivas. Y el hecho de que todavía estés leyendo éstas páginas sugiere que has decidido aprender maneras de manejar tus habilidades ejecutivas débiles. Como creemos profundamente en que hay que hacer las cosas sin más esfuerzo del necesario, el lugar para empezar a lidiar con ellas es buscar maneras de trabajar a su alrededor. Esto se puede hacer mediante la modificación del entorno, ya sea para dar apoyo a tu habilidad ejecutiva débil o para reducir el impacto negativo de esa misma habilidad débil.

Vamos a describir tres grandes dominios de modificaciones del entorno que pueden abordarse, aunque verás que nuestras divisiones son algo artificiales y que existe una superposición de las categorías. No obstante, creemos que identificarlas es útil, ya que esto puede actuar como una señal o un dispositivo mnemotécnico cuando pienses en cómo hacer reajustes para mejorar tus habilidades ejecutivas débiles.

Cuando te topes con un problema que surja de una habilidad ejecutiva débil, empieza por hacerte tres preguntas:

1. «¿Puedo modificar el entorno físico o social en el que se plantea el problema para disminuirlo?».
2. «¿Puedo modificar la tarea que estoy tratando de realizar que se ve dificultada por mi habilidad débil?».
3. «¿Hay alguna manera de que las personas a mi alrededor (amigos, familiares, compañeros) me ayuden a controlar mi habilidad débil con mayor eficacia?».

Vayamos de una en una.

Modificar el entorno físico o social

Hazte una imagen de tus espacios de vida y de trabajo (cada habitación de tu casa, el diseño de tu oficina, el aspecto de tu coche) y pregúntate: «Si cambio algún aspecto de estos espacios físicos, ¿mi habilidad ejecutiva débil sería un impedimento menor?». O identifica si en tu mundo hay conflictos y tensiones inherentes que puedan sacar a la luz tus habilidades ejecutivas débiles. ¿Puedes rediseñar tu entorno físico o social para mejorar la situación?

Peg dice: «He aquí algunos ejemplos dispares de mis experiencias personales:

1. Una de mis habilidades ejecutivas débiles es el control emocional. Tenía un pariente cercano que sabía cómo decirme las cosas para molestarme de verdad, y mis encuentros con él siempre resultaban en terribles desastres. Cuando me casé, descubrimos que mientras mi marido estaba en la habitación, este pariente se abstenía de soltar sus típicos comentarios mordaces. ¡Porque incluso cuando mi marido se iba al baño yo debía ponerme en guardia! Una vez que comprendimos aquello, yo evitaba visitarlo cuando mi marido no podía acompañarme.
2. Cuando salgo del trabajo al final del día, ya he establecido lo que tengo que hacer en primer lugar a la mañana siguiente, cuando llego de vuelta a la oficina. Hace un tiempo me di cuenta de que, si confeccionaba una lista de tareas pendientes, la dejaba a un lado o tal vez ni siquiera me fijaba en ella, gracias a mi débil habilidad de organización. Pero si dejo el material físico que necesito para trabajar (informes que completar, documentos que enviar por correo, etc.) en medio de mi escritorio antes de irme, al día siguiente sé que eso es lo que tengo que hacer antes que nada. El recordatorio físico realmente me ayuda a arrancar mi jornada laboral.
3. Mi hijo tuvo problemas de déficit de atención y de susceptibilidad a las distracciones durante toda la enseñanza secundaria. Poco después de que empezara la universidad, decidió que tenía que ser más cuidadoso acerca de su ambiente de estudio. Se dio cuenta de que no podía estudiar en su dormitorio porque había demasiados chats interesantes en marcha (o videojuegos con los que entretenerse). Se ganó el apodo de «El chico de la biblioteca» porque estaba en ella cinco tardes a la semana desde las seis hasta las diez. No sólo la biblioteca era tranqui-

la y, por lo tanto, propicia para el estudio, sino que cada vez que levantaba la vista de sus libros se daba cuenta de que estaba rodeado de otros estudiantes serios, y eso lo alentaba a volver al estudio.
4. Recientemente he conocido a una madre que resolvió el problema de sus niños con habilidades de organización débiles al hacer que la entrada de su casa pareciera el aula de una escuela: construyó cubículos individuales para cada uno de ellos, justo al otro lado de la puerta, para que cuando llegaran a casa desde la escuela el entorno fuera similar, con perchas para colgar los abrigos y guardar sus mochilas (para su fácil recuperación cuando llegara el momento de hacer los deberes o ir a la escuela)».

La siguiente tabla enumera cada una de las habilidades ejecutivas y proporciona un ejemplo de cómo podría modificarse el entorno físico o social para hacer que la habilidad ejecutiva débil sea menos intrusiva. Las sugerencias de esta tabla no pretenden ser exhaustivas, pero, a medida que te fijes en tus propias debilidades, pueden ayudarte a pensar en las cosas que funcionan para ti.

MODIFICAR EL AMBIENTE FÍSICO O SOCIAL

Habilidad ejecutiva débil	Ejemplos de modificación del medio ambiente físico o social; si para ti esta habilidad ejecutiva es débil, entonces podrías…
Inhibición de respuesta	Mantenerte alejado de los entornos en los que los impulsos pueden crearte problemas (por ejemplo, casinos, centros comerciales, bares, salas de descanso durante las vacaciones).
Memoria de trabajo	Colocar frente de la puerta las cosas que tienes que llevarte, para tropezarte con ellas por la mañana si no recordabas que debías llevártelas.
Control emocional	Evitar la socialización con alguien que sabes que te saca de tus casillas.
Iniciación de tareas	Antes de irte del trabajo por la tarde, poner en el centro del escritorio la primera tarea que debes hacer por la mañana para que sea visible cuando llegas a tu despacho al día siguiente.
Atención sostenida	Configurar un entorno de trabajo con el mínimo de distracciones tentadoras.
Planificación/priorización	Poner un gran tablero blanco en la pared de tu despacho con el título del proyecto en la parte superior para recordarte que debes enumerar los pasos necesarios para completarlo.

MODIFICAR EL AMBIENTE FÍSICO O SOCIAL (cont.)

Habilidad ejecutiva débil	Ejemplos de modificación del medio ambiente físico o social; si para ti esta habilidad ejecutiva es débil, entonces podrías…
Organización	Pasa algún tiempo pensando en la manera de diseñar tu entorno para hacer más fácil la organización (por ejemplo, recipientes, bandejas de entrada, estantes de pared, todos ellos etiquetados con los contenidos que pertenecen a cada uno).
Gestión del tiempo	Ajustar todos los relojes (el de pulsera también) adelantándolos 10 minutos para tener un colchón de tiempo extra con el fin de prepararte para cualquier cosa.
Flexibilidad	Recurrir a las redundancias para hacer frente a la posibilidad de que algo salga mal (por ejemplo, al viajar a un lugar nuevo, imprimir los recorridos del Google Maps por si te quedas sin cobertura en el móvil y no puedas utilizar el GPS).
Metacognición	Identificar dos características que te permitan funcionar bien en tu trabajo o en el hogar y luego enumerar dos que te dificulten la consecución de esos trabajos. Registrarlas en esa configuración para recordar que debes utilizar tus fortalezas y debilidades, no dejar que interfieran.
Persistencia dirigida a un objetivo	Emplazar señales u otros recordatorios visuales del objetivo para el que estás trabajando en un espacio destacado de tu entorno (por ejemplo, utilizar palabras o imágenes que representan la meta como protector de pantalla en tu ordenador).
Tolerancia al estrés	Pensar en maneras de hacer que tu entorno te resulte menos estresante –música suave, velas, desorden mínimo–, ir a trabajar antes que tus compañeros de trabajo para tener más horas de trabajo en un entorno de estrés reducido.

Modificar las tareas que tienes que hacer

Ya hemos explicado que las habilidades ejecutivas son las capacidades requeridas para ejecutar tareas, por lo que un foco obvio de las modificaciones del entorno son las tareas propias. En nuestro trabajo con niños, hemos aprendido que la modificación de tareas es una gran manera de ayudar a los niños con habilidades ejecutivas débiles o inmaduras a lograr cosas que podrían parecer requerir un funcionamiento ejecutivo más competente. Y sabemos por experiencia personal que también funciona con la modificación de tareas en adultos.

Peg explica: «Éstas son algunas de las modificaciones de trabajo que a mí me funcionan:

1. La organización es mi habilidad ejecutiva más débil. Ahora he llegado a una etapa en la que no estoy contenta con el desorden, pero todavía no he aprendido a evitar la acumulación del mismo. Cuando mi estudio está demasiado caótico como para poder trabajar en él, hago un par de cosas. Despliego una mesa de cartas y las pongo en el centro de la habitación. Amontono en ella todo el desorden para que mi mesa esté completamente despejada y represente mi objetivo final. A continuación, dedico una cantidad muy pequeña de tiempo a diario para hacer frente a lo que hay encima de la mesa de cartas, por lo general no más de cinco o diez minutos, aunque a veces me envalentono y supero mi tiempo límite autoimpuesto. ¿Cuáles son las modificaciones de la tarea? Puedo acortarla, retomarla en los descansos y tengo un modelo de antemano de a qué quiero que se parezca el producto final.
2. La flexibilidad es otra de mis habilidades ejecutivas débiles. Siempre que sea posible construyo salvaguardas o protecciones contra la necesidad de ser flexible. Compré mi propio proyector LCD para no correr el riesgo de que uno prestado no se comunicara con mi portátil Mac cada vez que hacía presentaciones. Confecciono listas de verificación con el fin de asegurarme de que tengo todo lo que necesito para un viaje de negocios o unas vacaciones, lo que elimina la posibilidad de tener que hacer frente al desagradable descubrimiento de que me he dejado en casa algo esencial (como un cable de alimentación o el pasaporte). Y desarrollo sistemas redundantes en caso de que el primero falle. Cuando mis planes de viaje requieren que conduzca entre ciudades, utilizo mi propio dispositivo GPS, pero también imprimo de Google Maps todas las rutas del viaje. Y si ambas cosas fallan, tengo instalada la aplicación Waze en mi smartphone por si acaso.
3. A pesar de que poseo una fuerte atención sostenida, todavía hay algunas tareas que debo obligarme a hacer. La redacción de los informes psicológicos es una de ellas. He diseñado un paradigma de refuerzo bastante elaborado al respecto.

Después de completar cada sección del informe, me permito jugar dos solitarios en el ordenador. Y luego, para que sea un poco más interesante, empiezo una mano más, y si aparecen dos ases en la primera fila, me permito jugar una partida adicional.

Lo que hay que entender de los ejemplos anteriores es que ninguna de las modificaciones de tareas que hago está dirigida a mejorar la habilidad ejecutiva en sí. Por el contrario, todas están diseñadas para ayudarme a hacer frente con más éxito a las consecuencias de esa debilidad. Todavía no he aprendido a mantener mi estudio del todo limpio y organizado. Pero modificando las tareas puedo reparar los daños más rápidamente y con éxito. Y todavía tengo una sensación de pánico cuando me topo con algo que no funciona de la manera que pensaba que lo haría. Pero utilizo sistemas de respaldo para evitar las sorpresas desagradables tanto como sea posible y hacer que la recuperación sea menos estresante cuando no puedo evitarlas».

La tabla de las páginas 53 y 54 enumera una variedad de modificaciones de tareas. Esta tabla, a diferencia de la que muestra la manera de modificar el entorno en sí, no se descompone en habilidades ejecutivas porque muchas de estas modificaciones funcionan a través de habilidades. A medida que observes las sugerencias, probablemente serás capaz de identificar estrategias similares que se podrían aplicar a tu problema, o incluso pueden ayudarte a reconocer que ya estás haciendo modificaciones de tareas para hacer que tu vida sea más fácil (si es el caso, ¡entonces te damos una palmadita en la espalda por ser tan ingenioso!).

Buscar maneras de conseguir que otros te ayuden

Esto podría ser considerado otra forma más de diseñar tu entorno social para apoyar tus habilidades ejecutivas débiles, pero creemos que merece su propia categoría porque algunas de las opciones pueden resultar muy efectivas. También cabe la posibilidad de que se abuse de ellas o se utilicen erróneamente, lo que explicaremos en detalle a medida que avancemos.

Hay maneras de que la familia, los amigos y los compañeros de trabajo puedan proporcionarnos ayuda para evitar o compensar nuestras habilidades ejecutivas débiles (también hay cosas que pueden hacer para apoyar nuestros esfuerzos para mejorar nuestras habilidades ejecutivas, pero de eso nos ocuparemos en capítulos posteriores). *Peg habla de nuevo:* «Permíteme darte algunos ejemplos y luego tratar de clasificar las maneras en que otros pueden ayudarte.

1. Mi hermano es profesor de historia en un instituto público de secundaria y sabe que, en su caso, la iniciación de tareas es una habilidad ejecutiva débil. Cuando los alumnos graduados le piden que escriba cartas de recomendación para la universidad, él les dice: «Me encantaría hacer eso para ti, pero ahora tu trabajo será darme la lata para asegurarte de que lo hago antes de la fecha límite.
2. El mismo hermano –que, por cierto, es un destacado profesor, tan dinámico como participativo en el aula– durante muchos años enseñó en equipo con una profesora. Ella aportaba organización y planificación al aula, y él entusiasmo. Mediante la combinación de sus habilidades ejecutivas fuertes, eran capaces de gestionar la combinación de sus estudiantes en clases más grandes de una manera más cómoda que solos y por separado».

MANERAS DE MODIFICAR LAS TAREAS

Modificación de tareas	Explicación
Acorta la tarea o divídela en partes.	Una razón clave por la que evitamos las tareas que requieren mucho esfuerzo es que pensamos que van a durar para siempre. Pregúntate cuánto tiempo puedes tolerar invertir en la tarea desagradable y, luego, o bien invierte sólo esa cantidad de tiempo al día o divide la tarea en partes pequeñas y manejables mediante el establecimiento de descansos.
Utiliza una escala del 1 al 10 para encontrar maneras de hacer que la tarea parezca que requiere menos esfuerzo.	Pregúntate cuánto esfuerzo te supone la tarea en una escala del 1 (muy fácil, no requiere ningún esfuerzo y, en realidad, puedes disfrutar haciéndola) al 10 (la odias, la pospones el mayor tiempo posible, la pones en la lista de tareas de otra persona, pagas a alguien para que la haga por ti o –nunca la acabas). Luego pregúntate cómo podrías convertir una tarea 8-9-10 en una 2-3-4 (porque es muy poco probable que puedas convertir una tarea 10 en una 1, por lo que ni siquiera lo intentes). Las otras sugerencias de esta tabla te pueden dar ideas de cómo hacerlo.
Empareja la tarea desagradable con algo que te resulte agradable.	Ejemplos: escuchar música o audiolibros mientras trabajas; ver una película mientras haces la colada; encontrar a alguien que haga la tarea contigo, o que te haga compañía mientras la haces.

MANERAS DE MODIFICAR LAS TAREAS (cont.)

Modificación de tareas	Explicación
Empareja la tarea desagradable con una obligación por lo que puedes matar dos pájaros de un tiro.	Ejemplos: hacer tu llamada diaria a tu padre anciano al cargar el lavavajillas; ensayar esa difícil conversación que necesitas tener con tu jefe mientras estás en un atasco de tráfico.
Establece algo que hacer cuando hayas finalizado la tarea que te requiere tanto esfuerzo.	Con los niños, utilizamos el estribillo «Primero trabaja, después juega». El mismo principio es útil para los adultos. En primer lugar, invierte 30 minutos trabajando en tus tareas, a continuación, ponte el episodio grabado de tu serie favorita o de tu programa televisivo preferido. Y si no puedes tolerar dedicar 30 minutos a tus tareas, reduce el tiempo a un nivel manejable.
Divide la tarea en partes muy y pequeñas, y conviértelas en una lista de tareas.	Si es necesario, escribe una columna que diga «Hora de inicio» y establece un recordatorio como una alarma del móvil para recordar que debes iniciar la tarea.
Utiliza la tecnología, como las tabletas y los smartphones para programar alarmas y recordatorios.	Puedes programar el calendario de tu ordenador para recordarte que tienes una obligación a horas fijas (por ejemplo, 24 horas antes, 10 minutos antes, etc.); Los programas de recordatorios no sólo se pueden utilizar para crear listas de tareas pendientes, sino también para que su finalización sea a una hora específica o en un lugar específico (por ejemplo, cuando entras por la puerta de tu casa después del trabajo). Los programas de pósits son útiles, también, sobre todo si los programas para que la nota aparezca en tu escritorio tan pronto como conectes el ordenador.
Convierte las tareas de entrega abierta en tareas de entrega cerrada.	A veces, las tareas son enormes, y no sabemos por dónde empezar o cómo proceder. Invertir un poco de tiempo antes de comenzar la tarea indicando los pasos que hay que hacer en el orden en que se tienen que dar puede hacer que dicha tarea resulte menos abrumadora.
Incorpora variedad o elección.	A veces, lo que hace que las cosas parezcan monótonas es la rutina invariable. Piensa en maneras de hacer «zapping» con respecto a las tareas que requieren un gran esfuerzo. ¿Podrías cambiar el orden en que abordas un conjunto de tareas, o podrías hacerlo de una manera diferente? ¿Podrías reforzar con sorpresas (por ejemplo, poner enunciar las tareas en distintas hojas de papel y meterlas en carpetas diferentes y hacer la primera que saques; y agregar carpetas con actividades divertidas que no tengan nada que ver con la tarea, ¡así que siempre existe la oportunidad de que la siguiente carpeta no sea un trabajo!).

3. Nuestro colega (alguien que ha compartido con nosotros la autoría de un par de libros) Chuck Martin imparte una clase de marketing en nuestra universidad estatal desde hace varios años en las que todos sus estudiantes rellenan el Cuestionario de Habilidades Ejecutivas *(véase* el capítulo 2) al comienzo del período de calificaciones, y hace que compartan su perfil de puntos fuertes y débiles entre sí. Divide la clase en grupos que aseguran la existencia de una diversidad de puntos fuertes en cada grupo (por ejemplo, mediante la asignación de los cinco estudiantes que son fuertes en la planificación a cinco grupos diferentes). A medida que los grupos llevan a cabo sus proyectos de clase, se asignan tareas entre sí basadas en su conocimiento de las fortalezas y debilidades de cada persona. Podrían decirle a un miembro del grupo, por ejemplo: «Sabemos que la planificación no es una de tus fortalezas, por lo que no estarás a cargo de la división de nuestro proyecto en pasos individuales. Sin embargo, eres muy bueno en flexibilidad, por lo que serías la persona perfecta para entrevistar a los clientes a medida que salen de Best Buy para averiguar por qué han comprado o no un producto en particular».
4. *Habla Peg:* «Mi hijo, cuando estudiaba en el Goldsmith College de la Universidad de Londres, sabía que la iniciación de tareas era para él una habilidad débil. Así que los días en que tenía que comenzar a escribir un trabajo importante, anunciaba a sus amigos más cercanos que se encontraban desayunando con él en la residencia que su plan era comenzar la redacción del documento a las 19:00 en punto. Al hacerlo, sabía que, si al llegar la hora él estaba socializando, siempre había alguien que le decía: "Oye, Aaron, ¿no has dicho que ibas a empezar el trabajo de sociología ahora?"».

Todo lo anterior son maneras de recibir ayuda de las personas que nos rodean para minimizar el impacto negativo de nuestras habilidades ejecutivas débiles. Como se puede ver en los ejemplos, también ayuda si se conoce el perfil de habilidades ejecutivas de esas personas, por lo que se puede hacer uso de sus fortalezas y no depender de ellas en algo en lo que no son buenas. Lo importante a tener en cuenta es evitar imponer a los demás sin ofrecer algo a cambio, o pedirles que comprendan o perdonen tus debilidades (varias veces) sin hacer un esfuerzo para mejorarlas.

En la tabla de la página 56 se mencionan los medios para utilizar a las personas que te rodean con el propósito de que te ayuden a gestionar tus habilidades ejecutivas débiles.

RECURRIR A OTROS PARA QUE TE AYUDEN A GESTIONAR TUS HABILIDADES EJECUTIVAS DÉBILES

Lo que otros pueden hacer por ti	Explicación
Acceder a recordarte las cosas.	Si sabes que vas a tener problemas para recordar algo, puede ser útil pedirle a alguien con una fuerte memoria de trabajo que te lo recuerde. Si bien esto es muy útil cuando la memoria de trabajo o la iniciación de tareas es el área débil, también puede ser útil cuando no sabes cuándo será necesario que te avisen, por ejemplo, si tienes problemas para leer las expresiones de las personas y no eres capaz de darte cuenta de que estás hablando demasiado (es decir, débil metacognición); entonces, tener un amigo que pueda avisarte en el momento que se deba dejar de hablar puede serte muy útil.
Pedirte cuentas sobre tus compromisos o estar ahí para aceptar tus promesas verbales.	La investigación muestra que, si estableces un compromiso público para hacer algo, es más probable que lo cumplas. A menudo, el acto de establecerlo aumenta la probabilidad de que lleves a cabo aquello que te has comprometido a hacer, pero si eso no es suficiente, un recordatorio puede ayudar.
Proporcionarte estímulo y retroalimentación positiva.	La investigación muestra que una proporción de tres aspectos positivos por cada retroalimentación correctiva puede cambiar el comportamiento por sí mismo. Nosotros damos este consejo a los padres para la formación del comportamiento de sus hijos, pero de adulto puede que tengas que solicitar una retroalimentación positiva por parte de los demás. Sé sincero y diles: «Esto me resulta difícil y estoy trabajando en ello. Si notas que en algún momento no lo consigo, o que estoy a punto de equivocarme, ¿podrías hacerme algunos comentarios positivos acerca de eso? Realmente eso podría ayudarme bastante».
Debes estar dispuesto a modificar las tareas y responsabilidades para adaptarlas mejor a tus fortalezas y debilidades (y las del otro).	Observa tus habilidades ejecutivas fuertes y débiles, y comprueba cómo éstas hacen que algunas tareas te resulten más fáciles o más difíciles de hacer que otras. A continuación, identifica las fortalezas y debilidades de aquellos con los que trabajas o vives. Sugiere un intercambio: tú harás aquello que te resulta fácil pero que es difícil para tu colega, si él se enfrenta a una tarea que a ti te supone un gran esfuerzo pero que coincide con sus puntos fuertes.

Unas palabras sobre la «descarga»

Muchas de las modificaciones del entorno que hemos descrito más arriba son aptas para un proceso que la literatura de las ciencias del cerebro llama «descarga». La descarga se refiere a dar algunas de nuestras funciones cognitivas a la tecnología. Cuando usamos el término «tecnología», aquí nos referimos a su sentido más amplio. Es decir, como herramienta que existe fuera de nosotros mismos que nos libera de tener que realizar una determinada función mental, incluida la información dentro de nuestro propio cerebro. Por ejemplo, en su nivel más simple, una lista puede ser una pieza de tecnología cognitiva. En lugar de, por ejemplo, cargar en nuestras propias memorias de trabajo los artículos que vamos a comprar en el supermercado, podemos «descargar» esta información usando lápiz y papel y luego sólo tenemos que recordar coger la lista y mirarla cuando lleguemos a la tienda. Probablemente ya conozcas y estés familiarizado con las oportunidades considerablemente más sofisticadas y las aplicaciones que existen hoy en día para dicha descarga. Para aquellos que llevan un teléfono móvil, las capacidades incorporadas en ese instrumento, junto con la enorme gama de aplicaciones que se pueden descargar, representan un suministro casi ilimitado de herramientas que nos permite descargar la información y la planificación. Además, esta tecnología nos proporciona los medios para activar nuestra atención ante situaciones o eventos particulares. Tenemos coches que solicitan nuestra atención cuando nos desviamos o invadimos el carril en sentido contrario. Tenemos coches que nos dicen cuándo nos aproximamos demasiado al que nos precede, y automóviles que, si nos olvidamos de frenar a tiempo, activan los sistemas de frenado por nosotros. Hay muchos otros ejemplos de descarga. Cuando ordenamos alfabéticamente un conjunto de libros en nuestra biblioteca o dejamos nuestras llaves y nuestros teléfonos móviles en un lugar determinado, en cierto sentido estamos utilizado el principio de descarga. En la tercera parte de este libro, se ofrecen herramientas más específicas para ayudarte en vacío y así compensar las deficiencias en las funciones ejecutivas concretas.

Así pues, otra pregunta que debes hacerte a medida que descubras formas de gestionar una habilidad ejecutiva débil es la siguiente: ¿hay alguna manera de descargar aspectos de la tarea culpables de mi exceso de esfuerzo y, por lo tanto, que pueda evitar?

El cometido de este capítulo es dar ideas de cómo se puede minimizar el impacto negativo de una habilidad ejecutiva débil. Si has utilizado con éxito esta información, es posible que hayas visto o sentido una notable mejora en la calidad de tu vida. Hay bastantes posibilidades, sin embargo, de que esto no sea suficiente para ti. Si tu objetivo no es sólo hacer que tu habilidad ejecutiva débil te resulte menos molesta, sino que en realidad sea menos débil, entonces profundiza en el siguiente capítulo. Ahora comienza el verdadero trabajo.

Capítulo 4

La mejora de tus habilidades ejecutivas

Vamos a empezar por volver al tema de cómo el cerebro facilita el desarrollo de las habilidades. Debido a que el cambio de comportamiento en la edad adulta no es particularmente fácil, creemos que es útil proporcionar una justificación basada en el cerebro de las estrategias que recomendamos. También queremos hacer hincapié en que, para que nuestras estrategias funcionen, es necesario seguir el proceso paso a paso, incluso si sientes la tentación de tomar atajos o de saltarte algún paso.

Como ya hemos explicado en el capítulo 2, las áreas del cerebro asociadas a las funciones ejecutivas se someten a un importante grado de desarrollo, el cambio comienza en la infancia y se extiende hasta bien entrada la edad adulta. Con la adquisición de habilidades de manera gradual y la práctica de las mismas a lo largo del tiempo, se llega a la edad adulta joven con la posibilidad de vivir de manera independiente, gestionando las exigencias de la vida cotidiana: conseguir y mantener puestos de trabajo, buscar y mantener lugares seguros para vivir, organizar el tiempo y elaborar presupuestos para asegurar que la nevera esté llena, poner la comida en la mesa de acuerdo a horarios razonables, pagar a tiempo las facturas y hacer que las relaciones cercanas sean satisfactorias y fluyan sin problemas. Todo esto sucede porque hemos pasado años aprendiendo las habilidades ejecutivas que lo hacen posible, y lo hemos practicado aumentando gradualmente el nivel de dificultad.

El cerebro está preparado para este tipo de aprendizaje hasta los 25 años de edad más o menos. Después, no volverá a experimentar el grado de cambio que se ha producido hasta ese punto. El período que va desde la infancia a la edad adulta sería, entonces, el mejor momento para aprender y practicar las habilidades ejecutivas.

Dicho esto, como ya hemos expuesto en el capítulo 2, los perros viejos pueden aprender nuevos trucos. Como adultos, a lo largo de nuestra vida, podemos aprender y ser competentes en nuevas habilidades. Es cierto que si tuviéramos el cerebro de nuestra infancia o adolescencia sería más fácil adquirir una habilidad o reforzar aquellas que son débiles. Pero los adultos estamos equipados con capacidades que no teníamos en la infancia y en la adolescencia. Tenemos la seguridad de que hemos adquirido habilidades antes de ahora, y que podemos poner en práctica estrategias que hemos utilizado en el pasado para ayudarnos en este nuevo esfuerzo. También sabemos lo que se siente al participar en actividades difíciles, y esta experiencia es clave para fortalecer las habilidades ejecutivas en la edad adulta. Debido a que el cerebro ya ha completado gran parte de su desarrollo, la formación de una habilidad débil exigirá un esfuerzo mayor.

¿Cómo sabemos que nuestros esfuerzos serán fructíferos? Porque, como hemos dicho antes, hay evidencias científicas fiables en la literatura neurocientífica de que el cerebro adulto tiene plasticidad. Esto significa que, en la edad adulta, cuando se adquiere una nueva habilidad o fortalecemos una que era previamente débil, las estructuras cerebrales subyacentes que apoyan esa habilidad experimentan un cambio que ayuda a mejorar la competencia en ella.

Tan importante o más es que, cuando se practica una habilidad, se requiere un mayor esfuerzo en las primeras etapas de esta práctica. En esos primeros estadios, la utilización y el consumo de energía en el cerebro están en su punto más alto. Sin embargo, a medida que continuamos la práctica, la cantidad de energía utilizada por el cerebro para apoyarla disminuye de manera constante incluso cuando llegamos a ser más competentes en la ella. Ten esto en cuenta, ya que significa que cuando seas capaz de arreglártelas en esa primera etapa más difícil de la práctica y persistir en ella, no sólo te resultará más fácil practicar con el tiempo, sino que el uso de esa habilidad también será más fácil a medida que se vuelva más automática. Para aquellos para los que empezar cualquier tipo de cambio de hábitos es la parte más difícil, ofrecemos una serie de estrategias que permiten reducir la cantidad de esfuerzo inicial necesario para participar en la práctica. Después de esas sugerencias podrán disminuir la probabilidad de fatiga o agotamiento. Hay que tener en cuenta, no obstante, que el cambio de comportamiento requiere tiempo y, si es algo que realmente se desea trabajar, requiere paciencia.

¿Merece la pena?

Si aún estás leyendo este libro y has llegado tan lejos como a este capítulo, es probable que algún aspecto de tu vida ya te haya llevado por lo menos a investigar qué necesitarías para gestionar tu día a día de manera más eficaz. Tal vez tú mismo reconoces que hay algunos problemas en el funcionamiento de tu cotidianidad que deseas cambiar y tienes la esperanza de que este libro te dé una hoja de ruta para lograr ese cambio.

O puedes estar leyendo este libro porque alguien que te conoce bien piensa que podría beneficiarte aprender a hacer las cosas de manera diferente. Esa persona puede ser un cónyuge, un compañero, un colega o un supervisor del trabajo, o tal vez un buen amigo que tropezó con este libro, lo encontró personalmente útil, y pensó que podría ayudarte a ti también. Si perteneces a esta categoría, puede que te preguntes: «¿Por qué querría reforzar una de mis habilidades ejecutivas más débiles en primer lugar? Parece que hasta ahora he hecho las cosas bastante bien a pesar de todo».

Podemos pensar en una serie de posibles razones. En primer lugar, ¿quién de nosotros no ha tenido una experiencia representada en el escenario en el capítulo 1? El mundo se está convirtiendo, sin duda, en algo mucho más complejo que en el pasado. Si estamos todos conectados día a día viviendo a través de la televisión, la radio, los ordenadores, los teléfonos móviles, nos habremos dado cuenta de que la gran cantidad de información a la que nos enfrentamos y la velocidad con la que nos llega imponen demandas sin precedentes a nuestras habilidades ejecutivas.

Reconocemos que en el momento en que alcanzamos la edad adulta hemos vivido con nuestros propios patrones de habilidades ejecutivas, fuertes y débiles, desde hace algún tiempo y hemos desarrollado ambientes de trabajo y hogar que encajan razonablemente bien en nuestras habilidades. *Ahora es Dick quien habla*: «Por ejemplo, con débiles habilidades ejecutivas en las áreas de organización y gestión del tiempo, me he alejado de los ambientes de trabajo que priorizan estas habilidades y me he acercado a aquellos que favorecen la flexibilidad y la tolerancia al estrés (dos de mis áreas más fuertes). Y me parece que en mi entorno personal trato de limitar mi desorganización a mis propios espacios personales y no extenderla a los que comparto con mi mujer».

Pero el hecho de que hayamos encontrado un cierto grado de «ajuste» con nuestro ambiente de trabajo y/o del hogar basado en las habilidades ejecutivas que aportamos a la situación no nos aísla automáticamente de la posibilidad de tener que cambiar. Los cambios en las circunstancias de la vida pueden conducirte a querer mejorar el funcionamiento ejecutivo. Tal vez hayas iniciado una nueva relación, o empezado a formar una familia, o comenzado un nuevo trabajo. O tal vez las circunstancias de tu trabajo actual hayan cambiado, requiriendo nuevas demandas de habilidades de las que no necesitabas depender antes. O el aumento de tus responsabilidades financieras requiera algún tipo de cambio de vida. La verdad es que estamos viviendo en un mundo en el que cada vez más los valores y, en algunos casos las demandas, la capacidad de adaptación y la adaptabilidad al cambio dependen fundamentalmente de buenas habilidades ejecutivas. A diferencia de nuestros predecesores y de las generaciones pasadas, ya no podemos confiar en la estabilidad y en la duración de los trabajos o en algunas instituciones o en nuestra propia situación financiera.

Aquí hay varios ejemplos de cómo un cambio en las circunstancias o una insatisfacción con algún aspecto de la vida llevó a personas a resolver las deficiencias de sus habilidades ejecutivas:

Padma, de 35 años de edad, era una mujer de carrera independiente que creía que era poco probable que se casara y había aceptado el hecho de que nunca tendría hijos. Había establecido una rutina diaria que era cómoda para ella y que le funcionaba. Iba al gimnasio después del trabajo tres tardes a la semana, se reunía con su club de lectura el jueves por la noche, trabajaba de voluntaria en el refugio de animales local los sábados por la mañana y al salir siempre almorzaba en su cafetería favorita. Dado que tendía a la falta de flexibilidad, esas rutinas eran un consuelo para Padma. Podía contar con ellas y satisfacían sus necesidades de interacción social y le proporcionaban la sensación de tener una vida significativa más allá de su trabajo. Y entonces se encontró con Marcus y se enamoró perdidamente. Una de las cosas que le gustaban de Marcus era que él era un espíritu libre, pero reconocía que podría tardar algún tiempo en acostumbrarse. Además de eso, sin embargo, Marcus tenía dos hijos de un matrimonio anterior, y cuya custodia compartía con su exesposa. Cuando ella y Marcus se trasladaron a vivir juntos, Padma pronto encontró su mundo patas arriba. En un primer momento empezó a temer la llegada de los fines de semana, cuando la casa estaba llena de niños, y empezó a sentir cómo se tensaba cada vez que Marcus comenzaba una conversación con: «Oye, tengo una idea...», porque siempre significaba que ella tendría que enfrentarse a algo inespe-

rado o desconocido, y Padma no se ajustaba fácilmente a los cambios. Durante las primeras semanas en que vivieron juntos, se encontró cada vez más ansiosa. Todas sus rutinas estaban en peligro, y no se había dado cuenta de lo muy complaciente que se había vuelto. Supo que había llegado a una encrucijada, o renunciaba a Marcus y a todo el enriquecimiento que había aportado a su vida, o podía trabajar en su inflexibilidad. Al principio pensó que necesitaba convertirse también en un espíritu libre, pero pronto se dio cuenta no sólo de que no era probable que sucediera, sino que Marcus se había sentido atraído por ella, en parte, debido a su estabilidad, y que realmente no trataba de compartir su vida con otro espíritu libre. Encontró que lo que mejor funcionaba para ella era dividir la semana en días laborables y fines de semana. Durante la semana, ella se aferraba a su rutina de ir al gimnasio y atrajo a Marcus a unirse al mismo gimnasio para que pudieran ir juntos. Como no compartían la experiencia del club de lectura, ella siguió asistiendo sola a sus reuniones. Pero decidió replantear los fines de semana en su propia mente como una forma de reducir su dependencia de las rutinas. Puso a Marcus a cargo de la planificación de los fines de semana, y se encontró esperando divertida cualquier sorpresa con la que se presentara el viernes. Eventualmente, ella y Marcus se dieron cuenta de que sus dos hijos se beneficiaban de tener un poco más estructurado el tiempo que pasaban con su padre, por lo que fue capaz de convencerlos de que las comidas familiares caseras y los horarios regulares para irse a dormir podrían ser una buena idea. Después de varios meses, se dio cuenta de que sus esfuerzos para aumentar su flexibilidad, en realidad, habían introducido una «chispa» en su vida que nunca había pensado que fuera posible.

Rick era bioquímico y amaba su trabajo de investigación aplicada que desempeñaba para la compañía farmacéutica en que trabajaba. Pero estaba atrapado en un cierto salario y no se llevaba demasiado bien con sus superiores responsables del proyecto, por lo que cuando la empresa le ofreció un ascenso a gestor de proyectos, no dejó pasar la oportunidad. Cuando empezó a comprobar en qué consistiría su nuevo trabajo, sin embargo, se dio cuenta de que sus cometidos chocarían contra algunas habilidades débiles que había sido capaz de evitar en el pasado, pero que ahora se interpondrían seriamente en el camino hacia el éxito. Para realizar la investigación, era muy metódico y cuidadoso, pero ésta implicaba seguir unos protocolos que eran bastante contenidos y secuenciales, y su capacidad de organización y memoria de trabajo habían sido las adecuadas para ese trabajo. No obstante, en el puesto de jefe de proyecto, de repente, se encontró realizando el seguimiento de mucha más información, incluidas múltiples líneas de tiempo y múltiples hilos seguidos por las distintas personas asignadas a los proyectos que estaba administrando.

Rick hizo hincapié en ello durante un tiempo e incluso pensó en pedir volver a su antiguo puesto, pero odiaba la idea de tirar la toalla (y renunciar al aumento de sueldo también le resultaba difícil), por lo que decidió ver si podría mejorar su capacidad de organización. Se dirigió a uno de los gerentes de alto nivel de su confianza y le preguntó si había un jefe de proyecto con experiencia al que pudiera acercarse para que le hiciera de mentor. Obtuvo una recomendación y pidió reunirse con él. Le explicó que era nuevo en el trabajo y que estaba buscando a alguien que le guiara en las primeras etapas. Aquella persona no sólo se sintió halagada de que se lo pidiera, sino que también se dio cuenta de que, si quería avanzar más en la empresa, convertirse en un mentor eficaz era una manera de aumentar su conjunto de habilidades. Él y Rick programaron reuniones periódicas, compartieron sus estrategias y herramientas (como una aplicación de diagrama de Gantt que les gustaba en particular), y Rick se adaptó a su nuevo trabajo. Se dio cuenta de que el trabajo de laboratorio le resultaba un poco tedioso, y que éste era el siguiente paso perfecto. Estaba contento de no haber cedido a sus recelos iniciales.

Carlos era una de esas personas que amaban estar ocupado. Siempre estaba metido al mismo tiempo en varios proyectos de mejoras para su casa, y tenía tantas grandes ideas que le costaba decidir cuál seguir. Le encantaba el hecho de que esos proyectos resolvieran un problema y, dado que vivía en una casa que había sido construida en el año 1900, siempre había algo que se necesitaba reparar o bien que podía añadir comodidad y calidad. El problema era el siguiente: Carlos iniciaba los proyectos con ganas, pero se encontraba que cuanto más tardaban en completarse, menos probable era que los terminara. También era evidente que si empezaba un proyecto (y tendía a embarcarse en él sin pensarlo demasiado) y se topaba con un obstáculo (por ejemplo, le faltaba una herramienta fundamental o no había previsto un defecto de diseño), todo se detenía repentinamente y le resultaba muy difícil reunir la energía para retomar el trabajo.

Si analizaras a Carlos en términos de habilidades ejecutivas, verías que es fuerte en la metacognición y la iniciación de tareas, pero es un poco débil en términos de inhibición de respuesta (pues se embarca en cosas sin pensar en ellas antes) e incluso más débil en la atención sostenida (pierde el fuelle antes de terminar los proyectos).

Como la casa de Carlos estaba llena de proyectos sin terminar, no había día en que no se reprochara a sí mismo sus defectos. Y si no se autorreprochaba, era su esposa quien lo hacía, ya que en sus impulsos de generosidad se ofrecía a hacer cosas para ella, y no tenía más probabilidades de terminar el trabajo que le había prometido que las cosas que quería hacer para sí mismo. Tras comprender su perfil de habilidades ejecutivas (por ejemplo, su fuerte planificación), Carlos fue capaz de asumir este reto y trabajar en sus habilidades débiles.

Decidió comenzar por los proyectos sin terminar. Escogió uno, y se tomó su tiempo para anotar los pasos que necesitaba seguir para completarlo. Al lado de cada paso apuntó los materiales que necesitaría, así como una estimación de la cantidad de tiempo que tardaría en completar ese paso. Como sabía que era mejor en la realización de tareas cortas que largas, decidió pensar en cada paso como en un proyecto por separado. Y se reservó dos horas los sábados por la tarde para dedicarse al proyecto hasta que lo terminó. Incluso entonces, antes de empezar, se aseguraba de que tenía todos los materiales que necesitaba para esa fase del proyecto, por lo que éste no se vería truncado por el descubrimiento de que le faltaba una herramienta o material imprescindible. Su esposa estaba emocionada porque el primer proyecto que eligió acabar era un armario para guardar sus trabajos de artesanía en el dormitorio de los invitados. Aquello funcionó tan bien que Carlos se comprometió a utilizar el mismo proceso en tres proyectos más sin terminar. Y decidió que, cuando tuviera ideas brillantes para nuevos proyectos, haría dos cosas: elaborar un plan detallado y una lista de los materiales que necesitaría, y esperar dos semanas desde el momento en que se le había ocurrido la idea para dar el primer paso (así tendría tiempo de decidir si era algo para lo que tendría energías suficientes para hacer cuando la euforia inicial se disipara).

Suposiciones subyacentes al proceso de desarrollo de las habilidades ejecutivas

Las estrategias de intervención que describimos se basan en los siguientes supuestos (parafraseado el libro *Executive Functions* de Russell Barkley de 2012).

- El uso de las habilidades ejecutivas requiere un esfuerzo considerable, sobre todo si esas habilidades son débiles. Debido a esto, el «depósito» de esfuerzo disponible como recurso puede agotarse con rapidez, aunque temporalmente.

- Inmediatamente después de la práctica que requiere esfuerzo, encontrarás que tu capacidad de desplegar esa habilidad se reduce por un período de tiempo. Por ejemplo, si tratas de perder peso (que requiere la inhibición de respuesta) y limitas cuidadosamente el consumo de calorías en el desayuno y en el almuerzo, podrías ser muy susceptible a sucumbir a la tentación a media tarde cuando alguien te ofrece un batido de chocolate. O si tus habilidades de iniciación de tareas son débiles, y te has lanzado a resolver las primeras cinco entradas de tu lista de tareas pendientes para el día y luego te tomas un descanso, puedes encontrarte con te resulte especialmente difícil volver a trabajar y abordar la entrada número seis.

Esta información confirma lo que ya hemos expuesto, es decir, el cambio de una habilidad requerirá esfuerzo, y en esas primeras etapas puedes agotarte con rapidez. Afortunadamente, Barkley también ha identificado un conjunto de actividades que nos pueden ayudar a reponer las reservas de energía necesaria para ejercer un esfuerzo. Estos factores incluyen:

- Ejercicio físico.
- Relajación o meditación durante unos minutos después de un esfuerzo de habilidad ejecutiva.
- Visualización del buen resultado/recompensa como consecuencia de la práctica exitosa.
- Pequeñas recompensas periódicas a lo largo de una tarea práctica de habilidad ejecutiva.
- Declaraciones de autoeficacia antes y durante la tarea.
- Diálogo para generar emociones positivas.
- Práctica diaria de corta duración de las tareas que requieren habilidades ejecutivas durante las primeras 2-4 semanas del régimen de cambio de comportamiento.

Diez pasos para el desarrollo de las habilidades ejecutivas

Te ofrecemos esta información de dos maneras. Lo que sigue es una narración paso a paso que te guiará a través del proceso. Para ayudarte a comprender y permitirte personalizar el procedimiento con el fin de satisfacer tus propias necesidades, también incluimos un formulario de plan de acción que es básicamente una plantilla a seguir para el desarrollo de habilidades.

Paso 1. Identificar una actividad específica que supone un reto para ti en tu vida cotidiana. Ésta debería ser una actividad asociada a una de tus habilidades ejecutivas débiles (que has identificado en el «Cuestionario de Habilidades Ejecutivas» del capítulo 2). Comenzamos aquí subrayando el hecho de que, aunque en última instancia es posible que desees mejorar una habilidad ejecutiva débil de manera más global, sabemos que tienes que empezar poco a poco. Si crees que tienes una habilidad realmente débil y que puedes transformarla de inmediato, es necesario que te desengañes y deseches esa idea en este preciso momento. Cuando aprendiste a montar en bicicleta, no te subiste de inmediato en un vehículo de dos ruedas y esperaste usarlo sin caerte ni una sola vez. No, empezaste con el par de ruedas extra de entrenamiento y, cuando las quitaste tenías a alguien (un padre o un hermano mayor) que se colocó detrás de ti para mantener el equilibrio de la bicicleta mientras te subió y empezabas a pedalear. Y luego te caías, no una vez, sino en la mayoría de los casos muchas veces (y probablemente también te hiciste unos rasguños en las rodillas y los codos). Y, sin duda, después de tu primer éxito al montar sin caerte tardaste bastante en subirte a una BMX o a una bicicleta de carreras. En pocas palabras: comenzar con poco y ganar confianza a partir de experimentar el éxito. A continuación, puedes avanzar a un ritmo que te resulte cómodo.

Ahora habla Dick de nuevo: «Como ya he dicho, dos de mis habilidades ejecutivas más débiles son la organización y la gestión del tiempo. Me gusta la flexibilidad del trabajo clínico que realizo a diario. Pero mi trabajo también tiene un componente significativo de documentación y registros. Y si tuviera que hacer frente a mi debilidad de organización o de gestión del tiempo, la actividad que elegiría para empezar sería el papeleo, específicamente la tarea de escribir informes clínicos».

Al considerar por qué actividad deseas empezar, elegir algo que llevas a cabo todos los días sería ideal porque eso significa que tienes la oportunidad de practicar la habilidad a diario. La práctica diaria reducirá la duración de tiempo que tardarás en perfeccionar tu habilidad, tanto porque puedes obtener más cantidad de práctica más rápidamente como porque si la realizas a diario es poco probable que te olvides de dicha actividad entre las sesiones de práctica.

Si tienes problemas para identificar con qué actividad empezar, considera qué aspecto de tu vida cotidiana es el más afectado por tu habilidad ejecutiva débil. Puede ser algo que te vuelve loco que enloquece a tu cónyuge, tu pareja o tu compañero de trabajo. Si estás dispuesto a hacerlo, es posible que desees hablar con tu cónyuge, pareja o compañero de trabajo, y describirle la habilidad que quieres perfeccionar, y pedirle ideas sobre cuál sería la mejor manera de comenzar.

Paso 2. Describe tu nivel actual de rendimiento. Entender en qué punto vas a empezar es importante tanto para ayudar a establecer una meta que se base en la realidad como para desarrollar un plan que avance gradualmente hacia ese objetivo desde un punto de partida que sea preciso y sincero. Si has ha decidido conseguir llegar al trabajo a tiempo y llegas tarde un promedio de quince minutos cada día, entonces puede que tengas que trabajar muy gradualmente hacia ese objetivo. Cuanto más preciso seas con respecto a tu rendimiento actual, más fácil te será identificar un objetivo realista. Cuando trabajamos con los niños, en realidad, analizamos comportamientos para establecer una línea de base. El comportamiento que te preocupa puede no prestarse a esto, así que puede que tengas que hacer una estimación. Por otro lado, si el comportamiento que deseas trabajar no se da en absoluto en el momento actual, entonces eso te dice bastante acerca de cuál sería un objetivo realista para ti.

Paso 3. Establece tu objetivo. ¿Qué quieres lograr? Ten en cuenta que el objetivo que establezcas debe referirse a una actividad o situación específica que refleje debilidad en una habilidad ejecutiva y no a la habilidad ejecutiva en general. *Ahora es Dick quien habla* «En mi caso, mi objetivo ahora no es mejorar las capacidades de organización y gestión del tiempo en general, sino más bien mejorar la finalización a tiempo del papeleo que se ve afectada por mi debilidad en estas habilidades. Una vez que has logrado y mantenido tu objetivo en una actividad puedes pasar a la siguiente, pero la clave es trabajar en una sola actividad a la vez. Y a pesar de que creemos fervientemente en establecer objetivos precisos de una manera tal que sepas fácilmente si has alcanzado o no dicho objetivo, no te preocupes por eso en este momento. Yo puedo haber establecido un objetivo para mí como completar el 90 % de mis informes durante las 24 horas posteriores a la sesión clínica llevada a cabo. Pero si tú no tienes años de práctica en cuanto al establecimiento de objetivos, entonces determina objetivos más amplios, es decir, por ejemplo, establecer simplemente mejorar el tiempo de finalización del papeleo debería ser suficiente».

Paso 4. Determinar una fecha límite. Debes decidir una fecha tope para alcanzar la meta que te has fijado. Aunque el plazo establecido puede depender de la complejidad de la meta, te rogamos que, de nuevo, establezcas pequeñas metas con plazos cortos. Y ten en cuenta que llegar a la meta no significa realizar con éxito tu objetivo sólo una vez. El éxito debe definirse como tu capacidad para demostrar tu nivel de rendimiento sobre una base diaria.

Paso 5. Planificar. Este paso es fundamental para el logro del objetivo, porque todas las habilidades o bien se adquieren o bien se cambian, y se establecieron como los hábitos, a través de la práctica. Tu plan debe especificar lo siguiente:

- ¿Qué actividad específica vas a practicar?
- ¿En qué momento del día vas a practicarla? Es decir, si es posible, designa una hora específica del día.
- ¿Cuánto tiempo durará la sesión de práctica?

Aquí tienes nuestro mejor consejo a tener en cuenta al elaborar tu plan: las sesiones de práctica deben ser breves. Recuerda que es un trabajo duro. Piensa en ello como en el entrenamiento de tus músculos, los buenos entrenadores personales hacen que sus alumnos empiecen muy lentamente, con sesiones de práctica cortas, con un número limitado de repeticiones y ejercicios que no tensen los músculos. En el caso de la construcción de nuevas habilidades ejecutivas, estamos hablando de practicar durante sólo unos minutos cada vez. Las sesiones cortas ayudarán a asegurar que te centras en la práctica y tengas energía suficiente para llevarla a cabo con éxito. Cuando seas capaz de hacer eso, con cada sesión de práctica realizada exitosamente, el esfuerzo que supone la práctica y, por lo tanto, la energía necesaria, disminuirán. Y eso es una señal de que la habilidad se está desarrollando.

Planificar se basa en una técnica conocida como «entrenamiento de correspondencia». Éste se basa en la idea (y es una investigación bien documentada) de que cuando las personas se comprometen verbalmente o, en este caso, por escrito, a participar en un comportamiento específico, ese compromiso aumenta la probabilidad de que participen en dicho comportamiento.

Por lo tanto, además de hacer un plan, si adquieres un compromiso público de que lo vas a llevar a cabo, con tu pareja si se trata de un problema de casa, o con tu superior si es una cuestión laboral, aumenta la probabilidad de cumplir con ese plan. Esto no siempre es un paso cómodo porque al darlo entendemos que se crea una expectativa en la mente de la otra persona con la que te has comprometido. Eso pone un poco de presión sobre ti para seguir adelante con el plan, ¡pero precisamente por eso los compromisos públicos aumentan la probabilidad de que la gente siga adelante con lo que se ha comprometido a hacer!

Por último, como parte del plan, asegúrate de que llevas a cabo la práctica de la habilidad en el mismo contexto en el que usarás esa habilidad. Eso aumenta la probabilidad de que lleves a cabo ese comportamiento. Además, se omite uno de los problemas a menudo asociados a la práctica de una habilidad en aislamiento o fuera de contexto, el problema de la generalización. A modo de ejemplo, existe una serie de programas de ordenador muy publicitados para ayudar a las personas a mejorar la atención y la memoria de trabajo. La investigación acumulada sobre la eficacia de estos programas demuestra que las personas que practican estas habilidades a través de los juegos de ordenador a menudo mejoran en los juegos que están jugando, pero no pueden trasladar esas mejoras a la vida real. Una madre nos dijo una vez que su hijo había participado en uno de esos programas de capacitación y, cuando le pregunté qué tal había funcionado, ella me respondió: «Déjame decirlo así, mi hijo está hoy en la escuela y su libro de tareas en casa».

Nuestro consejo general: cuidado con los productos estándar de intervención, rara vez funcionan tan bien como los diseñados para adaptarse a tu circunstancia personal y única.

Paso 6. Elige una fecha de inicio. Y no debes limitarte a señalar dicha fecha, sino que debes especificar que en ese día comenzarás la sesión de práctica. Y cuando lo hagas, elige también una fecha y hora alternativas en caso de que aparezca algo que te impida iniciar tu plan en la fecha y hora originales. Y a riesgo de repetirnos, que los tiempos de práctica sean cortos. Como hemos dicho, tienes una cantidad limitada de energía necesaria para ejercer el esfuerzo, y esa fuente de energía se agotará rápidamente. Es mejor tener una serie de breves pero exitosas sesiones de práctica en lugar de una sesión más larga durante la cual pierdas el enfoque o experimentes en la tarea una sensación de pesadez.

Paso 7. Crea recordatorios visibles (o audibles) de tu plan. Como señala Barkley, las representaciones mentales o interiorizadas de las metas y de los planes tienen una capacidad bastante débil para iniciar un comportamiento sostenido y con esfuerzo. El motivo, en buena parte, proviene del hecho de que cuando nuestro esfuerzo se ha agotado llegamos a distraernos por los aspectos externos del entorno inmediato (por ejemplo, los teléfonos móviles, los ordenadores y la televisión). Para que nuestro plan para lograr esa meta sea eficaz, tiene que estar presente en el entorno como una señal visual y auditiva, quizá emergente, que veamos con regularidad. Hablamos de esto en el último capítulo: poner señales de aviso donde puedas verlas, usar notas adhesivas o el programa de pósits en el escritorio del ordenador o establecer alarmas y recordatorios en el teléfono móvil.

Esto tiene dos efectos: nos ayuda a recordar qué es lo que queremos lograr y compite con otros aspectos más destacados del ambiente para que en los momentos en que estemos distraídos por otras influencias la representación exterior de nuestra meta nos recuerde que debemos resistir la tentación.

Paso 8. Cumple con tu plan. Has designado la hora de inicio y has limitado el tiempo de la práctica, y esto ha reducido la cantidad de esfuerzo que tienes que gastar. Así que ahora, llegado el momento de practicar, debes hacerlo. No pongas excusas o te digas que lo harás más tarde. Si te sientes con pocas energías, acorta el período de práctica, pero lleva a cabo algún aspecto de ella, ya que al hacerlo fortaleces el hábito y reduces el esfuerzo necesario para participar en la habilidad.

Paso 9. Sé positivo y confiado. Para que esto sea relevante, compón tres o cuatro frases que resuman en qué estás trabajando, por qué y cuáles son los beneficios que obtendrías, junto con una breve descripción de los sentimientos positivos que experimentarás como resultado. Como parte de esta estrategia, hazte una imagen de lo que serás capaz de hacer cuando vayas mejorando la habilidad y ponla por escrito.

Por último, Paso 10. Encuentra una motivación. Es posible que la simple identificación de lo bien que te sentirás cuando logres tu objetivo sea una motivación suficiente. A veces sólo basta eso para empezar el cambio de comportamiento, pero esa identificación puede no ser suficiente por sí misma para llegar al final. Es posible que desees incorporar una recompensa más concreta y tangible, es decir, algún tipo de refuerzo positivo asociado a tus sesiones de práctica.

El refuerzo positivo se define como cualquier evento, una actividad o un objeto que sigue al comportamiento que hace que sea más probable que ese comportamiento se repita en el futuro. Entendemos y aplicamos este principio a través de nuestras vidas. Nos decimos, por ejemplo, que tan pronto como completemos esta tarea o trabajo en particular vamos a hacer alguna actividad que nos produzca placer. En el caso de practicar una habilidad ejecutiva, queremos asociar esa práctica a la oportunidad de tener algún tipo de recompensa que sigue inmediatamente a la práctica. No tiene que ser un objeto caro o una actividad muy especial. La recompensa sólo tiene que ser algo que nos guste hacer o tener, y que puede estar disponible tan pronto como hayamos terminado con nuestra práctica. De esta manera empezaremos a asociar la práctica con la recompensa, que a su vez reducirá la percepción del esfuerzo requerido por la práctica. El siguiente cuadro muestra una sencilla lista de posibles recompensas.

LISTA DE RECOMPENSAS

A continuación se muestra un menú de posibles recompensas, organizado según la categoría con algunos ejemplos específicos.

Categoría	Ejemplos	Tus propias ideas
Comida/tapas	Palomitas, patatas fritas, fruta, frutos secos, helados, galletas, caramelos, chicles	
Bebidas	Café, té, agua con gas, zumos, refrescos, limonada, batidos, cerveza, vino	
Entretenimiento	Videojuegos, películas, programas de televisión, lectura de libros o de revistas, navegar por la red, tocar o escuchar música, hacer crucigramas, sudokus, rompecabezas	
Aficiones	Cocinar, coser, tejer, pintar, bailar, construir maquetas, coleccionar cosas	

Ejercicio	Caminar, hacer senderismo, montañismo, natación, ciclismo, gimnasia, esquí, tenis, bádminton, ir al gimnasio, participar en deportes de equipo	
Ámbito social	Salir con los amigos; ir a fiestas u organizarlas; utilizar los medios de comunicación social y las redes; pedirle a tu pareja que te haga un masaje o que te abrace	
Compras	Ir de compras al mercado, hacer recados, comprar ropa, ver escaparates, visitar librerías, hacer la compra por Internet.	
Turismo	Conducir el coche, visitar puntos de interés cercanos, realizar viajes largos por carretera.	
Viajar	Hacer camping, escapadas de fin de semana, vacaciones, excursiones de un día, visitar a los familiares o a los amigos.	
Ayudar en la casa	Ordenar las habitaciones, quitar el polvo, pasar la aspiradora, trabajar en el jardín, hacer la colada, reciclar.	

¿Qué pasa si la presión para realizar el cambio no sale de ti?

Ya hemos dicho que es posible que hayas llegado a este libro porque alguien quiere que cambies. Tal vez te sientes satisfecho con la manera de gestionar tu vida, pero otros te piden que hagas cosas de forma diferente. Si crees que te están imponiendo ese cambio, te será más difícil tomar las medidas necesarias para realizarlo. Sacamos este tema porque en nuestra experiencia nos hemos encontrado a personas que han recibido presiones para mejorar sus habilidades ejecutivas débiles. Por ejemplo, podría darse el caso de que te ocurra eso en el trabajo que te gusta, y sobre todo que dependieras de él porque es tu única fuente de ingresos. Pero tal vez tu superior o gerente o el supervisor general del equipo requiere un rendimiento de ti que se ve impedido por una habilidad ejecutiva débil. ¿Cómo manejar esa situación? Algunas personas podrían llegar incluso a renunciar a su trabajo. Pero si lo necesitan o les gusta la mayoría de los aspectos del mismo, pueden satisfacer la demanda de cambio si lo abordan de manera incremental.

Existe una serie de pasos para lograrlo. El primero, y probablemente más difícil, es reconocer la debilidad ante la persona que te insiste en el cambio. Hacerlo tiene dos efectos inmediatos: se reconoce que la persona que te ha señalado la debilidad está en lo cierto, lo que la refuerza y, además, ese reconocimiento crea un cierto grado de comprensión o empatía hacia ti, en el supuesto de que tengas algún valor para la organización.

Debemos tener en cuenta que, si la flexibilidad es tu debilidad, te costará más dar este paso, porque es probable que tengas una visión fija de ti mismo, pero si has llegado a este punto del libro y has sido sincero en tu autoevaluación, entonces ya sabes lo que la otra persona te está diciendo.

El segundo paso es decirte a ti mismo y a la otra persona que deseas hacer un cambio.

El tercer paso es fundamental. Debes pedirle a esa otra persona que te sugiera una acción o un ejemplo de algo que si eres capaz de realizar con éxito, pondrá de manifiesto que has hecho un pequeño avance en la dirección correcta. Si la acción sugerida te parece abrumadora, trata de dividirla en pasos más pequeños para realizarla, o también puedes pedirle a la persona que te supervise una acción específica dentro de la acción mayor que la persona ha identificado. En este punto le dices a la otra persona que harás un plan para llevar a cabo ese paso y que le presentarás el plan en un número determinado de días.

Hemos introducido esta noción para asegurarte que, aun cuando el cambio no es idea tuya, si tienes alguna motivación para permanecer en la situación, tienes una manera de avanzar y consolidar una habilidad más débil incluso cuando la necesidad de cambio resulta ser impuesta externamente.

Ahora diseña el plan

Has llegado al final del capítulo, y crees que entiendes la tarea que te queda por delante. Tal vez has pensado en el proceso y te has imaginado cómo dar ese paso. Si no lo has hecho ya, diseña un plan por escrito. En las siguientes páginas te ofrecemos un modelo de plan de acción, que está disponible para descargar e imprimir para usos múltiples en www.guilford.com/dawson7-forms. Ponerlo por escrito comienza el proceso de compromiso. A continuación, debes poner el plan en un lugar prominente que te recuerde que estás trabajando en ello. Si quieres subir la apuesta, colócalo donde otros también lo vean, y puedan opinar al respecto. Si haces eso, pídeles que te animen y que eviten molestarte (¡a menos que eso sea parte del plan!). ¡Así que adelante y buena suerte!

PLAN DE ACCIÓN

¿Qué actividad específica o situación vas a trabajar?

¿Cuál es tu nivel actual de rendimiento (es decir, la calidad o la frecuencia con la que eres capaz de manejar la situación con éxito en el momento actual)?

¿Cuál es tu objetivo (el resultado que deseas lograr)?

¿En qué fecha quieres alcanzar ese objetivo?

¿Cuál es tu plan?

- ¿Qué vas a practicar?

- ¿Cuándo vas a practicar? (Sé específico: ¿qué día de la semana y a qué hora del día? Utiliza el siguiente espacio si eso va a serte de ayuda).

Lunes:	Martes:	Miércoles:	Jueves:	Viernes:	Sábado:	Domingo:

- ¿Cuánto tiempo durará la sesión de práctica? (Recuerda: al principio las sesiones deben ser breves).

¿Cuál es la hora de inicio?   Fecha: Hora:
                               Fecha alternativa: Hora:

¿Qué señales vas a utilizar para recordar que debes seguir tu plan?

Autoafirmaciones positivas para apoyar tu plan. Describe brevemente lo siguiente:

- ¿En qué estás trabajando?

- ¿Por qué estás trabajando en eso?

- ¿Qué beneficios recibirás?

- ¿Cuáles serán tus sentimientos si el plan tiene éxito?

- ¿Qué puedes utilizar como motivador para recompensarte por seguir el plan?

De *The Smart but Scattered Guide to Success* de Peg Dawson y Richard Guare. Copyright © 2016 The Guilford Press. Quienes compren este libro pueden fotocopiar y/o descargar versiones ampliadas de este material (*véase* el cuadro al final del índice).

SEGUNDA PARTE

Comprender al impacto de las habilidades ejecutivas en tu vida diaria

Capítulo 5

Las habilidades ejecutivas en el lugar de trabajo

En los próximos tres capítulos te damos la oportunidad de aplicar lo que has aprendido sobre las habilidades ejecutivas a los tres contextos en los que la mayoría de nosotros desarrollamos nuestras vidas: el ambiente laboral, el hogar y las relaciones interpersonales. Estos capítulos deben ayudar a profundizar en tu comprensión de cómo tu perfil y los perfiles de habilidades ejecutivas de las personas que te rodean afectan a tu actividad y a la manera en que te relacionas con los demás.

En este capítulo se te pide que observes bien lo que requiere tu trabajo y si los requisitos de dicho trabajo se ajustan o no a tus habilidades ejecutivas fuertes, y te damos sugerencias para la gestión de los desajustes que se produzcan. También te ofrecemos un modelo para identificar a aquellos con los que trabajas para ver cómo su perfil de habilidades ejecutivas impacta en el trabajo que haces y en tus relaciones con ellos.

Tu trabajo actual, ¿se ajusta o no a tus habilidades ejecutivas?

La gente no elige puestos de trabajo en función de su perfil de habilidades ejecutivas, al menos de una manera manifiesta. Pero hemos encontrado que la forma en que las personas son más felices en su puesto de trabajo o están más satisfechas con la calidad del mismo está directamente relacionada con la calidad del ajuste entre sus puntos fuertes y débiles de sus habilidades ejecutivas y las demandas que requiere su puesto de trabajo. *Ahora habla Peg:* «Hace más de veinte años que dejé de trabajar en la enseñanza pública, y en el momento en que me fui todavía no había comenzado a estudiar las habilidades ejecutivas. Cuando creamos el Cuestionario de Habilidades Ejecutivas (*véase* el capítulo 2) y me di cuenta de que yo era débil en la flexibilidad, el control emocional y la tolerancia al estrés, ¡de repente entendí mucho mejor por qué ya no trabajaba en las escuelas públicas! El trabajo del psicólogo de la escuela (¡tal vez cualquier tipo de trabajo en la educación!) es más fácil de realizar si esas habilidades en particular no son débiles».

No estamos aquí para persuadirte de que dejes tu actual trabajo. Por el contrario, cuanto más sepas acerca de ese trabajo y cómo encajan en él tus habilidades ejecutivas, mejor preparado estarás para entender qué es lo que te satisface de ese cometido laboral que realizas, así como qué aspectos podrían ser frustrantes. Y así podrás identificar esos puntos irritantes y tratar de encontrar la manera de hacerlos menos frustrantes.

A partir de la página siguiente ofrecemos un conjunto de hojas de trabajo que puedes utilizar para analizar los requisitos de tu trabajo a través de un prisma de habilidades ejecutivas. Cada una representa una actividad diferente para llevar a cabo que te guiará hacia una comprensión completa de tus fortalezas y debilidades y cómo afectan a tu trabajo. Es posible que desees hacer copias adicionales de estos formularios para diferentes usos; podrás descargarlos en www.guilford.com/dawson7-forms

En la página 82 verás un ejemplo de Hoja de Trabajo 1 completada por el director de un departamento de servicio al cliente de una compañía de café de comercio justo.

Los puntos fuertes de este gerente son la metacognición y la persistencia dirigida a un objetivo, y los aspectos de su trabajo que encuentra más fáciles y más atractivos son aquellos en los que se pueden aprovechar estas fortalezas. Por el contrario, tiene una iniciación de tareas y una atención sostenida débiles, que hacen que escribir informes de rendimiento sea una tarea muy estresante para él. Curiosamente, otro punto fuerte de este gerente es la gestión del tiempo, pero cuando tiene que lidiar con la falta de personal y hacer malabares con demasiadas cosas, tiene problemas para aprovechar esas fortalezas. De hecho, informa que eso se suma a la presión que siente porque sabe que no cuenta con suficiente tiempo para gestionar lo que debe hacer.

Utilizar tus puntos fuertes con más eficacia

Ahora retrocede y mira tus habilidades ejecutivas fuertes. ¿Las estás utilizando bien? Si no, ¿hay alguna forma de cambiar tu trabajo para aumentar tu capacidad y aprovechar esos puntos fuertes con más frecuencia o de manera más efectiva? Introduce tus puntos fuertes en la Hoja de Trabajo 2 y luego responde a las preguntas sobre cada una. Éstos son algunos ejemplos de cómo hacer un mejor uso de tus fortalezas en el trabajo:

- Eres fuerte en la gestión del tiempo, y te enerva que en las reuniones semanales de personal éste se distraiga a la mínima a pesar de tener una agenda a seguir. Podrías sugerirle a la persona que dirige la reunión que se asignaran plazos a cada punto del orden del día y que tú podrías monitorizarlos, avisando al grupo de que se avecina el límite de tiempo para un ítem específico.

Hoja de trabajo 1
LAS HABILIDADES EJECUTIVAS EN EL LUGAR DE TRABAJO

Paso 1. Utilizar el Cuestionario de Habilidades Ejecutivas que completaste en el capítulo 2. Marca tus tres habilidades ejecutivas fuertes y tres débiles. Si obtuviste una gran cantidad de «puntuaciones empatadas», decide cuáles son las tres habilidades en las que más quieres centrarte en cuanto a fortalezas y debilidades.

Habilidades ejecutivas fuertes		Habilidades ejecutivas débiles
☐	Inhibición de respuesta	☐
☐	Memoria de trabajo	☐
☐	Control emocional	☐
☐	Iniciación de tareas	☐
☐	Atención sostenida	☐
☐	Planificación/priorización	☐
☐	Organización	☐
☐	Gestión del tiempo	☐
☐	Flexibilidad	☐
☐	Metacognición	☐
☐	Persistencia dirigida a un objetivo	☐
☐	Tolerancia al estrés	☐

Paso 2. Piensa en las demandas que requiere tu puesto de trabajo. ¿Qué aspectos de tu trabajo encuentras más fáciles o más agradables y cuáles más difíciles o desagradables?

¿Qué aspectos de tu trabajo encuentras más fáciles de hacer (es decir, con menos probabilidades de postergar o en los que eres más eficiente)?

1.

2.

3.

¿Qué aspectos de tu trabajo consideras que requieren más esfuerzo (es decir, con más probabilidades de postergar o en los que eres menos eficiente)?

1.

2.

3.

Paso 3. Observa los aspectos fáciles y difíciles de tu trabajo. ¿Están alineados con tus habilidades ejecutivas fuertes y débiles? Nuestra experiencia nos dice que a menudo es así. Es posible que esta información te sirva para las hojas de trabajo posteriores, o que este conocimiento pueda resultarte útil para aclararte el conjunto (por ejemplo, «Por eso odio devolver las llamadas de teléfono, porque tengo un control emocional y una flexibilidad débiles, y temo que la persona a la que llamo se vaya a enojar conmigo por algo que no he hecho bien»).

De *The Smart but Scattered Guide to Success* de Peg Dawson y Richard Guare. Copyright © 2016 The Guilford Press. Quienes compren este libro pueden fotocopiar y/o descargar versiones ampliadas de este material (*véase* el cuadro al final del índice).

Ejemplo de hoja de trabajo 1: JEFE DE ATENCIÓN AL CLIENTE

¿Qué aspectos de tu trabajo encuentras más fácil de hacer (es decir, con menos probabilidades de postergar o en los que eres más eficiente)?

1. *Las reuniones con miembros del equipo para diseñar planes de trabajo.*

2. *Hablar con clientes ocupados.*

3. *Averiguar nuevos sistemas para hacer el trabajo más fácil.*

¿Qué aspectos de tu trabajo consideras que requieren más esfuerzo (es decir, con más probabilidades de postergar o en los que eres menos eficiente)?

1. *Revisar los informes de rendimiento.*
2. *Hacer demasiadas cosas a la vez en muy poco tiempo.*
3. *Lidiar con un personal insuficiente.*

- Si eres fuerte en planificación, podrías ofrecerte voluntario para crear listas de tareas para llevar a cabo los proyectos de los que eres miembro del equipo, revisando las listas de otros miembros del grupo para su información y retroalimentación.
- Eres fuerte en tolerancia al estrés, y te sientes atrapado en un trabajo que es demasiado predecible y rutinario. Podrías ofrecerte voluntario para dirigir o participar en un nuevo proyecto que pueda estar fuera de tu zona de confort como una manera de hacer el trabajo más estimulante para ti.

Aquí hay algunas maneras de utilizar una fortaleza para compensar una debilidad:

- Eres fuerte en planificación, pero débil en la iniciación de tareas. Puedes utilizar tus habilidades de planificación para dividir una tarea larga en pasos más pequeños, cada uno de los cuales requiera muy poco tiempo para ser llevado a cabo. Esa división en pasos más pequeños hace que resulte más fácil empezar a trabajar en ellos, porque no acaban siendo abrumadores.
- Eres fuerte en flexibilidad, pero tienes una atención sostenida débil. Esto significa que eres capaz de ir y venir entre las tareas, que pasas relativamente poco tiempo en una tarea determinada, pero consigues acabarlas todas tal vez más rápido de lo que lo harías si te sintieras obligado a terminar una tarea antes de pasar a la siguiente.
- Eres fuerte en persistencia dirigida a un objetivo, pero débil en organización. Tu área de trabajo está desordenada y hace que el trabajo sea ineficiente. Establecer el objetivo de mantener limpia y ordenada tu área de trabajo te ayudará a persistir en una tarea que, de otro modo, podrías abandonar.

Hoja de trabajo 2
EL USO EFICAZ DE LAS FORTALEZAS

¿Cómo utilizas esta habilidad en tu trabajo?	¿Qué importancia tiene esta habilidad en tu trabajo? (De 1, «Ninguna en absoluto», a 5, «Mucha importancia»)	¿Hay maneras de que puedas ajustar tu trabajo para utilizar más esta habilidad?
1.		
2.		
3.		

De The Smart but Scattered Guide to Success de Peg Dawson y Richard Guare. Copyright © 2016 The Guilford Press. Quienes compren este libro pueden fotocopiar y/o descargar versiones ampliadas de este material (*véase* el cuadro al final del índice).

Por cierto, es posible que hayamos dicho esto antes, pero si eres fuerte en persistencia dirigida a un objetivo, puedes recurrir a esa habilidad para superar cualquier habilidad ejecutiva débil. Simplemente decide que quieres trabajar duro haciéndole frente a una habilidad ejecutiva débil determinada y el compromiso que has hecho te impulsará hacia delante.

Administrar tus debilidades

Ahora considera tus debilidades. Si tu trabajo se topa con ellas a diario, pueden convertirse en una fuente de frustración o de molestias para ti. Si ése no es el caso, entonces es probable que ya hayas encontrado estrategias para hacer frente o para compensarlas y así minimizar su efecto negativo. Introduce tus debilidades en la Hoja de Trabajo 3 y luego responde a las preguntas para identificar las estrategias que estás usando o bien que podrías utilizar para administrar tus habilidades débiles. Esta hoja de trabajo también te ayudará a identificar estrategias para mejorar tu habilidad ejecutiva débil.

Plan de acción

En la Hoja de Trabajo 3, selecciona una tarea o situación que se asocie a una de tus habilidades ejecutivas débiles que deseas empezar a trabajar. Llegado a este punto, es necesario construir un plan de acción, tal como se describe en el capítulo 4. Si no has rellenado todo el plan en el último capítulo, puedes hacerlo ahora. La Hoja de Trabajo 4 de la página 87 puede ser útil para este propósito.

Consejos para la planificación de la acción (y Seguir el plan)

Aquí hay algunas cosas que hemos aprendido después de utilizar este tipo de planificación con personas en el lugar de trabajo:

Hoja de trabajo 3
HABILIDADES EJECUTIVAS DÉBILES

Habilidad ejecutiva débil	¿Cómo utilizas esta habilidad en tu trabajo?	¿Hay maneras de poder ajustar tu trabajo para permitir minimizar tu necesidad de utilizar esta habilidad?	Si tuvieras que concentrarte en una tarea o en una situación en la que es necesario utilizar esta habilidad y quisieras mejorarla, ¿qué elegirías?	¿Qué podrías hacer?
1.				
2.				
3.				

De *The Smart but Scattered Guide to Success* de Peg Dawson y Richard Guare. Copyright © 2016 The Guilford Press. Quienes compren este libro pueden fotocopiar y/o descargar versiones ampliadas de este material (*véase* el cuadro al final del índice).

Hoja de trabajo 4
PLAN DE ACCIÓN PARA EL LUGAR DE TRABAJO

¿Con qué habilidad ejecutiva vas a empezar?

¿Qué actividad o situación específica implica la habilidad ejecutiva que deseas trabajar?

¿Cuál es tu nivel actual de rendimiento (es decir, con qué calidad o con qué frecuencia eres capaz de manejar con éxito la situación en el momento actual)?

¿Cuál es tu objetivo (el resultado que deseas lograr)?

¿En qué fecha quieres alcanzar ese objetivo?

¿Cuál es tu plan?

- ¿Qué vas a practicar?

- ¿Cuándo vas a practicar? (Sé específico: ¿qué día de la semana y a qué hora del día? Utiliza el siguiente espacio si te resulta de ayuda).

Lunes:	Martes:	Miércoles:	Jueves:	Viernes:	Sábado:	Domingo:

- ¿Cuánto tiempo durará la sesión de práctica? (Recuerda: al principio las sesiones deben ser breves).

Hoja de trabajo 4 (cont.)
PLAN DE ACCIÓN PARA EL LUGAR DE TRABAJO

¿Cuál es la hora de inicio?   Fecha: Hora:

　　　　　　　　　　　　　　 Fecha alternativa: Hora:

¿Qué señales vas a utilizar para recordar que debes seguir tu plan?

Autoafirmaciones positivas para apoyar tu plan. Describe brevemente lo siguiente:

- ¿En qué estás trabajando?

- ¿Por qué estás trabajando en eso?

- ¿Qué beneficios recibirás?

- ¿Cuáles serán tus sentimientos si el plan tiene éxito?

¿Qué puedes utilizar como un motivador para recompensarte por seguir el plan?

De *The Smart but Scattered Guide to Success* de Peg Dawson y Richard Guare. Copyright © 2016 The Guilford Press. Quienes compren este libro pueden fotocopiar y/o descargar versiones ampliadas de este material (*véase* el cuadro al final del índice).

- **Hazlo simple.** No crees un plan elaborado, de múltiples pasos. Habla Peg: «Cuando decidí ser más organizada en mi papeleo, me propuse completar tres formularios al día de los registros médicos informáticos atrasados del centro de salud mental en el que trabajo».
- **Sé breve.** Es probable que tu jornada laboral ya esté llena de demasiadas cosas que hacer. Es posible que tu plan se añada a esa carga, pero seguro que vale la pena porque es algo que realmente deseas cambiar. Sin embargo, tu compromiso de tiempo todavía tiene que ser realista. Volviendo al ejemplo anterior, cada formulario que necesitarás completar no debería ocuparte más de tres o cuatro minutos, de modo que podrías seguir todo el plan diario en diez minutos o menos.
- **No te preocupes por objetivos más importantes durante las primeras etapas.** Si has seguido los dos primeros consejos, puedes estar pensando que te resultará imposible alcanzar tus metas más relevantes. Ni siquiera pienses en eso ahora, porque te desanimarás y te sentirás tentado a renunciar incluso antes de empezar. Si das pequeños pasos al principio, enseguida te resultará más fácil, y luego puedes seguir por ese camino y añadir más piezas a tu plan.
- **Evalúa y ajusta a medida que avances.** He aquí una guía general: un plan tiene éxito si se puede llevar a cabo al menos el 80 % de las veces (o 4 días de cada 5). Si no logras esa tasa de éxito, no abandones. Reajusta, da pasos más pequeños. *Ahora habla Peg:* «Si no puedo completar tres formularios por día, tal vez pueda hacer dos. Eso es preferible a dejar de hacerlo por completo y que éstos se acumulen hasta que alguien de mi oficina me empiece a regañar por mi documentación faltante». Para ayudar a controlar tu progreso, te daremos una Hoja de Trabajo más para completar.

En primer lugar, sin embargo, he aquí ejemplos de algunas estrategias probadas por personal de atención al cliente con el que recientemente hemos utilizado este proceso:

- Un miembro del personal se dio cuenta de que su espacio de trabajo estaba demasiado desordenado para desempeñar una labor eficiente. Decidió pasar 15 minutos al final de cada día (mientras esperaba el momento de volver a casa en un coche compartido) suprimiendo elementos. En un plazo de cuatro o cinco días, había reducido los montones de papeles lo suficiente

como para encontrar las cosas más rápidamente cuando estaba hablando por teléfono con un cliente.
- Otro miembro del personal vio que tenía problemas con la planificación/priorización que le hacían sentir que saltaba de una crisis inmediata a otra, o de un tema a otro, sin avanzar en las tareas que sabía que necesitaba hacer. Se compró una pizarra blanca y rotuladores fosforescentes y, al acabar la jornada laboral, se pasaba cinco minutos identificando dos o tres pequeñas tareas que quería lograr al finalizar al día siguiente, anotando en qué momento del día llevaría a cabo cada una. Pasados unos días, cuando se dio cuenta de que seguía teniendo un exceso de e-mails entrantes sin responder, estableció un momento específico al principio de la tarde para responderlos. Eso le hizo sentir que las mañanas eran mucha más productivas.
- Otro miembro del personal con débil planificación y priorización estableció como objetivo la realización de llamadas a potenciales nuevos clientes sobre una base diaria. Después de la primera semana, calificó su éxito con un 3 en una escala del 1 al 5. La siguiente semana se dio cuenta de que hacer esas llamadas a primera hora era más eficaz que hacerlas por la tarde, y esa semana valoró su éxito con un 4. Utilizaba el formulario de planificación semanal (Hoja de Trabajo 5, en la página 91) para realizar un seguimiento de su rendimiento y se dio cuenta de que le resultaba muy útil.
- El jefe del departamento tenía una larga lista de proyectos e ideas que quería implementar cuando tuviera un poco de tiempo libre. Como adolecía de una débil iniciación de tareas, se dio cuenta de que nunca lo conseguiría. Así que se puso como meta dedicarles unos minutos cada semana a al menos tres de esas ideas. También se marcó el objetivo de hacerlo durante la primera mitad de la semana siempre que fuera posible. Su intención no era terminar cualquier tarea en particular (en parte porque no sabía si merecía la pena hasta que las comenzaba), sino que, en sus propias palabras, «Mi plan sólo consiste en mover el balón por el campo». Para las personas con problemas, ya en iniciación de tareas o en atención sostenida, esta metáfora de mover el balón por el campo puede ser muy reductora del estrés.

Cuando nos reunimos con el personal de este departamento después de seis semanas para ver cómo iban las cosas, nos explicaron lo que más les había funcionado. Éstas son las conclusiones que extrajeron:

Hoja de trabajo 5
PLAN SEMANAL

Día	Plan (¿qué vas a hacer?)	¿A qué hora vas a empezar?	¿Cuánto tiempo vas a invertir?	¡Hecho!
Lunes				
Martes				
Miércoles				
Jueves				
Viernes				

De *The Smart but Scattered Guide to Success* de Peg Dawson y Richard Guare. Copyright © 2016 The Guilford Press. Quienes compren este libro pueden fotocopiar y/o descargar versiones ampliadas de este material (*véase* el cuadro al final del índice).

- **No te comprometas a invertir demasiado tiempo.** Casi todo el personal llegó a la conclusión de que invertir de cinco a quince minutos cada vez para trabajar sobre un objetivo era más realista y más eficaz que establecer una meta diaria que requiriese más tiempo. Una mujer había establecido inicialmente el objetivo de invertir una hora una vez por semana en una tarea. Se encontró posponiendo el inicio o interrumpiendo la labor antes de llegar a la hora (diciéndose a sí misma: «Tengo toda una hora, esta interrupción no me ocupará mucho tiempo»). Recortó el tiempo a quince minutos, y se dio cuenta de que lo aprovechaba mejor y lograba más a largo plazo.
- **Algunos momentos del día o de la semana parecen ser mejores que otros.** Si era una meta semanal, las personas concluyeron que era mejor completar el objetivo durante la primera parte de la semana. Si era una meta diaria, las primeras horas de la mañana eran mejores que el mediodía. Justo antes de irse a casa era otro buen momento para llevar a cabo una tarea: irse a casa tranquilo era la recompensa por haberla completado. Hacer la planificación para el día siguiente justo antes del final de la jornada laboral parecía ser una estrategia particularmente eficaz.
- **QUE EL OBJETIVO SEA BREVE O PEQUEÑO.** Hemos constatado que la fijación de objetivos ridículamente pequeños puede ser la mejor manera de lograr un cambio. Sorprendentemente, las metas pequeñas se acumulan con rapidez, dando lugar a un cambio más sustancial más rápidamente que si se intenta hacer frente a grandes cambios a la vez. Si deseas obtener más información acerca de este enfoque, échale un vistazo al libro *Un pequeño paso puede cambiar tu vida* de Robert Maurer. El autor hace una argumentación muy convincente sobre el poder de los «pasos de bebé».
- **Autoevaluación:** ¿Cómo te ha ido la semana? Puedes utilizar esta escala: 5, «¡Muy bien! He cumplido todos mis objetivos»; 4, «Bastante bien, he obtenido un 80 % de éxito»; 3, «No está mal, he obtenido un 60 % de éxito»; 2, «He tenido algunos problemas, un 40 % de éxito»; 1, «He tenido muchos problemas, sólo he cumplido una pequeña parte de mis objetivos». Marca tu elección:

5   4   3   2   1

¿Qué podrías hacer de manera diferente la próxima semana? (Sugerencia: si tienes dificultades para seguir adelante, disminuye las expectativas y elabora un plan que implique menos tiempo o menos trabajo).

___

Trabajar con personas cuyos perfiles difieren de los tuyos

Otro de los retos con los que se encuentran las personas en el lugar de trabajo es tener que colaborar estrechamente con individuos con un conjunto de habilidades ejecutivas con fortalezas y debilidades muy diferentes. La debilidad de un compañero de trabajo en una habilidad que, en cambio, es uno de tus puntos fuertes es probable que se convierta en una fuente de irritación para ti. Si eres fuerte en la gestión del tiempo y tu jefe de departamento no lo es, te crispará cada vez que llegue tarde a una cita contigo o cada vez que las reuniones que dirige se alarguen más tiempo del necesario. Si eres una persona muy organizada, y el que se sienta en el escritorio de al lado no lo es, ver todas sus pilas de papeles cada vez que pasas por delante de su mesa es probable que te irrite y, cuando le pidas por ejemplo un informe y él no pueda encontrarlo en el caos de papeles, seguramente te subirás por las paredes. Y si las mismas habilidades son débiles para ti, pero fuertes para tu supervisor, imagina cuánto se molestará cuando tus debilidades salgan a la superficie.

Así que digamos que quieres tratar de mejorar la capacidad de llevarte bien con un compañero de trabajo cuyo perfil es diferente al tuyo. Es muy probable que no tengas que rellenar un cuestionario para identificar las fortalezas y debilidades de esa persona. Tampoco es necesario conocer su perfil de habilidades exacto porque, a menos que seas su supervisor, tienes poca capacidad para conseguir que trate de cambiar, tampoco tienes la capacidad de cambiar su puesto de trabajo para reducir la presión sobre su debilidad. Todo lo que puedes controlar es tu propia reacción hacia esa persona.

Afortunadamente, contamos con la teoría cognitiva-conductual como un constructo para la comprensión de la conducta. Albert Ellis y Aaron Beck son probablemente los desarrolladores más conocidos de esta teoría, aunque en la actualidad ya se lleva muchos años investigando al respecto y la terapia cognitivo-conductual se ha reconocido como un enfoque de tratamiento altamente eficaz para ayudar a las personas a lidiar con el estrés psicológico. De hecho, existen evidencias incuestionables que demuestran que la terapia cognitivo-conductual es tan eficaz como los medicamentos para el tratamiento de la ansiedad y la depresión.

Este enfoque se basa en la premisa de que nuestros sentimientos no se presentan a partir de cualquier situación o evento determinado, sino de lo que nos decimos a nosotros mismos de esa situación o evento. Las malas cosas suceden todos los días. Pero nuestra respuesta a dichas cosas es controlada por lo que nos decimos sobre ellas.

¿Cómo se aplica en esta situación? Cuando trabajamos con personas con habilidades ejecutivas débiles, podemos decir cosas como:

- «No me gusta tener que sentarme junto a Maddy. ¡Su escritorio está tan repleto de papeles que me hace sentir desorganizado a mí también!».
- «Una vez más, Joe llega 15 minutos tarde a una reunión de 1 hora. Entonces todo el mundo tiene que ponerlo al corriente de lo que se ha perdido, y se ralentiza el encuentro. ¡Qué pérdida de tiempo!».
- «Sam ha vuelto a actuar sin pensar. Ahora el resto del equipo tendremos que recomponer el desastre. La última vez que lo hizo, perdimos a un cliente potencial».
- «Siempre que las cosas se ponen demasiado complicadas, Joanne se desmorona. Sus emociones se descontrolan y deja de funcionar de manera eficiente. Eso hace que el trabajo sea mucho más difícil para todos».

¿Cuántas veces en un día o en una semana te encuentras pensando en este tipo de situaciones? Si utilizas la teoría cognitiva-conductual, existe una respuesta de dos pasos que puedes tomar para ayudarte a manejar tu frustración. En primer lugar, pregúntate: «¿Hay algo que pueda hacer para mejorar la situación?». Si es así, hazlo, pero ten cuidado. Por ejemplo, podrías ofrecerte para ordenar el escritorio de Maddy, pero, en primer lugar, ella se ofendería, y, en segundo lugar, quizá tus métodos de organización no le resulten útiles. Una manera más probable de mejorar la situación es cambiarte de escritorio (o moverlo de manera que la mesa de Maddy ya no esté en tu campo de visión), pero también puede haber límites a esto.

Si tu compañero de trabajo es alguien con quien tienes responsabilidades compartidas, hay otros pasos a dar que pueden resultarte útiles. Éstos incluyen:

- Sugerir dividir las tareas de trabajo asumiendo tú las que encajen en tus habilidades ejecutivas fuertes. Si los dos sois buenos en planificación, por ejemplo, podéis crear un plan conjunto. Tal vez tú seas bueno en iniciación de tareas, por lo que podrías ofrecerte a comenzar cada paso, mientras que tu compañero de trabajo, para quien la atención y la gestión del tiempo son sus puntos fuertes, podría terminar los pasos y asegurarse de que se adhieren a la línea de tiempo. O si tú eres fuerte en flexibilidad, pero no tan bueno en iniciación de tareas y en atención sostenida, tu colega podría asumir el grueso de la finalización de la tarea, pero reunirse contigo a diario para hablar de los obstáculos que hayan surgido, ya que sus fortalezas hacen que siempre cuente con un plan B.
- Usar mensajes con «yo». Si tu compañero tiene una debilidad que se interpone en el camino, podrías decirle: «Entiendo que es mi problema y que me cuesta lidiar con él. Me pregunto si podemos hablar de ello». Esto podría ser útil, por ejemplo, si la gestión del tiempo es una de tus fortalezas y te molesta que tu compañero de trabajo lo deje todo para el último minuto, a pesar de que siempre produce un trabajo de alta calidad.
- Considera hablar con tu supervisor o con quien se ocupe de Recursos Humanos para obtener de ellos sugerencias acerca de cómo manejar la situación. Si te decides por este enfoque, será importante para exponer el asunto como el problema para el que estás buscando ayuda. De lo contrario, podría ser visto como una simple queja o como si estuvieras delatando a un compañero.

A menos que seas un supervisor y el empleado que tiene el problema esté bajo tu supervisión (hablaremos de eso en un momento), es probable que haya poco que puedas hacer para cambiar la situación. Así que todo lo que puedes hacer es trabajar para cambiar tu reacción a esa situación. Lo que significa cambiar lo que te dices a ti mismo al respecto. Esto requiere práctica, pero puede valer la pena si lo que te irrita es muy frecuente. Siguiendo los ejemplos anteriores, podrías decirte a ti mismo:

- «¡Ah, Maddy! No estoy seguro de cómo se las arregla con semejante escritorio tan desordenado, ¡pero ella es la mejor atendiendo por teléfono a un cliente enojado!».
- «Aquí está Joe, llega tarde otra vez. Pero al menos al ponerlo al día nos dará la oportunidad de revisar la discusión hasta ahora y, dado que a veces tengo problemas para prestar atención, puedo aprender algo que se me había escapado».
- «Sam lo ha hecho de nuevo. Voy a observarlo con mayor detenimiento para tratar de averiguar cuáles son los desencadenantes que le llevan a actuar así. Si lo consigo, tal vez pueda cortarle el paso y evitar las consecuencias de su impulsividad».
- «Joanne es tan predecible… Sólo debo tener eso en cuenta y encontrar la manera de trabajar de un modo que afecte a mi trabajo lo menos posible».

Esta solución, cambiar lo que te dices a ti mismo sobre la situación, puede no ser completamente satisfactoria para ti, pero si no tienes ningún control sobre la otra persona o el trabajo que está realizando, puede ser la única herramienta que tengas disponible.

Supervisar a alguien con habilidades ejecutivas débiles que interfieren en el rendimiento del trabajo

Si supervisas a alguien con habilidades ejecutivas débiles, tienes diversas opciones. Éstas incluyen:

- Buscar un puesto de trabajo dentro de la empresa u organización que coincida de manera mucho más idónea con el perfil de habilidades ejecutivas de ese empleado. Se cuenta que Henry Ford nunca despidió a un solo trabajador, sino que lo cambiaba de puesto hasta que encontraba el nicho que era

adecuado para él. Un enfoque similar podría ser una manera de abordar el problema de los empleados.
- Identificar apoyos ambientales que podrían minimizar el impacto de las habilidades débiles. El capítulo 3 te da ideas para este enfoque.
- Incorporar las capacidades ejecutivas en las revisiones anuales de rendimiento. Haz que el empleado complete el Cuestionario de Habilidades Ejecutivas e incluye una conversación sobre sus puntos fuertes y débiles. A continuación, completa las tres Hojas de Trabajo de la primera parte de este capítulo para comenzar el proceso de creación de un plan de mejora. Identifica los puntos de referencia de progreso mensuales conectados a la meta a largo plazo y reuníos una vez al mes para buscar medidas de referencia y discutir el progreso. El capítulo 4 puede proporcionarte una guía para ayudaros a ti y a tu empleado a realizar una buena planificación para el desarrollo de sus habilidades ejecutivas.

Si decides hacer frente a las habilidades ejecutivas débiles de alguien que supervisas directamente, puede que te resulte útil para completar tu propia evaluación de las habilidades ejecutivas del empleado compararla con la autoevaluación de dicho empleado. Al final de este capítulo se incluye un cuestionario, adaptado al del capítulo 2, que te permite hacer esto (se pueden descargar e imprimir copias adicionales para otros supervisados en www.guilford.com/dawson7-forms).

CUESTIONARIO DE HABILIDADES EJECUTIVAS PARA SUPERVISADOS

Lee cada artículo y luego evalúa ese tema basándote en la medida en que estás de acuerdo o en desacuerdo con lo bien que el artículo describe al supervisado. Utiliza la escala de calificación para elegir la puntuación apropiada. A continuación, añade las tres puntuaciones en cada sección. Utiliza la clave que aparece al final del cuestionario para determinar tus habilidades ejecutivas fuertes (de dos a tres puntuaciones más altas) y débiles (de dos a tres puntuaciones más bajas).

1	2	3	4	5	6
Muy en desacuerdo	En desacuerdo	Tiendo a discrepar	Tiendo a estar de acuerdo	Estoy de acuerdo	Estoy totalmente de acuerdo

Ítem **Tu puntuación**

1. No se anticipa a las conclusiones. _____
2. Piensa antes de hablar. _____
3. Se asegura de que él o ella conoce todos los hechos antes de pasar a la acción. _____
   TOTAL _____
4. Tiene buena memoria para los hechos, fechas y detalles. _____
5. Recuerda muy bien las cosas que él o ella se ha comprometido a hacer. _____
6. Pocas veces necesita recordatorios para completar las tareas. _____
   TOTAL _____
7. Cuando realiza el trabajo rara vez se interponen sus emociones. _____
8. Las pequeñas cosas no le afectan emocionalmente ni son distracciones para la tarea en cuestión. _____
9. Se mantiene sereno cuando se siente frustrado o enojado. _____
   TOTAL _____
10. No importa cuál sea la tarea, cree en ponerse en marcha tan pronto como sea posible. _____
11. La dilación por lo general no le supone un problema. _____
12. Rara vez deja tareas para el último minuto. _____
    TOTAL _____
13. Considera que es fácil mantener la concentración en el trabajo. _____
14. Una vez que inicia una tarea, trabaja con diligencia hasta que la completa. _____
15. Aun cuando se interrumpe, le resulta fácil reanudar y completar el trabajo. _____
    TOTAL _____

De *The Smart but Scattered Guide to Success* de Peg Dawson y Richard Guare. Copyright © 2016 The Guilford Press. Quienes compren este libro pueden fotocopiar y/o descargar versiones ampliadas de este material (*véase* el cuadro al final del índice).

16. Tiene en mente un plan claro para lo que espera lograr cada día. _____
17. Cuando se enfrenta a una gran cantidad de trabajo, puede centrarse fácilmente en las cosas más importantes. _____
18. Por lo general divide las tareas grandes en subtareas y en líneas de tiempo. _____

TOTAL _____

19. Es una persona organizada. _____
20. Es una persona naturalmente buena para mantener el área de trabajo limpia y organizada. _____
21. Es una persona buena en el mantenimiento de los sistemas de organización de su trabajo. _____

TOTAL _____

22. Al final del día, por lo general, ha terminado lo que se había propuesto hacer. _____
23. Estima bien cuánto tiempo se tarda en hacer algo. _____
24. Por lo general, acude puntualmente a las citas y a las actividades. _____

TOTAL _____

25. Se enfrenta con calma a los eventos inesperados. _____
26. Se ajusta fácilmente a los cambios en los planes y en las prioridades. _____
27. Parece ser flexible y adaptable a los cambios. _____

TOTAL _____

28. Rutinariamente evalúa su rendimiento y elabora métodos para la mejora personal. _____
29. Es capaz de dar un paso atrás en una situación con el fin de tomar decisiones objetivas. _____
30. Es bueno pensando en «la imagen general» y disfruta de la resolución de problemas derivados de eso. _____

TOTAL _____

31. Parece poseer una alta motivación para cumplir con sus objetivos. _____
32. Renuncia fácilmente a los placeres inmediatos para trabajar en objetivos a largo plazo. _____
33. Establece y logra altos niveles de rendimiento. _____

TOTAL _____

34. Le gusta trabajar en un entorno muy exigente, de ritmo rápido. _____
35. Una cierta cantidad de presión lo ayuda a alcanzar su máximo rendimiento. _____
36. Le atraen los puestos de trabajo que incluyen un alto grado de imprevisibilidad. _____

TOTAL _____

CLAVE

Ítems	Habilidades ejecutivas	Ítems	Habilidades ejecutivas	Ítems	Habilidades ejecutivas
1-3	Inhibición de respuesta	13-15	Atención sostenida	25-27	Flexibilidad
4-6	Memoria de trabajo	16-18	Planificación/priorización	28-30	Metacognición
7-9	Control emocional	19-21	Organización	31-33	Persistencia dirigida a un objetivo
10-12	Iniciación de tareas	22-24	Gestión del tiempo	34-36	Tolerancia al estrés

Habilidades más fuertes (puntuaciones más altas)

_____
_____
_____
_____
_____

Habilidades más débiles (puntuaciones más bajas)

_____
_____
_____
_____
_____

Capítulo 6

Las habilidades ejecutivas en el hogar

Cuando pedimos a los participantes de nuestros talleres que rellenen el Cuestionario de Habilidades Ejecutivas (*véase* capítulo 2), alguien del grupo pregunta invariablemente, «¿Los rellenamos en función de cómo estamos en el trabajo o en casa?». Las personas suelen creer que tienen claramente perfiles diferentes en cada ámbito. En la medida en que éste sea el caso, tenemos una explicación. Nuestro comportamiento (todo tipo de comportamiento) está fuertemente influenciado por el entorno que habitamos. Nos presentamos de manera diferente a las personas que conocemos, igual que a las que están de paso, a los extraños o incluso a los compañeros de trabajo. Tendemos a ser más amables con la gente en el trabajo que con nuestros hijos en el hogar. En casa nuestras emociones están a menudo más cerca de la superficie.

No obstante, los patrones de habilidades ejecutivas suelen mantenerse iguales tanto en el entorno doméstico como en el laboral. Y si hay alguna ventaja de un ámbito sobre el otro, nuestras habilidades ejecutivas tienden a ser más fuertes en el trabajo que en casa.

Recientemente hemos puesto esto a prueba, pidiendo a un grupo de alrededor de ochenta personas que completara el Cuestionario de Habilidades Ejecutivas dos veces: una basada en cómo se comportan en el trabajo y la otra, en la manera en que se comportan en casa (ambos cuestionarios se rellenaron con un intervalo de doce horas para reducir la probabilidad de que un conjunto de respuestas influyera en el otro). Esto es lo que encontramos: la calificación promedio para cada conjunto de habilidades fue de 14,57 en el hogar (de un máximo de 21 puntos) y 14,95 en el trabajo. Y la diferencia promedio entre la puntuación más alta y la más baja fue de 9,9 puntos en casa y de 10,55 puntos en el trabajo. También nos fijamos en la puntuación media de las habilidades ejecutivas individuales para ver si cualquiera de ellas cambiaba significativamente de un ámbito a otro. De las doce habilidades ejecutivas, sólo dos difirieron en más de un punto en el promedio de los dos valores. La inhibición de la respuesta y la tolerancia al estrés tendían a ser más altas en el entorno laboral que en el hogar; las habilidades ejecutivas restantes diferían una media de menos de un punto.

Esto no quiere decir que las habilidades individuales de los encuestados se mantuvieran idénticas en los dos ámbitos. Pero también nos fijamos en los datos. Reparamos en la frecuencia con la que se producía un cambio significativo en el funcionamiento ejecutivo entre el hogar y el trabajo. Con *significativa* nos referimos a que la calificación promedio varió de 5 puntos o más entre los dos ámbitos (lo que significaría que una habilidad individual podría pasar de ser una fuerza comparativa a una debilidad comparativa). Hemos encontrado que, de media, menos de dos habilidades variaban mucho entre los ajustes y, cuando variaban, la diferencia tendía a favorecer el lugar de trabajo. En otras palabras, cuando pasaban de habilidades comparativamente débil a comparativamente fuertes, la habilidad más fuerte se presentaba en el lugar de trabajo alrededor del 65 % de las veces.

Entonces, ¿qué está pasando aquí? ¿Por qué las puntuaciones tienden a ser menores en casa que en el trabajo? Tenemos un par de respuestas a esta pregunta. En primer lugar, el entorno laboral proporciona más estructura (más apoyos ambientales, si se quiere), que nos ayudan a apuntalar nuestras habilidades ejecutivas. Los puestos de trabajo tienden a implicar un horario fijo, hay expectativas de trabajo específicas con plazos impuestos por alguien, a menudo tenemos supervisores o jefes mirando por encima de nuestros hombros para asegurarse de que mantenemos el rumbo, y hay un salario de por medio. En casa existen algunas de estas estructuras. Nadie nos paga por llevar a cabo las tareas ni evalúa nuestro rendimiento, y la única limitación de tiempo a la que estamos supeditados es el día de 24 horas. De vez en cuando nos topamos con algunos plazos, por ejemplo, los del pago de la mensualidad de la hipoteca, el de las tarjetas de crédito o el del alquiler de la casa, pero en comparación con el trabajo tienden a ser menos y a estar más alejados entre sí (aunque si somos malos en la administración del tiempo o en la iniciación de tareas, ciertamente podemos tener problemas).

En segundo lugar, existe una interesante investigación sobre la fuerza de voluntad que ofrece una explicación adicional de por qué nuestras habilidades ejecutivas tienden a ser más débiles en casa que en el trabajo. En el trabajo damos lo mejor de nosotros. Nos concentramos y nos presionamos más a nosotros mismos, especialmente en aquellas áreas de habilidad en las que somos más débiles. Y hay abundante investigación que demuestra que cuanto más dependemos de la fuerza de voluntad para administrar nuestro comportamiento, más energía consumimos.

Un ejemplo de los tipos de estudios que han ilustrado este fenómeno fue realizado por Roy Baumeister *et al.*, investigador en psicología y autor del libro *Willpower*. Le pidió a un grupo de estudiantes universitarios que ayunaran y luego, divididos en dos grupos, los introdujo en una habitación llena de aroma a galletas de chocolate recién horneadas. En la habitación había galletas de chocolate y un bol de rábanos. Un grupo fue invitado a comer las galletas, mientras que el segundo fue invitado a comer los rábanos, pero no los dulces. Ambos grupos se quedaron solos frente a la tentación, pero los experimentadores controlaron el proceso a través de una ventana oculta. El grupo de los rábanos encontró claramente tentadoras las galletas (que miraron con anhelo y en algunos casos llegaron a coger y a oler), aunque ninguno de ellos se las comió. A continuación, los investigadores pidieron a ambos grupos que resolvieran algunos puzles geométricos. Los estudiantes universitarios pensaron que el experimento consistía en probar sus habilidades para resolver problemas, pero en realidad los puzles no tenían solución, y la verdadera prueba era ver cuánto tiempo trabajaba cada grupo antes de rendirse. Los que comieron las galletas trabajaron durante veinte minutos, al igual que otro grupo que también había ayunado, pero al que no se le había ofrecido ningún alimento. El grupo que comió los rábanos, sin embargo, se dio por vencido en ocho minutos. Baumeister *et al.* llegaron a la conclusión de que el esfuerzo que habían invertido en la resistencia a las galletas de chocolate agotó su energía para resolver los puzles. Los que comieron las galletas trabajaron durante 20 minutos, al igual que otro grupo que también había ayunado, pero no se le había ofrecido alimento alguno. El grupo que comió los rábanos, sin embargo, renunció en 8 minutos. Baumeister *et al.* llegaron a la conclusión de que el esfuerzo que habían puesto en la resistencia a las galletas agotó su energía para resolver los puzles.

Esto sugiere que cuanto más tienes que esforzarte para usar las habilidades ejecutivas débiles en el entorno laboral, menos energía emplearás para utilizar las mismas habilidades en el hogar. Es menos probable que tus habilidades ejecutivas fuertes resulten ineficaces, ya que son lo suficientemente fuertes como para no requerir una gran cantidad de esfuerzo en cualquier entorno.

Pero no queremos ignorar a aquellas personas que podrían tener habilidades ejecutivas más fuertes en el entorno del hogar que en el trabajo. ¿Por qué? Una vez más, puede haber un buen número de razones, pero las variables contextuales son la explicación más probable. Tal vez tu trabajo es tan exigente y estresante que no puedes llevarlo a cabo a un nivel alto en ese entorno. Es posible que tengas más tiempo en casa para organizar esa configuración y administrar la manera en que inviertes tu tiempo más eficazmente.

Cuando estás en el ciclo de vida tus habilidades ejecutivas pueden influir en especial en casa. ¿Eres el padre de varios niños pequeños que también cuidas de un padre anciano y tratas de mantener al mismo tiempo un trabajo a jornada completa, o eres una persona a punto de jubilarte que vives por tu cuenta o con un cónyuge o pareja, con más tiempo a tu disposición? Esto podría afectar tu funcionamiento ejecutivo en el entorno del hogar. Recientemente, en una de nuestras audiencias, dos personas sentadas una al lado de la otra se ajustaban a las descripciones anteriores. Ambas dijeron que sus habilidades ejecutivas eran mejor en casa que en el trabajo, pero por razones muy diferentes. El joven padre dijo que las demandas sobre su tiempo en casa eran tan significativas que se dio cuenta de que la única manera de poder sobrevivir al caos era ser muy organizado y eficiente, y planificarlo absolutamente todo.

Pero cualquiera que sea tu nivel comparativo de habilidad, hay aspectos de la gestión del hogar que pueden enfatizar las habilidades ejecutivas débiles. En el resto de este capítulo profundizamos en este tema y sugerimos maneras de sacar provecho de tus puntos fuertes y apuntalar (o evitar) tus debilidades.

El concepto de trabajo con esfuerzo

Otro factor que influye en nuestra capacidad para aplicar nuestras habilidades ejecutivas en las tareas relacionadas con el hogar es el concepto de trabajo con esfuerzo.

Algunas tareas exigen claramente más esfuerzo por parte de nosotros que otras. A pesar de que todas las tareas difíciles requieren esfuerzo, este término no sólo se aplica a esas tareas. Aunque se aplica a la gestión de una casa, la mayoría de las cosas que tenemos que hacer no son particularmente difíciles, y, sin embargo, muchas requieren de un esfuerzo considerable. Y más a menudo que no, la tarea en sí no determina si se percibe como que requiere un esfuerzo: es nuestra reacción subjetiva a la tarea lo que define esa calificación.

En primer lugar, observamos esto en los niños. Vimos a niños que eran excelentes en matemáticas, pero que odiaban hacer los deberes de esta materia. Había algo relacionado con los deberes que les resultaba aversivo, veían las tareas como tediosas o aburridas, o tenían la impresión de que no se acababan nunca. Por otro lado, vimos a otros niños que eran igualmente buenos en matemáticas que realizaban sus deberes con mucha celeridad, e incluso que podían sentir algún placer al hacerlos. Los deberes eran los mismos para ambos, el nivel de habilidad era también el mismo y, sin embargo, unos debían pelearse con uñas y dientes para finalizarlos, y los otros se sentaban y los hacían fácilmente, sin que hubiera que insistirles en absoluto.

A continuación, nos preguntamos si lo mismo se podría aplicar a los adultos, y la manera en que lo probamos en nuestros talleres fue pedir a los participantes que pensaran en las tareas del hogar. Les pedimos que pensaran en tareas en una escala del 1 al 10, con el enfoque que hemos descrito en el capítulo 3 (en la tabla «Maneras de modificar las tareas»). Una tarea 1-2-3 era la que el participante encontraba muy fácil de hacer y en algunos casos placentera. Una tarea 8-9-10 era la que el participante temía hacer y tardaba el mayor tiempo posible en completar. Después les pedimos a las personas que ofrecieran ejemplos de tareas 1-2-3 y de tareas 8-9-10. Y lo que encontramos fue que muy a menudo una tarea para la que una persona necesitaba esforzarse mucho terminaba siendo una tarea de fácil ejecución para otra. Lavar la ropa, cargar el lavavajillas, cocinar, cortar el césped son sólo algunos de los ejemplos en los que vimos grandes variaciones en la cantidad de esfuerzo que las personas pensaban que debían dedicar.

Si bien puede no haber ninguna razón exacta para que una tarea le resulta fácil o difícil a cualquier persona dada, creemos que, si una tarea requiere que la persona utilice una habilidad ejecutiva débil, dicha tarea tiende a caer en la lista del alto esfuerzo. *Habla Peg*: «Por ejemplo, como la limpieza de mi estudio se nutre de mi debilidad en la organización, ésa es una tarea a la que probablemente temo más que a cualquier otra (bueno, no es que me emocione mucho vaciar la maleta cuando regreso de viaje, ¡pero al menos eso no me ocupa tanto tiempo!). Por otro lado, no me importa fregar el suelo. A menudo utilizo esa actividad doméstica para descansar de escribir informes psicológicos durante el fin de semana, ya que me permite pasar del ejercicio mental al físico».

Entonces, ¿cómo se puede utilizar este conocimiento para sacar adelante las tareas? En nuestros talleres, hacemos la siguiente pregunta a los participantes: «¿Cómo puedes convertir una tarea 8-9-10 en una tarea 1-2-3?». Y obtenemos todo tipo de respuestas creativas. Muchos combinan la tarea de alto esfuerzo en cuestión con escuchar música o ver la televisión. Algunos dividen la tarea en partes muy pequeñas.

Un hombre con el que nos encontramos recientemente nos dijo que su mujer le deja una lista de tareas, y divide cada una de ellas en pequeños pasos. Después de completar cada pequeña parte, tiene la satisfacción de señalar con una cruz el ítem en su lista de comprobación antes de pasar al siguiente paso. Algunos establecen como recompensa alguna actividad divertida que pueden hacer cuando hayan completado la tarea. (Consulta la lista de recompensas del capítulo 4 para obtener ideas). En una ocasión una mujer nos dijo que prepara fresas con nata antes de hacer la tarea y luego piensa en la merienda que le espera tan pronto como termine el trabajo de alto esfuerzo. Un hombre nos dijo que se tomaba su café favorito antes de comenzar la tarea.

Por lo general, no es recomendable permitirse la recompensa antes de completar la tarea de alto esfuerzo, pero a él parecía funcionarle este método (tal vez la cafeína lo ayudaba a empezar).

Vuelve a las «Maneras de modificar las tareas» de la tabla del capítulo 3 para obtener más ideas sobre cómo conseguir realizar las tareas que requieren mucho esfuerzo para ti.

La relación entre tu perfil de habilidades ejecutivas y las tareas del hogar

Vamos a profundizar un poco más en la comprensión de la relación entre tus habilidades ejecutivas fuertes y débiles y las tareas del hogar y las actividades que encontramos fáciles o difíciles de hacer. La tabla de las páginas 107-109 enumera cada habilidad ejecutiva y su aplicación a las tareas del hogar. Echa un vistazo a tus fortalezas y debilidades y comprueba si las descripciones te sirven para abordar las responsabilidades del hogar.

¿Entonces, qué es lo que haces ahora?

Ahora tienes una mejor comprensión de por qué algunos aspectos de la administración del hogar son más difíciles para ti que otros. Pero ¿hay alguna manera de utilizar tu conocimiento de tus fortalezas y debilidades o tu comprensión de los apoyos del entorno o el cambio de comportamiento para mejorar la gestión de tu casa?

IMPACTO DE LAS HABILIDADES EJECUTIVAS FUERTES Y DÉBILES EN LA GESTIÓN DEL HOGAR

Habilidad ejecutiva	Si ésta es tu debilidad…	Si ésta es tu fortaleza…
Inhibición de respuesta	Puedes saltar de tarea a tarea cuando se te presentan nuevas tareas en la mente, o puedes abandonar el trabajo en conjunto para perseguir una idea que te viene a la cabeza. Te resulta fácil seguir una planificación. Si mientras estás realizando una tarea te viene a la cabeza algo que deberías hacer, te dices a ti mismo: «Más tarde. Ahora tengo que terminar esto».	
Memoria de trabajo	Le pierdes la pista a las tareas que se supone que deberías realizar a menos que encuentres maneras de recordártelo a ti mismo (por ejemplo, listas).	Puedes mantener presentes fácilmente las cosas que necesitas hacer en un período de tiempo dado.
Control emocional	Si te encuentras con un obstáculo antes de completar una tarea, te irritas o te sientes frustrado y puedes tener problemas para superar el obstáculo o retomar la tarea.	Cuando surgen obstáculos o se producen interrupciones, te dices a ti mismo: «Bueno, eso es un inconveniente», y luego haces nuevos planes o encuentras la manera de superar el obstáculo.
Iniciación de tareas	Te resulta muy difícil empezar a trabajar para realizar las tareas. A pesar de que la dilación te hace sentir muy mal, no eres capaz de reunir la energía necesaria para iniciar una tarea tediosa.	Comienzas las tareas, incluso las más fáciles y las más duras, sin dificultad alguna. Si tienes que hacer algo, tu objetivo es comenzar de inmediato, por lo que la finalización llegara rápidamente.

Habilidad ejecutiva	Si ésta es tu debilidad…	Si ésta es tu fortaleza
Atención sostenida	Puedes comenzar las tareas, pero enseguida te aburres o te cansas y las abandonas antes de finalizarlas, haciéndote a ti mismo la promesa de volver a ellas más tarde, cosa que puede o no suceder.	No tienes problemas para ver el final de las tareas. Una vez que comienzas algo, mantienes fácilmente a la vista el objetivo final.
Planificación/priorización	Puedes iniciar una tarea sin la debida planificación anterior, aumentando la probabilidad de que las cosas que no has planeado (como falta de equipo adecuado, por ejemplo) interrumpan el proceso. También puedes tener problemas para priorizar las distintas tareas, las ves todas igual de importantes, por lo que puedes elegir enfocarte en las más fáciles y menos aversivas.	Las tareas de varios pasos son una especialidad para ti. Experimentas placer al enfrentarte a la siguiente planificación y averiguar el orden en que tienes que hacer las cosas. También puedes priorizar fácilmente, por lo que tus esfuerzos se dirigen principalmente hacia las tareas más importantes en cualquier momento dado.
Organización	El orden requiere mucho esfuerzo para ti. En una explosión de energía puedes crear un esquema de organización, pero te resulta imposible mantenerlo durante el período de tiempo suficiente.	Te resulta muy fácil mantener limpio tu hogar. Te gusta el sentido del orden, pero por encima de eso, simple y naturalmente, pones las cosas en su lugar, limpias tú mismo y evitas el desorden.
Gestión del tiempo	Debido a tus dificultades para realizar una correcta estimación del tiempo, o bien abandonas las tareas porque pensabas que podías terminarlas rápidamente y no es así, o tratas de encajar en un corto período de tiempo más tareas de las que eres capaz de llevar a cabo con éxito.	Eres bueno en la asignación de la cantidad adecuada de tiempo para una tarea determinada, y eres realista acerca de cuánto puedes lograr dentro de un período de tiempo determinado.
Flexibilidad	Te has enquistado en tu propia manera de hacer las cosas o de establecer dónde deberían estar. También tiendes a crear una agenda en tu cabeza y te molesta que las cosas no salgan según lo que has planeado.	Te adaptas fácilmente cuando las cosas no salen como habías planeado, ¡si es que, para empezar, has hecho planes! Es muy probable que decidas por el impulso del momento lo que quieres hacer a continuación.

Habilidad ejecutiva	Si ésta es tu debilidad…	Si ésta es tu fortaleza
Metacognición	Puedes tener dificultades con las demandas de resolución de problemas que a veces surgen en la gestión del hogar, qué hay que hacer cuando se congelan las tuberías o cuando el coche se niega a arrancar. Eres más feliz cuando las tareas son rutinarias y fluyen suavemente.	Las tareas rutinarias pueden aburrirte, pero si hay un problema que requiere ser resuelto, entonces te encuentran en tu elemento. También puede que te resulte fácil dividir las tareas entre los miembros de la familia, negociando con ellos y aprovechando sus fortalezas y debilidades.
Persistencia dirigida a un objetivo	Esto puede socavarlo todo porque la pervivencia de una tarea, de un plan, de un esquema de organización, o de un horario no es importante para ti, y prefieres hacer muchas otras cosas distintas.	Eres capaz de utilizar esta fuerza para combatir las habilidades ejecutivas débiles que puedas tener. Si la administración de tu hogar es una prioridad para ti, te ocupas de ella.
Tolerancia al estrés	Cuando se te acumulan las tareas y debes enfrentarte a muchas cosas a la vez, ¡presta atención porque es cuando tiendes a desmoronarte!	Te desenvuelves a la perfección cuando te quedan muchas cosas por hacer en un corto período de tiempo, y te gusta el reto de encontrar la manera de superar los obstáculos para realizar las tareas.

Ahora, nos concentraremos en cómo tus fortalezas y debilidades se manifiestan en las tareas diarias o semanales. Haz una lista de las cosas que haces fácilmente y de las que te cuestan un esfuerzo. Te hemos dado un ejemplo en la tabla de la página 110 y una hoja en blanco para que crees tu propia lista (se pueden descargar e imprimir copias de la hoja en blanco de www.guilford.com/dawson7-forms).

Ten en cuenta que, a medida que compiles tu lista de tareas fáciles y difíciles, te darás cuenta de que no todas pueden conectarse a tus habilidades ejecutivas débiles o fuertes. Algunas tareas no tienen mucho que ver con las habilidades ejecutivas. *Ahora habla Peg:* «Tocaré de nuevo este tema ahora mismo, exponiendo mis propias listas de tareas preferidas y no preferidas».

LISTA DE PEG DE TAREAS DE ALTO Y BAJO ESFUERZO

Quehaceres, tareas y actividades de bajo esfuerzo	Quehaceres, tareas y actividades de alto esfuerzo
Hacer la cama	Limpiar después de las comidas
Preparar la comida	Cargar el lavavajillas
Barrer y pasar la mopa	Descargar el lavavajillas
Limpiar el arenero del gato	Clasificar el correo
Limpiar el baño	Poner en orden el estudio
Cortar el césped	Quitar el polvo
Fregar el suelo	Limpiar las ventanas
Hacer la colada/plegar la ropa	Ocuparse del jardín (plantar, escardar, cosechar)
Pagar las facturas	Rastrillar las hojas en otoño o en primavera
Hacer recados	

TU LISTA DE TAREAS DE BAJO Y ALTO ESFUERZO

Quehaceres, tareas y actividades de bajo esfuerzo	Quehaceres, tareas y actividades de alto esfuerzo

De *The Smart but Scattered Guide to Success* de Peg Dawson y Richard Guare. Copyright © 2016 The Guilford Press. Quienes compren este libro pueden fotocopiar y/o descargar versiones ampliadas de este material (*véase* el cuadro al final del índice).

Ahora mira las dos listas. ¿Encuentras algunos temas comunes? *Habla Peg:* «Cuando miro mis listas, noto un par de cosas. Las tareas que me resultan fáciles son las que implican mis puntos fuertes en la planificación y en el inicio de tareas. La mayoría de las tareas que requieren mucho esfuerzo por mi parte tienen que ver con mi debilidad en cuanto a la organización. Pero hay otros factores, además de las habilidades ejecutivas que influyen en si encuentro las tareas de bajo o alto esfuerzo. Me gustan las tareas que puedo hacer rápidamente. Creo que esto tiene que ver con la otra dimensión de la función cognitiva llamada "velocidad de procesamiento". En general, pero con un tempo cognitivo rápido, por lo que mi preferencia es completar las tareas rápidamente. Tardo no más de diez o quince minutos en limpiar el cuarto de baño, por lo que no me importa hacerlo. Quitar el polvo de mi enorme casa antigua a menudo me abruma (especialmente desde que la calentamos con la chimenea, que crea una gran cantidad de polvo, al menos en invierno). Escardar las plantas del jardín me da la sensación de que es un trabajo que nunca se acaba, por lo que también tiendo a evitarlo.

»Algunas tareas que me resultan fáciles implican ejercicio físico (cortar el césped, barrer el suelo), y se convierten en agradables descansos de todo el trabajo mental que me ocupa los fines de semana (por ejemplo, la elaboración de informes psicológicos o de capítulos de libros). Pero también hay algunas actividades que requieren un esfuerzo físico mayor que sólo el simple ejercicio (la limpieza de las ventanas, rastrillar las hojas del jardín), en las que tengo que hacer esfuerzo con los brazos, y nunca he tenido unos músculos particularmente fuertes».

A medida que revises tu lista, podrás identificar los factores adicionales que influyen en que encuentres las tareas de bajo o de alto esfuerzo. Debes tenerlo en cuenta a la hora de planificar el diseño de una estrategia de intervención, ya que puedes utilizar esa información para ayudarte a realizar las tareas que te supongan una alta inversión de esfuerzo.

Ahora empieza a pensar en estrategias para afrontar las tareas de alto esfuerzo. La tabla «Maneras de modificar las tareas» del capítulo 3 es un buen punto por donde empezar. ¿Alguno de los cambios del entorno que se incluyen es aplicable a tus tareas de alto esfuerzo? Aquí tienes algunas sugerencias más:

- Si tienes la suerte de vivir con alguien, ambos debéis completar la tabla de tareas y comparar notas. ¿Algunas de las tareas que se encuentran en la lista de alto esfuerzo son «fáciles» para tu pareja? Tanto como sea posible, dividid la lista para reducir el número de tareas de alto esfuerzo que tiene que hacer cada uno. Si resulta que compartís una gran cantidad de tareas de alto esfuerzo, pensad en maneras de dividirlas que sean ecuánimes. ¿Podrías diseñar la planificación de forma que una semana hagas tú la tarea aversiva y la semana siguiente la haga tu pareja? Una sugerencia más caprichosa sería escribir cada tarea de alto esfuerzo que ambos tenéis en común en hojas de papel por separado, doblarlas por la mitad, meterlas en un sombrero o en una jarra grande, y escoger por turnos hasta que todas las tareas de la semana o del fin de semana se hayan repartido.

- Considera contratar a alguien para hacer las tareas que prefieres no hacer tú. Tal vez una señora de la limpieza a tiempo completo te parezca una extravagancia, pero siempre puedes contratar a alguien sólo para que limpie las ventanas o corte el césped. Pensando en ello de esa manera puedes hacer que sea más factible económicamente.
- Crea una programación diaria, pero debe de ser un plan muy razonable y debes aprovechar el impulso de comportamiento. Aunque puede que, cuando llegues a casa del trabajo diario estés agotado y no tengas reservas de energía para hacer nada, de hecho, es probable que tengas un poco de energía residual sobrante del trabajo que puedes aprovechar. Ni siquiera se te ocurra sentarte hasta que hayas completado esos uno, dos, o tres elementos de tu lista de tareas pendientes, simplemente asegúrate de que no hay ningún elemento que te ocupe demasiado tiempo o te resulte demasiado abrumador. Haz la tarea, márcala en tu lista y luego déjate caer en el sillón y date un merecido descanso.
- Mira a ver si puedes empezar cualquier cosa de tu lista antes de salir hacia el trabajo por la mañana. Si puedes iniciar la tarea a primera hora cuando todavía estás fresco, te puede resultar mucho menos abrumadora si todo lo que tienes que hacer después del trabajo es terminarla.
- Traza un plan diario, semanal, mensual y asegúrate de que ningún día tengas que realizar una carga demasiado pesada. Hay aplicaciones para los móviles o para las tabletas que pueden facilitarte la planificación. Home Routines es una aplicación que incluye la planificación de las tareas de cada habitación de la casa con una lista de ítems para que los marques una vez completados.

Unas palabras sobre los niños y las tareas domésticas

Éste no es un libro sobre la crianza de los hijos (si quieres eso, échale un vistazo a *Smart but Scattered and Smart but Scattered Teens*). Sin embargo, no podemos escribir un capítulo sobre la administración del hogar sin tener que dedicar un poco de tiempo a hablar de los niños y las tareas domésticas.

Cuando evaluamos a niños para determinar si tienen habilidades ejecutivas débiles, una de las cosas que hacemos siempre es preguntar a los padres sobre las tareas de sus hijos. Para ser sinceros, esa pregunta ha ido cambiando con los años. Al principio solíamos preguntar: «¿Qué tipo de tareas tiene que hacer tu hijo?». Más recientemente, hemos redactado la pregunta de manera diferente. Ahora preguntamos: «¿Tu hijo tiene que hacer tareas?». Y hemos encontrado que no son sólo las caóticas familias disfuncionales las que no les piden a sus hijos que hagan las tareas domésticas de una manera coherente. También hay muchas familias de clase media alta con ambos padres profesionales que trabajan de cuarenta a cincuenta horas a la semana que nos dicen que les resulta más fácil hacer el trabajo ellos mismos que pedirles a sus hijos que los ayuden o llevar a cabo la supervisión necesaria para asegurarse de que empiezan y terminan las tareas encomendadas. Admitimos que hemos visto algunas familias en las que los niños eran tan difíciles (por ejemplo, debido a trastornos del estado de ánimo o a trastornos del espectro autista) que darían todo el oro del mundo si su hijo hiciera algo más que lidiar con sus propias emociones y tratara de hacer alguna de las tareas de la casa. Y hay algunos niños con problemas de aprendizaje tan acentuados que pedirles que hagan las tareas de la casa después de un largo día en la escuela puede no ser demasiado razonable. Pero la mayoría de los niños que vemos no entran en esas categorías.

Cuando nos encontramos con familias en las que a los niños no se los acostumbra a contribuir a la realización de las tareas domésticas, pedimos a los padres que piensen en el futuro. Si los niños crecen con el hábito de ayudar en la casa, haciendo la limpieza de sus habitaciones, recogiendo y ordenando sus cosas, y llevando a cabo otras tareas pequeñas para mantener el hogar funcionando sin problemas, desarrollan hábitos que harán que la administración del hogar les resulte mucho más fácil cuando lleguen a la edad adulta. Y, además, pedirles a los niños que se impliquen en la realización de las tareas de la casa ayuda a que aumenten sus propias habilidades ejecutivas: inicio de tareas, atención sostenida, planificación/priorización, persistencia dirigida a un objetivo, incluso el control emocional y la inhibición de respuesta. ¡Y con un poco de suerte, podrías conseguir que uno de tus hijos se ocupe de alguna de tus tareas 8-9-10!

Nosotros no tomamos partido sobre si los padres deberían dar a los niños una asignación por hacer las tareas o si se les debe dar una lista para hacer o si deben esperar a que ayuden según sea necesario. Hay pros y contras para cada una de estas cuestiones. Pero sí exhortamos a los padres a pedirles a sus hijos que los ayuden en la casa a un nivel que es apropiado para su desarrollo. Eso no sólo aliviará un poco la carga de los padres, sino que también será una inversión en el futuro del niño.

Y ahora de nuevo a esa lista de tareas

Mira lo que has escrito en la tabla de tareas y enumera a continuación algunas de las posibles estrategias de supervivencia. *Habla Peg:* «He hecho esto con mi lista, y se parece a la tabla de la página 115».

Ahora ponte a ello y rellena la tabla de la página 115 (o descarga e imprime el formulario www.guilford.com/dawson7-forms).

Complicaciones

Entonces, ¿esto resolverá todos tus problemas con la administración del hogar? Claro, suponiendo que no sean extremos y que la mayoría de tus habilidades ejecutivas funcionen bastante bien. Es poco probable que los enfoques que hemos sugerido sean suficientes en las siguientes situaciones:

ESTRATEGIAS DE SUPERACIÓN DE PEG

Quehaceres, tareas y actividades con esfuerzo	Posible estrategia de superación
Limpiar después de las comidas Cargar el lavavajillas Descargar el lavavajillas	Dividir el trabajo: a cambio de que yo haga la compra y cocine, mi marido limpia después de las comidas y carga y descarga el lavavajillas.
Clasificar el correo Poner en orden el estudio	Pasar diez minutos al día realizando cada una de estas actividades. Eso puede que no sea tiempo suficiente para resolver el problema por completo, pero al menos los dos «problemas» no se os van a ir de las manos.
Quitar el polvo	Incluirlo en mi rutina de fin de semana (otra tarea para alternar con la actividad mental).
Limpiar las ventanas	Convertirlo en un proyecto familiar: pedir a mi marido que comparta esta tarea conmigo, así, además de hacerlo en compañía, acabamos más rápido.
Hacer las labores del jardín (plantar, escardar, cosechar) Rastrillar las hojas en otoño o en primavera	Descargar libros de *www.audible.com* y escucharlos durante la tarea, así tengo algo agradable que hacer mientras llevo a cabo estas actividades.

TUS ESTRATEGIAS DE SUPERACIÓN

Quehaceres, tareas y actividades con esfuerzo	Posible estrategia de superación

De *The Smart but Scattered Guide to Success* de Peg Dawson y Richard Guare. Copyright © 2016 The Guilford Press. Quienes compren este libro pueden fotocopiar y/o descargar versiones ampliadas de este material (*véase* el cuadro al final del índice).

- Si tienes problemas físicos que interfieren en tu capacidad para realizar todas las cosas que te gustaría ser capaz de hacer en la casa. Contratar ayuda o delegar la realización de tareas en otros miembros de la familia para aumentar su participación en la administración del hogar puede ser la forma más factible de lidiar con las discapacidades físicas.
- Si tienes problemas de salud mental que interfieren en la gestión doméstica de la casa. La depresión grave, por ejemplo, puede degradar una serie de habilidades ejecutivas, incluyendo el inicio de tareas, la atención sostenida y la persistencia dirigida a un objetivo. La Asociación Americana de Psiquiatría considera que el almacenamiento compulsivo es una discapacidad (relacionada con el trastorno obsesivo-compulsivo), y es un problema difícil de tratar. Buscar asesoramiento, terapia, o, en algunos casos, medicación, es el primer paso a dar si un problema de salud mental está interfiriendo en la administración del hogar.
- Si tus habilidades ejecutivas débiles son lo suficientemente importantes para interferir en tu capacidad para seguir adelante con los planes y objetivos. Habilidades tales como la inhibición de respuesta, la organización y la planificación/priorización son más críticas para la administración del hogar que otras de la lista, por lo que, si éstas constituyen un problema para ti, puede que desees volver al capítulo 4 para conocer algunos pasos que puedas dar con el fin de mejorar tu funcionamiento en estos ámbitos.
- Si, además de tratar de administrar tu casa, estás lidiando con conflictos en tus relaciones con otras personas en el hogar. Si surgen estos conflictos debido a desajustes en los perfiles de habilidades ejecutivas, sigue leyendo. ¡El siguiente capítulo es para ti!

Capítulo 7

Habilidades ejecutivas y relaciones interpersonales

Jasmine estaba que echaba humo. Su marido le había asegurado que iba a estar en casa a las seis en punto de la tarde. Ella sabía que él no era bueno calculando los tiempos, por eso le había dado un margen extra de quince minutos, pero ahora la cena ya estaba lista para ser servida, y Randall no había llegado. Tampoco había llamado para explicar nada. Ella lo conocía bien, pero comenzó a sentir pánico. Quizás había sufrido un accidente de tráfico de camino a casa. Quizás ahora mismo iba en una ambulancia al hospital con el cuerpo completamente magullado. Tal vez había sufrido una lesión en la cabeza o una parálisis. ¿Y acaso alguien sabría cómo dar con ella para darle la mala noticia? Jasmine pensó en marcar el número del móvil de Randall, pero y si no respondía? ¡Eso lo empeoraría todo mucho más! Y recordaba la última vez que había hecho ese tipo de llamada telefónica. Él había pensado que era una idiota por preocuparse. No se lo había dicho, pero ella supo que era lo que estaba pensando. Con esto en mente, no oyó que se abría la puerta del garaje que daba a la cocina, pero vio algo por el rabillo del ojo. Era Randall que, con calma, dejaba el maletín en el suelo y decía: «¡No veas cómo estaba el tráfico! Había olvidado lo locos que pueden ser los trayectos los viernes durante el verano». Miró a su mujer, y enseguida captó que estaba muy preocupada. «Jasmine –dijo–, relájate. Me olvidé de tener en cuenta el tráfico del viernes por la noche cuando planeé a qué hora saldría del trabajo. ¿¡Cuál es el problema!?».

Calvin tuvo que admitir que era algo así como un maniático del orden. Su estudio, su taller de carpintería, el garaje y todos sus espacios personales estaban impecables y en perfecto orden. El resto de su familia era una historia diferente. Su esposa parecía crear «montones» de la nada. Calvin evitaba entrar en su estudio a menos que fuera absolutamente necesario. Y sus hijos tenían la mala costumbre de dejar caer sus pertenencias donde quiera que estuvieran cuando dejaban de usarlas. Su hija, Sydney, sentía el impulso de hornear galletas de chocolate y, cuando acababa, la cocina parecía que apenas había sobrevivido a los embates furiosos de un huracán. Con orgullo, llevaba sus galletas recién horneadas a la sala de estar, se las ofrecía a los demás miembros de la familia, que estaban viendo la televisión, y se sentaba en el sofá para unirse al grupo. Calvin iba a la cocina a buscar alguna bebida con la que tragar mejor las galletas y veía los restos de la tormenta. A partir de la experiencia pasada, Sydney sabía que estallaría en una erupción de protestas. «¡Tranquilo! –gritaba en un intento de evitar la explosión–. Lo recogeré tan pronto como termine el programa. ¡Confía en mí!». Pero Calvin ya estaba maldiciendo mientras enjuagaba utensilios de cocina y los ponía en el lavavajillas.

Estos escenarios describen eventos típicos de cualquier familia, ¿verdad? A lo largo de una semana o de un mes, estas escenas u otras muy similares podrían desarrollarse en cualquier casa de diez a veinte veces. Es lo que sucede cuando las personas con diferentes personalidades tratan de coexistir en lugares cerrados. En nuestro proceso de trabajo con las habilidades ejecutivas, sin embargo, enseguida nos dimos cuenta de una verdad importante acerca de estas habilidades. Las personas tienden a tener sus propios patrones únicos de fortalezas y debilidades, y es raro que dos personas en una relación tengan perfiles idénticos. Además, cuando las fortalezas de alguien se alinean con las debilidades de su pareja, hay una alta probabilidad de que las tensiones acaben dando a lugar a conflictos. De hecho, este resultado es tan común que decimos que los desajustes en los perfiles de habilidades ejecutivas son fuertes predictores de puntos de tensión en las relaciones interpersonales.

En el primer escenario anterior, Jasmine es obviamente buena en la gestión del tiempo, mientras que Randall no. El control emocional de Jasmine es débil. Para Randall, en cambio, es una fortaleza. Él no es propenso a preocuparse en exceso, y tiene problemas para entender por qué Jasmine se pone tan nerviosa con los detalles sin importancia, como que se llegue veinte minutos tarde para la cena. En el segundo escenario, Calvin es un valor atípico en su familia, él tiene una fuerte capacidad de organización, si bien esto es una debilidad para todos los demás. Evita entrar en sus habitaciones tanto como puede, pero el resto de la familia no tiene ni idea de lo incómodo que le hace sentir el desorden.

A pesar de que los escenarios anteriores son los que hemos encontrado, nos apresuramos a añadir que no todos los «problemas» de las relaciones interpersonales pueden ser definidos como desequilibrios de las habilidades ejecutivas entre las parejas. E incluso cuando lo son, las diferencias pueden ser sutiles o confusas. Tal vez la habilidad de gestión del tiempo de Randall sea bastante fuerte, por ejemplo, pero Jasmine es hipersensible a los retrasos de su marido, aunque sólo sean de cinco minutos. O tal vez lo que un miembro de la pareja ve como un rasgo de la personalidad («Así es como soy»), el otro puede verlo como un déficit de habilidades que necesita ser corregido.

Y a continuación, puede haber ocasiones en que las circunstancias de la vida acentúen los problemas o las soluciones límite. Si has tenido que irte a vivir con tus suegros para ahorrar dinero para poder comprarte una casa, realmente no puedes pedirles que sean menos sucios o desordenados si ésa es la manera en que mantienen su casa. Tu recurso en situaciones como ésta puede ser aceptar aquello que no puedes cambiar y trabajar duro para lograr lo que sí puedas. Sabiendo que las relaciones y las realidades son complicadas, en este capítulo pondrás tu atención en cómo tu propio perfil de habilidades ejecutivas se compara con el de quien mantienes una estrecha relación. Nos centraremos principalmente en las relaciones íntimas, pero es posible que también desees aplicar lo aprendido a otras relaciones, como las que tienes con amigos, compañeros de trabajo, tus propios padres o tus propios hijos.

Para empezar, hemos creado una herramienta con la que establecerás con bastante claridad las similitudes y diferencias entre tu perfil de habilidades ejecutivas y el de tu pareja. También te ofreceremos las instrucciones para rellenar el cuestionario, en las páginas 121-126, que también podrás descargar en www.guilford.com/dawson7-forms e imprimir.

Ahora que ya has completado el cuestionario para ti y tu pareja, vuelve atrás y mira dónde se alinean y se separan vuestros patrones. Una regla de oro para hacer esto es: las similitudes estarían donde tus calificaciones y las de tu pareja, en el mismo lado del cuestionario en al menos dos de las tres preguntas sobre cada habilidad. Las diferencias estarían donde vuestras calificaciones difieren en al menos dos preguntas. Por ejemplo, si en tolerancia al estrés has seleccionado la primera descripción de cada par para ti en los tres ítems y para tu pareja has seleccionado la segunda descripción en al menos dos ítems, entonces, la conclusión es que diferís en la habilidad ejecutiva de la tolerancia al estrés, que es una fortaleza para ti y una debilidad para tu pareja. ¿Cómo podría manifestarse en la vida real esta diferencia entre vosotros? Es probable que tengáis diferentes ideas de cómo os gusta pasar el tiempo de ocio: a ti te atraerán más las actividades «arriesgadas» o emocionantes, mientras que tu pareja podría encontrarlas enervantes. Por otro lado, cuando un suceso inesperado requiere de una acción o de un ajuste rápidos (el coche de alquiler que se queda parado en medio de la nada, por ejemplo), tu pareja se alegrará mucho de que estés allí para encontrar la manera de resolver el problema.

En los espacios de la página 127 anota vuestras similitudes y diferencias en cuanto a habilidades ejecutivas. Para la columna de similitudes, es posible que desees tener en cuenta si la habilidad es una fortaleza para los dos (coloca el signo + al lado) o una debilidad (coloca el signo –).

CUESTIONARIO DE LAS HABILIDADES EJECUTIVAS EN LAS RELACIONES INTERPERSONALES

Instrucciones: lee cada par de descripciones y decide cuál de las dos opciones te describe mejor. A continuación, decide cuál es la afirmación que más se ajusta a ti (a veces, a menudo, la mayoría de las veces). Cuando hayas completado todos los elementos para ti, vuelve atrás y sigue el mismo proceso para la persona con la que mantienes una relación íntima. Decide cuál de las dos declaraciones describe mejor a tu pareja y después elige la afirmación sobre la frecuencia que se aplica a la descripción. A continuación, busca patrones de similitudes y diferencias entre tú y la otra persona.

INHIBICIÓN DE RESPUESTA

	Algunas veces	A menudo	La mayoría de las veces				Algunas veces	A menudo	La mayoría de las veces
Yo La otra persona	☐ ☐	☐ ☐	☐ ☐	Delibera cuidadosamente antes de tomar una decisión	0	Salta a las conclusiones	Yo La otra persona	☐ ☐	☐ ☐	☐ ☐
Yo La otra persona	☐ ☐	☐ ☐	☐ ☐	Piensa antes de responder; no interrumpe	0	Se precipita sin pensar; puede interrumpir	Yo La otra persona	☐ ☐	☐ ☐	☐ ☐
Yo La otra persona	☐ ☐	☐ ☐	☐ ☐	Valora todos los hechos antes de actuar	0	Actúa antes de valorar todos los hechos («por intuición»)	Yo La otra persona	☐ ☐	☐ ☐	☐ ☐

MEMORIA DE TRABAJO

	Algunas veces	A menudo	La mayoría de las veces				Algunas veces	A menudo	La mayoría de las veces
Yo La otra persona	☐ ☐	☐ ☐	☐ ☐	Tiene buena cabeza para los detalles (memoria de elefante)	0	Tiene dificultades para recordar los detalles	Yo La otra persona	☐ ☐	☐ ☐	☐ ☐
Yo La otra persona	☐ ☐	☐ ☐	☐ ☐	Recuerda lo que hay que hacer	0	Olvida lo que ha prometido hacer	Yo La otra persona	☐ ☐	☐ ☐	☐ ☐
Yo La otra persona	☐ ☐	☐ ☐	☐ ☐	Realiza todas sus obligaciones sin necesidad de recordatorios	0	Necesita recordatorios para hacer las cosas	Yo La otra persona	☐ ☐	☐ ☐	☐ ☐

CONTROL EMOCIONAL

	Algunas veces	A menudo	La mayoría de las veces					Algunas veces	A menudo	La mayoría de las veces
Yo La otra persona	☐ ☐	☐ ☐	☐ ☐	Acepta el *feedback* negativo fácilmente	0	Reacciona fuertemente a las críticas	Yo La otra persona	☐ ☐	☐ ☐	☐ ☐
Yo La otra persona	☐ ☐	☐ ☐	☐ ☐	Es tranquilo y calmado	0	Se molesta por «pequeñas cosas»	Yo La otra persona	☐ ☐	☐ ☐	☐ ☐
Yo La otra persona	☐ ☐	☐ ☐	☐ ☐	Mantiene sus emociones bajo control	0	Se ve muy afectado por emociones fuertes	Yo La otra persona	☐ ☐	☐ ☐	☐ ☐

INICIACIÓN DE TAREAS

	Algunas veces	A menudo	La mayoría de las veces					Algunas veces	A menudo	La mayoría de las veces
Yo La otra persona	☐ ☐	☐ ☐	☐ ☐	Realiza sus obligaciones sin necesidad de recordatorios	0	Necesita recordatorios para hacer las cosas	Yo La otra persona	☐ ☐	☐ ☐	☐ ☐
Yo La otra persona	☐ ☐	☐ ☐	☐ ☐	Pospone el inicio de las tareas	0	Completa la tarea mucho antes del plazo establecido	Yo La otra persona	☐ ☐	☐ ☐	☐ ☐
Yo La otra persona	☐ ☐	☐ ☐	☐ ☐	Completa la tarea mucho antes del plazo establecido	0	Deja las cosas hasta el último minuto	Yo La otra persona	☐ ☐	☐ ☐	☐ ☐

ATENCIÓN SOSTENIDA

Yo / La otra persona	Algunas veces	A menudo	La mayoría de las veces				Yo / La otra persona	Algunas veces	A menudo	La mayoría de las veces
Yo La otra persona	☐ ☐	☐ ☐	☐ ☐	Se mantiene centrado en la tarea en cuestión	0	Salta de una tarea a otra	Yo La otra persona	☐ ☐	☐ ☐	☐ ☐
Yo La otra persona	☐ ☐	☐ ☐	☐ ☐	Una vez ha empezado, sigue trabajando hasta que finaliza la tarea	0	Es lento para terminar las tareas (o no las hace), pierde fuelle	Yo La otra persona	☐ ☐	☐ ☐	☐ ☐
Yo La otra persona	☐ ☐	☐ ☐	☐ ☐	Enseguida vuelve al trabajo después de una interrupción	0	Se despista mucho por las interrupciones y no retoma las tareas	Yo La otra persona	☐ ☐	☐ ☐	☐ ☐

PLANIFICACIÓN/PRIORIZACIÓN

Yo / La otra persona	Algunas veces	A menudo	La mayoría de las veces				Yo / La otra persona	Algunas veces	A menudo	La mayoría de las veces
Yo La otra persona	☐ ☐	☐ ☐	☐ ☐	Inicia el día con un plan	0	No planifica el día	Yo La otra persona	☐ ☐	☐ ☐	☐ ☐
Yo La otra persona	☐ ☐	☐ ☐	☐ ☐	Puede priorizar cuando hay mucho que hacer	0	Es lento para terminar las tareas (o no las hace), pierde fuelle	Yo La otra persona	☐ ☐	☐ ☐	☐ ☐
Yo La otra persona	☐ ☐	☐ ☐	☐ ☐	Tiene problemas para priorizar cuando el tiempo es limitado	0	No es bueno en la planificación de proyectos	Yo La otra persona	☐ ☐	☐ ☐	☐ ☐

ORGANIZACIÓN

	Algunas veces	A menudo	La mayoría de las veces					Algunas veces	A menudo	La mayoría de las veces
Yo La otra persona	☐ ☐	☐ ☐	☐ ☐	Ordena las cosas en su sitio después de utilizarlas	0	Es lento recogiendo lo que ha desordenado	Yo La otra persona	☐ ☐	☐ ☐	☐ ☐
Yo La otra persona	☐ ☐	☐ ☐	☐ ☐	Mantiene ordenados sus espacios personales	0	Le resulta difícil mantener ordenados los espacios personales	Yo La otra persona	☐ ☐	☐ ☐	☐ ☐
Yo La otra persona	☐ ☐	☐ ☐	☐ ☐	Mantiene sistemas de organización con facilidad	0	Tiene dificultad para mantener sistemas de organización en el tiempo	Yo La otra persona	☐ ☐	☐ ☐	☐ ☐

GESTIÓN DEL TIEMPO

	Algunas veces	A menudo	La mayoría de las veces					Algunas veces	A menudo	La mayoría de las veces
Yo La otra persona	☐ ☐	☐ ☐	☐ ☐	Es bueno para calcular cuánto tiempo se tarda en hacer algo	0	No es bueno en la estimación del tiempo	Yo La otra persona	☐ ☐	☐ ☐	☐ ☐
Yo La otra persona	☐ ☐	☐ ☐	☐ ☐	Completa las tareas en el tiempo asignado	0	Tiene dificultades para terminar las tareas dentro de las limitaciones de tiempo	Yo La otra persona	☐ ☐	☐ ☐	☐ ☐
Yo La otra persona	☐ ☐	☐ ☐	☐ ☐	Llega a tiempo a los compromisos (por ejemplo, citas, eventos)	0	Tiene problemas para conseguir llegar a tiempo	Yo La otra persona	☐ ☐	☐ ☐	☐ ☐

FLEXIBILIDAD

	Algunas veces	A menudo	La mayoría de las veces					Algunas veces	A menudo	La mayoría de las veces
Yo La otra persona	☐ ☐	☐ ☐	☐ ☐	«Fluye con el cambio» cuando sucede lo inesperado	0	Cae en picado cuando se dan eventos inesperados	Yo La otra persona	☐ ☐	☐ ☐	☐ ☐
Yo La otra persona	☐ ☐	☐ ☐	☐ ☐	Se ajusta fácilmente a los cambios en los planes	0	Le molestan mucho los cambios en los planes	Yo La otra persona	☐ ☐	☐ ☐	☐ ☐
Yo La otra persona	☐ ☐	☐ ☐	☐ ☐	Cambia de rumbo con facilidad	0	Se resiste a los cambios de rumbo	Yo La otra persona	☐ ☐	☐ ☐	☐ ☐

METACOGNICIÓN

	Algunas veces	A menudo	La mayoría de las veces					Algunas veces	A menudo	La mayoría de las veces
Yo La otra persona	☐ ☐	☐ ☐	☐ ☐	Puede evaluar una situación y decidir qué hacer a continuación	0	Espera a que se le diga qué hacer	Yo La otra persona	☐ ☐	☐ ☐	☐ ☐
Yo La otra persona	☐ ☐	☐ ☐	☐ ☐	Le resulta fácil «leer» una situación para entender la dinámica implicada	0	Puede no ser consciente de los problemas y los conflictos subyacentes, etc.	Yo La otra persona	☐ ☐	☐ ☐	☐ ☐
Yo La otra persona	☐ ☐	☐ ☐	☐ ☐	Es un buen solucionador de problemas	0	Recurre a los demás para resolver los problemas	Yo La otra persona	☐ ☐	☐ ☐	☐ ☐

PERSISTENCIA DIRIGIDA A UN OBJETIVO

	Algunas veces	A menudo	La mayoría de las veces					Algunas veces	A menudo	La mayoría de las veces
Yo	☐	☐	☐	Establece y logra los objetivos personales	0	No está especialmente dirigido hacia los objetivos	Yo	☐	☐	☐
La otra persona	☐	☐	☐				La otra persona	☐	☐	☐
Yo	☐	☐	☐	Deja a un lado los placeres inmediatos para obtener ganancias a largo plazo	0	Vive el momento	Yo	☐	☐	☐
La otra persona	☐	☐	☐				La otra persona	☐	☐	☐
Yo	☐	☐	☐	Establece estándares altos para sí mismo	0	No está altamente motivado para establecer altos estándares para sí mismo	Yo	☐	☐	☐
La otra persona	☐	☐	☐				La otra persona	☐	☐	☐

TOLERANCIA AL ESTRÉS

	Algunas veces	A menudo	La mayoría de las veces					Algunas veces	A menudo	La mayoría de las veces
Yo	☐	☐	☐	Disfruta con lo inesperado/ impredecible	0	Prefiere la rutina y saber lo que viene después	Yo	☐	☐	☐
La otra persona	☐	☐	☐				La otra persona	☐	☐	☐
Yo	☐	☐	☐	Da lo mejor de sí mismo bajo presión	0	Sucumbe a la ansiedad que provoca la presión	Yo	☐	☐	☐
La otra persona	☐	☐	☐				La otra persona	☐	☐	☐
Yo	☐	☐	☐	Prefiere las actividades orientadas a la acción o a las emociones fuertes	0	Prefiere las actividades de ocio relajadas	Yo	☐	☐	☐
La otra persona	☐	☐	☐				La otra persona	☐	☐	☐

Similitudes en habilidades ejecutivas	Diferencias en habilidades ejecutivas

Ahora vamos a ver lo que significan estos patrones.

Similitudes

- **Tú y tu pareja compartís habilidades ejecutivas fuertes.** Empezaremos con las buenas noticias. Cuando tú y tu pareja compartís habilidades ejecutivas fuertes, es muy probable que estas áreas sean el pegamento que ayuda a mantener unida vuestra relación. Tal vez ambos tenéis fortalezas en cuando a metacognición, que significa que ambos sois buenos solucionadores de problemas y que ambos valoráis los matices en las relaciones, o apreciáis la capacidad para comprender los patrones y los significados más profundos de las cosas. O si los dos poseéis una alta tolerancia al estrés, ambos os sentís atraídos por las actividades que implican emociones fuertes. Tal vez vuestra idea de divertiros el sábado sea para pasar el día escalando un pico o disfrutando subidos a una montaña rusa. Si la iniciación de tareas es una fortaleza para vosotros, podéis relajaros cuando vuestra pareja se compromete a completar una tarea: sabéis que la hará en el momento oportuno. Si los dos tenéis una inhibición de respuesta fuerte, sabéis que no tenéis que preocuparos de que vuestra pareja interrumpa o diga algo grosero en una fiesta, y tome una decisión debida al estímulo del momento que después de reflexionar probablemente se dé cuenta de que no ha sido una buena idea. Si te fijas en todos los puntos fuertes compartidos, es probable que puedas identificar cómo esos puntos en común hacen que vuestra relación funcione sin problemas.

Nos atreveríamos a decir que cuantas más habilidades ejecutivas fuertes compartas con tu pareja de manera significativa, más compatibles seréis. No estamos diciendo que cuando busques pareja debas fijarte sólo en alguien cuyo perfil sea idéntico al tuyo, a fin de cuentas, los opuestos se atraen, y probablemente por una buena razón. Eso es lo que a menudo da «brillo» a la relación. Pero si tenéis un número considerable de habilidades ejecutivas fuertes en común, es probable que no tengáis que trabajar tan duro en la relación como lo haríais si tuvierais sólo unas pocas fortalezas en común.

- **Tú y tu pareja compartís habilidades ejecutivas débiles.** Esto es un poco más complicado. Por un lado, compartir una habilidad ejecutiva débil significa que es muy probable que entiendas las deficiencias de tu pareja, porque tú también las tienes. Pero no es raro que en esta situación se interpongan puntos ciegos. Las personas parecen encontrar deficiencias en las otras personas mucho más irritantes que sus propios defectos, y esto es cierto incluso cuando comparten las mismas debilidades. Puedes ser un terrible procrastinador, pero eso no te impide estallar cuando descubres que tu pareja (o tu hijo o tu hija) se ha pasado una fecha límite importante. Y si tú y tu pareja sois muy desorganizados, ¿por qué te irritas mucho más cuando él o ella ha perdido algo importante que cuando lo has perdido tú? Y tu débil habilidad de planificación a ti puede parecerte espontánea, pero puedes volverte loco cuando tu pareja olvida incluir en el equipaje la bomba para los colchones de aire que utilizaréis en ese viaje a un camping que has estado esperando durante meses.

    En este momento merece una mención especial una habilidad ejecutiva en particular. Nuestra experiencia nos dice que las personas que son inflexibles a menudo no se ven a sí mismas de esa manera, pero no tienen ningún problema en ver la inflexibilidad de su pareja. Para esta habilidad en particular, dos personas que se conocen bien pueden completar esa parte de sí mismas de manera muy diferente a como lo hacen con su pareja. Como uno o ambos sois inflexibles, podéis llegar a discutir por culpa de vuestras diferentes percepciones. En este punto, para alejarse de la discusión puede ser útil hacer una broma para aliviar la tensión. Las personas inflexibles a menudo pueden ver las cosas con mayor claridad después de haber tenido la oportunidad de sentarse y reflexionar sobre la información durante un rato.

En última instancia, sin embargo, las parejas tienen mucho que ganar cuando reconocen que comparten las mismas habilidades ejecutivas débiles. El conocimiento por sí solo puede ayudar a ser más tolerante cuando el impacto de la debilidad afecta a la vida diaria. Y aunque implica más trabajo, tú y tu pareja podéis decidir qué queréis hacer juntos frente a situaciones en las que la debilidad es perjudicial. Si éste es el caso, entonces tienes un aliado natural en tus esfuerzos por mejorar.

Diferencias

Al igual que con las similitudes, existen dos tipos de diferencias: cuando tus puntos fuertes son los puntos débiles de tu pareja y cuando los puntos fuertes de tu pareja son tus puntos débiles. En cualquier caso, aquí está la lección número uno que hemos aprendido mientras trabajábamos con esto.

Hemos encontrado que, si eres naturalmente bueno en algo, te resulta muy difícil entender a las personas que son naturalmente malas en eso mismo. Si tú, de manera automática…

- Inicias una tarea tan pronto como se te asigna.
- Llegas a tiempo a cualquier cita, reunión o evento programado.
- Arreglas el desorden que creas.
- Te detienes a pensar antes de decir o hacer algo.
- Ves todas las capas de la situación o sus múltiples perspectivas.
- Continúas la tarea sin desviarte antes de acabar.

Entonces es muy probable que tengas dificultades para entender por qué alguien tendría problemas con cualquiera de esas cosas. Y podemos dar un paso más. Mientras que podemos sentirnos perfectamente cómodos diciendo de nosotros mismos: «Ya sabes, en eso no soy muy bueno», cuando vemos una debilidad en otra persona podemos pensar que es algo que esa persona podría controlar si quisiera. Puede que te encuentres diciendo: «No soy bueno calculando cuánto tiempo se tarda en hacer algo», y luego diciéndole a tu pareja: «Pero es que no eres más que un vago». O: «Admito que pierdo los estribos, así es como tengo conectado el cerebro, pero tu incapacidad para empezar tareas o completarlas es pura pereza».

Así que ahora que entiendes cómo las habilidades ejecutivas pueden afectar a las relaciones interpersonales, ¿cómo puedes utilizar este conocimiento para mejorar esas relaciones?

Consejos para manejar las diferencias de perfil en las relaciones

- **No asumas que una habilidad que para ti es «natural» sea igualmente natural para tu pareja.** Si tienes un reloj interno que funciona todo el tiempo y se calibra con precisión por lo que nunca llegas tarde y nunca sobreprogramas tu agenda, no asumas que tu pareja tiene el mismo hardware o software. Tal vez tu reloj mide el tiempo al minuto y el suyo lo mide en incrementos de treinta minutos. O tal vez su reloj varía, por lo que treinta minutos le parecen quince un día y cuarenta y cinco al día siguiente. O quizás tu pareja tiene una manera «aproximada» de medir el tiempo mientras que tú eres una persona capaz de hacerlo minuto a minuto. Ninguna de las dos maneras está bien o mal, ¡pero sin duda son diferentes!

- **Aprovecha las fortalezas de tu pareja cuando puedas.** Si tú tienes problemas con el control emocional y, en cambio eso es una fortaleza para tu pareja, tal vez sea mejor que tu pareja sea quien llame a la compañía de la tarjeta de crédito para discutir un cargo. Si la organización es algo natural para tu pareja y es tu habilidad ejecutiva más débil, entonces tal vez tu pareja tiene que ser la que mantenga controlado el papeleo necesario para rellenar tu declaración de renta cada año. Si eres bueno en la planificación y tu pareja no lo es, tal vez deberías ofrecerte para crear la lista para que sea menos estresante hacer el equipaje para las vacaciones con las que has estado soñando todo el año.

  Vuelve a la lista de tareas elaborada en el capítulo 6 (página 110). Si tu pareja no ha hecho este ejercicio, invítala a que lo haga. A ver si hay cualquier tarea que tú has identificado como 1-2-3 y que tu pareja ha calificado como 8-9-10. Y luego busca las tareas que tú has calificado como 8-9-10 que son fáciles para tu pareja, a ver si podéis hacer un intercambio.

- **Al mismo tiempo, no utilices tus debilidades para cargar a tu pareja injustamente.** Si te encuentras diciendo: «Soy pésimo en la organización, recoge tú el dormitorio» o «Ya sabes que la gestión del tiempo no es mi punto fuerte, así que tendrás que acostumbrarte a que llegue tarde a todo», es que estás haciendo un mal uso de ese conocimiento. *Habla Peg:* «Cuando mi hijo fue diagnosticado con un trastorno de déficit de atención a los 14 años, llegó a casa de la escuela un día y dijo: "Yo no debo hacer los deberes. Tengo ADD". Yo respondí de inmediato: "Aaron, ADD es una explicación, no una excusa"». Lo mismo se aplica a las habilidades ejecutivas. Ser débil en la gestión del tiempo explica por qué generalmente llegas tarde, pero no significa que no debas tratar de mejorar en ese aspecto (*véase* el capítulo 4).

- **Trabaja las habilidades de comunicación para que puedas hablar con tu pareja de manera que demuestres comprensión con respecto a vuestros diferentes perfiles de habilidades ejecutivas.** *Habla Peg:* «Mi marido sabe que la flexibilidad es un punto débil para mí, por lo que cuando se presenta un problema al respecto suele decirme: "Peg, no tienes que decidirte ahora, pero puede que desees, por ejemplo, pensar acerca de cambiar nuestros planes para el sábado, porque es el día que deberíamos irnos de vacaciones a la casa de verano". Otro ejemplo: si tu pareja tiene una memoria de trabajo débil, podrías decirle: «¿Quieres que te mande un recordatorio para que pases por la tintorería cuando vengas del trabajo a casa mañana? ¿Quieres que te mande un mensaje de texto al final de la jornada de trabajo?"».

- **Cuando una actividad implica una habilidad ejecutiva débil, prepárala con bastante antelación.** Esto tiene relación con la sugerencia anterior acerca de las habilidades de comunicación. Si no puedes, o no quieres, asumir la tarea que requiere de tu habilidad ejecutiva fuerte y se nutre de la debilidad de tu pareja, realiza un plan para el manejo de la situación. Si tu pareja tiene habilidades de organización débiles y vais a poner vuestra casa en venta, tiene sentido llevar a cabo una planificación para conseguir que la casa esté lista para ser enseñada que consista en pequeños pasos durante un período de tiempo más largo en lugar de tratar de hacer una limpieza masiva el día anterior a mostrarla. Elabora una lista y asigna responsabilidades, teniendo en cuenta que tu pareja lo hace mejor con pequeñas tareas muy específicas (lavar las superficies de la cocina) que con las tareas más grandes, más generales (limpiar el garaje).

- **Usa el humor con criterio.** Si vas a molestar a tu pareja acerca de sus debilidades, debes estar dispuesto a reírte de las tuyas. El humor puede reducir la tensión, pero no si está mezclado con el resentimiento, que es a menudo el caso cuando estás bromeando sobre una habilidad en la que tú tienes éxito y en la que tu pareja es un desastre.

- **Considera llevar a cabo un proyecto de automejora conjunta.** Tal vez tu pareja tiene una debilidad que te enerva hasta la locura. Has tratado de no permitir que te moleste, pero lo hace una y otra vez. Tal vez pienses: «Si mi pareja sólo consiguiera mejorar un poco en esto, toda nuestra relación mejoraría». No sólo debes darle a leer de principio a fin el capítulo 4 y pedirle que trabaje en los contenidos, sino que también debes sugerirle que ambos trabajéis en la automejora. Si decides probar este enfoque, te recomendamos que empieces poco a poco. Por ejemplo, tu pareja podría proponerse llegar a casa para la cena diez minutos antes de la hora tres días de cada cinco, mientras que tú podrías mantener la encimera de la cocina ordenada también tres días de cada cinco.

Por cierto, cuando sugerimos comenzar poco a poco, eso significa que depende del nivel de rendimiento actual de una persona. Si tu pareja suele llegar de veinte a treinta minutos tarde para la cena, establecer inicialmente una constante de veinte minutos al día o tal vez de quince minutos dos o tres veces por semana podría funcionar. De lo contrario, lo que a la persona que se siente frustrada le parece un pequeño paso a la pareja puede parecerle más de lo que cree que conseguirá realizar de manera fiable. Y entonces parece un problema de motivación. Los datos de comportamiento sugieren que si la persona puede empezar consistentemente en la parte baja de su línea de base como punto de partida, es que está haciendo progresos. Por lo general, nos sentimos más motivados para seguir trabajando para alcanzar una meta a largo plazo por la buena sensación que recibimos al hacer una pequeña mejora, que si experimentamos la mala sensación de no alcanzar un objetivo provisional más grande.

Consejos para nuevas relaciones interpersonales

Si te encuentras en las primeras etapas de una relación, puede que no conozcas a tu pareja lo suficientemente bien como para completar el cuestionario conforme a las instrucciones, y puede que tampoco seas capaz de hacer uso de ninguna de las sugerencias. Sin embargo, hay una manera de obtener algún beneficio de este capítulo. Prueba lo siguiente:

- Tú y tu nueva pareja, en ese momento de la relación emergente cuando todo está bien, debéis completar el Cuestionario de Habilidades Ejecutivas de Relaciones, pero debéis hacerlo cada uno solo, no en pareja.

- Cuando lo hayáis terminado, combina los dos cuestionarios en uno mediante la adición de las calificaciones de tu pareja a la línea «Otro» de tu cuestionario. Esto te dará una lectura rápida de aquellas habilidades ejecutivas que tenéis en común y aquellas en las que diferís. Las similitudes pueden ser una vía rápida para entender vuestras compatibilidades. Las diferencias, a su vez, pueden servir como un sistema de alerta temprana para que podáis detectar los puntos de tensión en el camino.

- Pasad algún tiempo hablando de vuestros perfiles. Dad ejemplos de cómo influyen vuestras habilidades ejecutivas fuertes en casa o en el lugar de trabajo o en el contexto de las actividades de ocio. Hablad de vuestras debilidades, también, y daos ejemplos de cómo afectan a vuestra vida en diferentes contextos y entornos.

- Pensad un poco en cómo difieren vuestros perfiles. ¿Se puede prever un conflicto significativo en algún momento debido a esto o, tal vez, esas diferencias son las que os unieron al principio? Aunque se argumenta que cuanto más se parecen los más perfiles entre sí, más suave será vuestra vida cuando asentéis vuestra relación, no somos partidarios de los perfiles idénticos a la hora de crear una pareja perfecta (recomendamos el libro *El proyecto esposa*, de Graeme Simsion, un relato de ficción cómica de un tipo que intenta utilizar una lista de comprobación para encontrar a su pareja; no hace falta decir que el enfoque no funciona bien). Es posible que dos personas con perfiles idénticos se aburrieran la una de la otra hasta las lágrimas. Por otro lado, si vuestros perfiles difieren marcadamente en la mayoría de las habilidades, esto podría sugerir que vuestra relación será un hueso duro de roer. Pero no vemos ningún daño, y posiblemente sí algunas ventajas, al proceder con la relación con los ojos abiertos.

Utilizar el Cuestionario de Habilidades Ejecutivas de Relaciones con las relaciones más frágiles

¿Qué pasa si el hecho de completar el Cuestionario de Habilidades Ejecutivas de Relaciones añade tensión a la relación en la que no parecía haberla antes? Es posible que después de completar el cuestionario no sólo parezca que tú y tu pareja tenéis perfiles muy diferentes, sino que también diferís marcadamente en vuestra percepción de vosotros mismos y como pareja. El cuestionario, en realidad, podría sacar a la superficie algunas fracturas por estrés subyacentes que o bien no eran visibles o no fueron reconocidas antes.

Nos encontramos con una pareja de mediana edad después de que el marido fuese objeto de una evaluación para determinar si tenía un trastorno de atención. No lo tenía, pero durante la entrevista clínica inicial se hizo evidente que él y su esposa probablemente tenían muy diferentes conjuntos de habilidades ejecutivas fuertes y débiles. Para probar nuestra hipótesis, les pedimos que rellenaran cada uno un Cuestionario de Habilidades Ejecutivas (esto fue antes de haber desarrollado el Cuestionario de Habilidades Ejecutivas de Relaciones) y nos los enviaran por correo. Por último, comparamos los resultados. Nuestra hipótesis resultó confirmada casi a la perfección: tres puntos fuertes del esposo eran tres puntos débiles de su esposa, y viceversa.

Cuando nos encontramos con ambos para realizar una sesión de *feedback* en la que estimamos el caso para determinar que el marido no tenía un trastorno de atención, a lo largo de la sesión su esposa se mostró cada vez más agitada. Cuando compartimos los resultados del cuestionario se hizo evidente que, en su mente, cualquiera de sus debilidades palidecía en comparación con de su marido. Antes de nuestra evaluación, en términos clínicos, el marido había sido el «paciente identificado» en la familia (es decir, el que tenía problemas). En ese momento replanteamos la situación con el argumento de que no era cuestión de que uno tuviera un trastorno y el otro no, sino que eran dos personas que trataban de vivir juntas con perfiles de puntos fuertes y débiles contrastados. Lamentablemente, esto no le gustó demasiado a la mujer. El marido, por el contrario, pareció un poco aliviado al saber que había otra explicación para sus problemas que la del trastorno de atención no diagnosticado.

Si os encontráis en una situación similar, es decir, en la que tenéis dificultades para conciliar vuestros diferentes perfiles de habilidades ejecutivas, puede ser apropiado buscar la ayuda de la terapia de pareja para desarrollar estrategias con el fin de aceptar y perdonar las diferencias que se ven en el otro como resultado de la lectura de este capítulo y completar el Cuestionario de Habilidades Ejecutivas de Relaciones. Revisad el cuestionario para ver si el terapeuta puede ayudaros a dar un sentido a vuestros nuevos conocimientos.

TERCERA PARTE

Estrategias para habilidades ejecutivas individuales

Esta parte del libro se centra en cada una de las doce habilidades ejecutivas por separado y con mayor profundidad que en los capítulos anteriores. Puedes decidir leer solamente los temas relacionados con tus particulares habilidades ejecutivas débiles, porque son las que quizá más te interesa tratar de mejorar. Hacer esto te permitirá cortar por lo sano, pero puedes perder algo en el proceso, como las maneras de utilizar tus habilidades ejecutivas fuertes para compensar algunos de sus puntos débiles.

Los capítulos sobre las habilidades ejecutivas aparecen en el mismo orden que en el cuestionario, y cada capítulo sigue el mismo formato:

- Se define la habilidad y proporcionamos diferentes informaciones sobre los procesos cerebrales específicos que rigen cada habilidad.
- Se describen las posibles superposiciones con otras habilidades ejecutivas para que puedas decidir dónde poner tus esfuerzos de cambio.
- A continuación, ofrecemos algunas sugerencias con respecto a cómo puedes modificar tu entorno para reducir el impacto de tu habilidad ejecutiva débil, seguido de un procedimiento paso a paso de cómo puedes mejorar la habilidad a través de prácticas dirigidas.
- Hacemos algunas sugerencias en cuanto a soportes tecnológicos, ya sea para compensar la habilidad débil o para ayudarte a mejorarla.
- Y, por último, ofrecemos una viñeta que muestra cómo una persona puede seguir la planificación de un programa de automejora. Luego llegamos a la conclusión del capítulo, poniendo de relieve los elementos del programa de automejora que contribuyen a su éxito.

Verás que las intervenciones que incorporamos en nuestros escenarios están diseñadas para adaptarse a las personalidades individuales de aquellos que tratan de cambiar. Es poco probable que cualquiera de las intervenciones que describimos sean perfectas para ti en su forma actual. Lo que vamos a hacer, sin embargo, es ofrecer una variedad de sugerencias con la esperanza de que puedas escoger partes adecuadas para tu propio plan de automejora personalizado.

Por esta razón, te sugerimos que al menos leas todos los capítulos, incluso si estás pensando en reducir la lectura de esta parte a sólo una o dos habilidades ejecutivas débiles. Aparecerán algunos puntos en común y algunas redundancias que servirán para destacar las características clave de una intervención eficaz. La lectura de los doce capítulos puede ayudarte a interiorizar el proceso. Por otra parte, hay suficiente superposición en las estrategias que presentamos para que puedas obtener algunos consejos o ideas útiles de los capítulos sobre las habilidades que no son las que deseas enfocar. En el momento en que termines de leer, quién sabe, puede que hayas interiorizado nuestro proceso de pensamiento, lo que significa que estarás pensando metódicamente sobre apoyos ambientales y maneras de mejorar gradualmente tus habilidades ejecutivas a través de las prácticas dirigidas. Si esto pasa, estate seguro de que el camino que has establecido es el que tiene más probabilidades de conducirte a un cambio de comportamiento exitoso.

Capítulo 8

Control de impulsos
Inhibición de respuesta

Qué es

La capacidad de pensar antes de actuar. Esta habilidad de resistir la tentación de decir o hacer algo nos permite tener el tiempo suficiente para evaluar una situación y valorar cómo nuestro comportamiento podría afectar a la misma.

Qué sabemos de esta habilidad

Ésta es la primera habilidad ejecutiva que surge poco después del nacimiento (en torno a los siete meses de edad). Sin embargo, se desarrolla lentamente y, de hecho, es una de las últimas habilidades ejecutivas que ayudan a conseguir la maduración completa del ser humano. Los adolescentes se meten en problemas a causa de esto (y el motivo por el cual durante la adolescencia los niños se sientan atraídos por correr riesgos más que en cualquier otro momento antes o después de la adolescencia). También sabemos que a las personas que son fuertes en esta habilidad desde una edad temprana les resulta más fácil regular su comportamiento cuando son adultos que a las personas que tienen debilidades en esta habilidad. Los adultos que son débiles en la inhibición de respuesta se enfrentan al problema con diferentes grados intensidad. Cuando se cae hacia el extremo más moderado del continuo, pueden hacer compras impulsivas de cosas que no necesitan, «se pasan tres pueblos», por así decirlo, al hablar con los compañeros de trabajo o con los miembros de su familia, o deciden hacer algo divertido cuando se presenta la primera oportunidad, olvidando que tienen otras obligaciones menos divertidas con las que están comprometidos. Cuando se trata de un problema importante, la impulsividad puede conducir a problemas en las relaciones sociales y familiares, en el trabajo y derivar en un impacto negativo en la propia carrera, y dar lugar a excesos de comportamiento que afectan negativamente a la salud. Afortunadamente, la impulsividad disminuye con la edad, por lo que una vez que la mayoría de nosotros ha pasado de la adolescencia, nuestra inhibición de respuesta mejora.

Qué podemos hacer al respecto

Asumimos que tu inhibición de respuesta es débil pero no llega a alcanzar el nivel de deficiencia completa (si se trata de una deficiencia, como se define en el capítulo 2, es probable que necesites la ayuda de un profesional especializado). Si tus problemas de control de impulsos van acompañados de dificultades para gestionar tus emociones (como suele ser el caso de las personas que luchan con el manejo de la ira), probablemente deberías decidir qué debilidad ejecutiva deseas abordar en primer lugar: la inhibición de respuesta o el control emocional. Ten en cuenta que las personas que lidian con la inhibición de respuesta a menudo tienen puntos débiles en otras habilidades ejecutivas que requieren un pensamiento a largo plazo, tales como la planificación/priorización, la gestión del tiempo y la persistencia dirigida a un objetivo. Como ser capaz de resistir los impulsos con más éxito puede mejorar tu capacidad para hacer frente a otras habilidades ejecutivas débiles, ése será un buen punto desde el que empezar.

Cómo modificar el ambiente para hacer más fácil la inhibición de respuesta

(Para obtener información detallada acerca de las modificaciones del entorno, consulta el capítulo 3).

- **Modificar el entorno físico o social.** La mejor manera de hacerlo es eliminar tantas tentaciones como sea posible del entorno físico o social. Si eres propenso a darte atracones de comida basura, asegúrate de que en tu casa sólo puedan encontrarse alimentos saludables. Si eres un comprador impulsivo, corta en trozos las tarjetas de crédito para que de este modo te sea imposible acumular deudas. Si cuando sales con los amigos bebes demasiado y aun así sigues conduciendo el coche, evítalos o pasa tiempo con ellos sólo en entornos en los que la bebida no sea una opción (por ejemplo, durante un partido de baloncesto en un estadio). Si tienes tendencia a malgastar el tiempo en las redes sociales, utiliza una aplicación que te permita limitar la cantidad de tiempo diario que pasarás navegando por la red o visitando ciertos sitios web.

- **Modificar la tarea.** Para la inhibición de respuesta, la modificación de la tarea podría incluir la creación de un sistema que te recuerde que debes implementar tu autocontrol. Si estás tratando de bajar de peso, es factible colocar un aviso en la puerta del refrigerador, o si otras personas de tu entorno doméstico o familiar quieren alimentos que tú no debes comer, coloca una nota adhesiva de un color brillante en todos los alimentos que consideres que están fuera de los límites adecuados para ti. Otra posible modificación de tareas es la estructura en «tiempo de espera». Si eres incapaz de eliminar por completo el postre, debes obligarte a esperar por lo menos media hora después de la cena antes de darte el gusto. Sin embargo, no debes ponerte una alarma ni un temporizador, ya que eso será como dar la señal para comerte el postre. Es posible que puedas olvidarte del postre una vez que haya pasado ese período de tiempo de espera. Y si tienes dificultades para esperar la media hora completa, haz algo para distraerte (sal a dar un paseo, lee algunas páginas de un libro, ojea una revista...). Alternativamente, date una recompensa menor a cambio de renunciar a una más grande. *Habla Peg*: «He sido capaz de renunciar a los postres ricos en calorías, permitiéndome a mí misma comer dos caramelos de veinte calorías después de la cena (bueno, lo admito, me encanta los Werther's Originals porque me recuerdan la *crème brûlée*, mi postre favorito). En realidad, tardo mucho más tiempo en terminarme los caramelos que el que invertiría en cualquier otro postre, y me lo recuerdo a mí misma cuando tengo uno en la boca».
- **Solicitar la ayuda de otros.** En el caso de la inhibición de respuesta, esto tiene que hacerse con cuidado. Si le pides a un compañero de copas que te ayude a controlar el consumo de alcohol, puede tener un interés personal

en que no lo consigas, puesto que él busca compañía cuando bebe. Por otro lado, si le pides a un amigo que es abstemio que te recuerde cuál es tu objetivo, puede que te moleste su tono de superioridad cuando te ayude a mantener algo que te comprometiste a cumplir cuando tu resolución estaba en su apogeo. En lugar de pedirle a alguien que te recuerde tu objetivo, es posible que desees hacerlo de otra manera, anunciando tu objetivo a un amigo o a un familiar o a un compañero de trabajo. Éste es otro ejemplo de entrenamiento por correspondencia (que se describe en los capítulos 4 y 11). Si haces un compromiso público para llevar a cabo un determinado comportamiento o cumplir con un objetivo determinado, es más probable que lo cumplas que si no lo haces.

Cómo mejorar tu inhibición de respuesta a través de la práctica

(Para obtener información detallada acerca de las estrategias de mejora de habilidades, consulta el capítulo 4).

- **Identifica una tarea o actividad específica que refleje tu inhibición de respuesta débil.** La práctica regular, especialmente en las primeras etapas, conduce a una mayor rapidez en la adquisición de habilidades, por lo que para practicar tu autocontrol debes elegir una situación que ocurra o pueda ocurrir de manera cotidiana. Tu primer objetivo es la mejora. Esto puede significar que todavía demuestras algunas dificultades para controlar tus impulsos, pero que estás mejorando en el hecho de resistirte a la tentación. Si no sabes por dónde empezar, habla con alguien de confianza que te conozca bien. Puedes explicarle que estás tratando de mejorar tu autocontrol y buscas algunas ideas que implementar en las situaciones en que es más probable que te metas en problemas por la falta de autocontrol.
- **Establece tu meta.** Suponiendo que la situación que has seleccionado sea una en la que te encuentras con frecuencia, tu objetivo inicial es practicar un mejor dominio de ti mismo. Para ello podrías fijarte el objetivo de retrasar la respuesta o de sustituir la mala elección por una opción mejor. Si tu objetivo es frenar el uso de palabrotas cuando te irritas, podrías sustituirlas con palabras que son más socialmente aceptables (por ejemplo, «¡Maldita sea!»)

o con frases absurdas o palabras sin sentido (por ejemplo, «¡Peditranco!»). Si estás tratando de reducir tu consumo de comida basura y no puedes comerte una manzana de refrigerio a media tarde, entonces reemplaza una bolsa grande de patatas fritas por una más pequeña o saca algunas patatas de la bolsa grande y pon la bolsa fuera de tu vista y fuera de tu alcance.

La investigación nos dice que a medida que avanza el día y trabajamos duro en el autocontrol, nuestra capacidad para mantenerlo disminuye. Así, en las primeras etapas de la práctica de autocontrol, elige un momento en que seas menos propenso a agotar tus recursos. Si tu objetivo es evitar los alimentos poco saludables, empieza con el desayuno y continúa hasta la cena. Y, cuando llegues a la cena, ten en cuenta que es más probable que seas vulnerable a la tentación al final del día, por lo que debes proceder de manera muy gradual. Si ese bollo horneado y untado en mantequilla que acompaña al salmón es demasiado tentador como para que renuncies a él por completo, divídelo por la mitad y pon la otra mitad fuera de tu vista (o tíralo directamente a la basura).

- **Establece una fecha límite.** Con esta habilidad ejecutiva en particular, en lugar de establecer un plazo en el que desees exhibir un perfecto dominio de ti mismo, es posible que quieras hacer una comprobación diaria o semanal para evaluar si se ha dado progreso o mejora. Si has involucrado a otra persona para ayudarte con esto (como es el caso del escenario descrito más adelante), es posible que desees hacer la comprobación con esa persona, para ver qué piensa ella sobre cómo ha discurrido la semana. Si estás realizando el proceso por tu cuenta, es posible que desees reflexionar sobre el día o la semana e identificar casos en los que has exhibido un buen autocontrol y en los que no lo has hecho.

Quizás así puedas afinar la comprensión de los «disparadores» externos que te hacen perder el control; si es así, puedes implementar sistemas para evaluarlos (por ejemplo, descubriendo cómo puedes suprimir el disparador o mediante la identificación de un comportamiento de reemplazo que puedas llevar a cabo en lugar de la conducta que indica que has perdido el control). Es posible, por ejemplo, que llegues a la conclusión de que sólo te muestras más impulsivo cuando estás en compañía de ciertas personas o en determinadas situaciones de trabajo. En ese caso, cuando te encuentras con esas personas o en esa situación, podrías recordarte de inmediato: «¡En este

tipo de situaciones es cuando tengo tendencia a perder el autocontrol, así que mejor tengo cuidado!».
- **Haz un plan específico.** Para esta habilidad ejecutiva en particular, el plan puede ser muy simple. Podrías adaptarlos a la fórmula de «Si…, entonces…» o… «Cuando suceda esto, haré lo otro…». Pero escríbelo, porque eso lo convierte en una especie de contrato contigo mismo y hace que sea más probable que lo cumplas.
- **Externaliza el comportamiento que estás tratando de mejorar.** Crea señales visibles y/o audibles para recordar en qué estás trabajando. Pídele a un colega que consulte contigo para ver cómo lo estás haciendo o para hacerte señales (por ejemplo, pulgar arriba, pulgar abajo).
- **Pase lo que pase, sigue el plan, aunque sea parcialmente.** En aquellas ocasiones en que sientes que se te ha agotado toda la fuerza de voluntad, si no puedes esperar cinco minutos, ¿puedes esperar un minuto? Si tu deseo es comerte toda la bolsa de patatas fritas, ¿puedes tirar unas pocas a la basura antes de comértelas? Podrías considerar calificarte a ti mismo todos los días en una escala del 1 al 5 sobre lo bien que hayas podido seguir tu plan (5: «Lo he hecho todo bien!»; 1: «Lo he hecho todo mal»).
- **Selecciona una recompensa.** El premio podría ser una actividad preferida o algún obsequio que te hagas a ti mismo cuando completes la práctica. Coloca la recompensa dentro de tu campo visual para que tengas presente que la obtendrás en cuanto finalices. Se recomienda que la recompensa no tenga relación alguna con el comportamiento que estés tratando de inhibir (por ejemplo, no es nada aconsejable que celebres el éxito en el autocontrol de tu consumo de alcohol yéndote de juerga a un bar). Consulta la lista de recompensas del capítulo 4 para obtener ideas.
- **Anota dos o tres declaraciones alentadoras.** Éstas deben comunicar la tarea que estés trabajando, cuál será el beneficio específico y que sigues adelante con tu plan cuando hayas completado la práctica. Una vez las tengas, crea una imagen mental específica de que inicias la tarea en el lugar y la hora elegidos, de que trabajas en la tarea y de terminas la práctica. Utiliza las dos primeras declaraciones justo antes de crear la imagen, crea la imagen y, cuando la veas acabada, dite a ti mismo que has seguido el plan y has obtenido la recompensa.

Soportes tecnológicos

Aquí tienes algunas ideas:

- **StayFocused.** Es una aplicación que funciona en Google Chrome que te permite limitar la cantidad de tiempo que pasas en «sitios web donde perder el tiempo». Determinas cuánto tiempo al día te permites visitar esos sitios web y, cuando el tiempo se ha terminado, se te niega el acceso.
- **Goals Streak–Daily Goals and Habits Tracker.** Esta aplicación, disponible para el iPad, te permite establecer objetivos y hacer luego un seguimiento de cuánto tiempo te mantienes trabajando en ellos (es decir, controla las «rachas»). Puedes establecer objetivos diarios, pero también una meta para hacer algo varias veces a la semana (por ejemplo, «comer en casa por lo menos 4 días a la semana») y realizar un seguimiento de cuánto tiempo puedes mantener la racha. Se presta a cualquier número de objetivos de inhibición de respuesta.
- **stickK.com.** Si quieres subir la apuesta un poco más en tu objetivo de control de impulsos, echa un vistazo a www.stickK.com. Este sitio web, creado por el economista de Yale Ian Ayres, se basa en la noción de «contratos de compromiso», que es una variación del entrenamiento por correspondencia. Hay cuatro pasos en el proceso, claramente descritos en el sitio web stickK:

    1. Establecer una meta: «¿Qué es lo que quieres lograr y qué plazo te darás a ti mismo para lograrlo?».
    2. Establecer la apuesta (esta parte es opcional): «A modo de incentivo adicional para tener éxito, ¿quiere apostar dinero *on-line* a que lo consigue? Si es así, ¿cuánto? Si no, ¿dónde quieres que el dinero vaya a parar?». Las personas a menudo optan por hacer una donación a una causa que detestan.
    3. Elegir un árbitro: «¿A quién deseas designar para supervisar tu progreso y confirmar la veracidad de los informes que entregas a stickK?». Esto también es opcional, pero designar a un árbitro aumenta la probabilidad de que seas sincero en tus autoevaluaciones.
    4. Hacer participar a los partidarios: «¿A quién quieres tener de animador para tu causa?».

- No cuesta nada crear un contrato de compromiso. Echa un vistazo a la página web para ver la amplia variedad de objetivos que se han fijado las personas, ¡puedes encontrar algunas ideas adecuadas para tu objetivo!

Cómo es en la práctica: Cuidado con lo que dices

Gordon tiene un problema. Su inhibición de respuesta es pésima. Suelta las cosas sin pensar, y luego la expresión de la cara de la persona que está hablando con él le confirma que ha dicho algo grosero o perjudicial o inapropiado. Su familia se ha acostumbrado a esto (aunque su hija, ahora que es una adolescente y sorprendentemente de piel muy fina, parece pasar más tiempo enojada con él que cuando era más pequeña), pero Gordon empieza a meterse en problemas en el trabajo. Es representante de ventas, y pasa mucho tiempo al teléfono hablando con los clientes. Por teléfono es más complicado porque no puede ver las expresiones faciales que le advierten que necesita callarse o disculparse.

Trabaja en una habitación grande con cubículos semiabiertos, por lo que sus compañeros de trabajo pueden escuchar sus conversaciones y, como en realidad Gordon les gusta (algunas de las cosas que deja escapar pueden ser muy divertidas), a veces le gritan: «Vamos, Gordie, cierra la venta», o simplemente le dicen «Gordon», con severidad, como advertencia, pidiéndole que frene un poco. Algunos de sus clientes habituales lo adoran y esperan sus llamadas telefónicas, pero también pierde clientes, y su supervisor está empezando a pensar que las cosas tienen que cambiar.

Gordon elige dos situaciones: una en casa y otra en el trabajo. En casa decide que va a trabajar en lo que dice cuando su hija llega a casa con una nueva amiga. En el trabajo, ya que los contactos telefónicos con los clientes son la clave para su cometido y no tiene señales visuales para «leer» la respuesta de la persona, trabajará en la inhibición de su conversación.

Se da cuenta de que tiene que empezar poco a poco. Como él es un individuo social y disfruta con las personas, sabe que no hablar no es realista. Pero sus comentarios dichos sin pensar pueden meterlo en problemas. Decide que es mejor planificar de antemano lo que va a decir. En el hogar, le dice a su hija que no quería avergonzarla ni a ella ni a sus amigas y le pregunta si estaría bien si simplemente les dice hola y luego les pregunta si tienen algún plan para la tarde/noche, y después se excusa a sí mismo porque tiene que trabajar en un proyecto. Ella se muestra escéptica, pero acuerda con él que, si empieza a decir alguna cosa más, ella le parará los pies señalándole que no quieren molestarlo en su proyecto.

En el trabajo es un poco más difícil ya que su objetivo es llevar a cabo una venta. Pero sabe lo que tiene que cubrir en una conversación de ventas, y escribe un guion que define los pasos que generalmente utiliza, pero sin los extras. Le dice a su jefe y a uno de los otros vendedores que un amigo está trabajando en un guion de ventas y les pide que lo revisen. Incorpora las pocas sugerencias que le dan y decide que utilizará el guion cuando haga una llamada de ventas a un nuevo cliente potencial cada día. Con los nuevos clientes, no existe ninguna historia detrás y no hay expectativas, ni positivas ni negativas. Le pide a su amigo que escuche sus primeras llamadas, que le dé un *feedback* acerca de la conversación y que luego escuche un poco más por si hay mejoras que hacer.

Gordon selecciona el martes como el día de inicio para empezar a utilizar el guion y la planificación con su jefe y su compañero de trabajo. Comienza el plan el martes por la mañana, la llamada va de acuerdo con el guion, y realiza un buen contacto con el cliente. Gordon considera que la llamada parece «formal», pero su amigo le asegura que ha ido bien. Graba sus otras llamadas y escucha una con un cliente habitual y se da cuenta de que ha hecho algunos comentarios subidos de tono. Resuelve al menos trabajar en ellos. Al final de la primera semana invita a su compañero a almorzar como recompensa mutua por el trabajo que han hecho.

El sábado por la tarde en el hogar, la mejor amiga de su hija, a quien Gordon conoce bien, va a su casa porque ella y su hija tienen planes para pasar la tarde. Gordon la saluda de una manera amable, pero nada exagerada, les pregunta a ambas qué están haciendo y se da cuenta de que están indecisas y empieza a hacer un comentario, pero su hija sólo tiene que mirarlo y él se detiene y se excusa diciendo que tiene mucho trabajo que hacer y se despide con un «Divertíos». Cuando después se lo pregunta a su hija, ella reconoce que él lo ha hecho bien, pero siente que todavía no las tiene todas consigo. Gordon resuelve continuar con su planificación y le dice que si lo hace bien durante una semana en su casa llevará de compras a su hija al centro comercial. Espera que al ir con ella al centro pasen juntos un «tiempo de calidad», algo que hasta ahora ha sido bastante escaso.

Por qué funcionó

- **Gordon redujo su enfoque.** Aunque cuando hacía las cosas impulsivamente solía meterse en problemas en todo tipo de situaciones, seleccionó sólo dos en las que concentrarse, una en casa y una en el trabajo.
- **Estaba dispuesto a contar con la ayuda de los demás.** Las personas con problemas de control de impulsos son a menudo conscientes de su debilidad y tienen miedo de hablar con otros acerca de esta cuestión, ya que no les gusta admitir al problema y pueden preocuparse de que reciban un *feedback* negativo que sólo hará que se sientan peor. Gordon entendía que los que lo rodeaban ya eran conscientes del problema (¡¿cómo no iban a serlo?!), y se arriesgó. Como se acercó a su compañero de trabajo, a su jefe y a su hija con una planificación y un deseo sincero de trabajar su propia mejora personal, ellos se mostraron dispuestos a colaborar en el plan (bueno, quizá su hija todavía necesitaba un poco más de convencimiento para mostrar una actitud positiva con su padre, pero Gordon sabía que, a fin de cuentas, ¡ella aún es una adolescente!).
- **Creó un guion y lo ensayó.** No todas las intervenciones en torno a las habilidades ejecutivas se prestan a este enfoque, pero cuando sí es el caso, puede ser una excelente manera de sentirse poco a poco más cómodo en la intervención.
- **Seleccionó un punto de inicio preciso.** En el caso de Gordon, lo eligió con sumo cuidado, invirtió tiempo en consultar a los demás y en practicar antes de poner el plan en marcha. Pero, una vez llegó la mañana del martes, siguió con el plan. Gordon hizo otra cosa que le ayudó: eligió cuidadosamente a su audiencia para comenzar el plan. Al empezar con potenciales nuevos clientes, no tuvo que lidiar con su manera habitual de responder a las personas con las que ya tenía una relación y con su manera habitual de responderles.
- **Eligió recompensas que le resultaban atractivas.** Gordon era una persona extrovertida, por lo que sus recompensas debían incluir algún tipo de contacto social. Además, la recompensa con su hija tenía el beneficio añadido de invertir un cierto tiempo de calidad haciendo algo divertido juntos —algunos adolescentes a menudo valoran eso mucho porque no reciben suficiente atención de sus padres—, y Gordon reconoció que sería bueno para ambos.

ACERCA DE LA GRATIFICACIÓN APLAZADA

Gratificación aplazada es un término técnico referido a un concepto que tiene un gran parecido a la inhibición de respuesta. Se refiere a la capacidad de esperar durante un período de tiempo dado para recibir un resultado deseado, y ha sido el foco de una enorme cantidad de investigación, tal vez en proporción a lo profundo que es el simple hecho de esperar. Escribir «gratificación aplazada» en un motor de búsqueda académica (EBSCO Information Services, www.ebsco.com) produce más de un millón y medio de entradas, ¡lo que sugiere que ser capaz de esperar, en realidad, puede ser aún más difícil que empezar de inmediato! He aquí un repaso de lo que sabemos:

- El estudio más famoso de la gratificación retrasada es «La prueba del malvavisco». Fue un experimento realizado hace muchos años por un psicólogo de la Universidad de Stanford llamado Walter Mischel, con sujetos de 4 años de edad. Se encontró que, cuando a los niños se les daba la opción de comerse un malvavisco de inmediato, o en cambio dos si podían esperar hasta que el experimentador volviera a la habitación en pocos minutos (en realidad, 15 minutos), sólo una pequeña parte del grupo fue capaz de esperar. Mischel evaluó a los mismos niños cuando estaban en la escuela secundaria y encontró que aquellos que cuando tenían 4 años fueron capaces de esperar tuvieron significativamente mejores promedios de calificaciones, menos problemas de disciplina, y sacaron cerca de 200 puntos más en sus pruebas de admisión a la universidad. Más recientemente evaluó al mismo grupo, ya adultos, y encontró que aquellos que pudieron retrasar la gratificación a los 4 años tenían ahora un nivel educativo mayor, eran más propensos a ocupar buenos puestos de trabajo y tenían menores índices de masa corporal. Mischel ha escrito recientemente un libro sobre estos experimentos, y sostiene que la conclusión que se extrae es que la gratificación aplazada es una habilidad que se puede enseñar a los niños muy pequeños. Si en el buscador de YouTube escribes «funciones ejecutivas de Barrio Sésamo», puedes ver cómo este popular programa de televisión enseña esta habilidad a niños en edad preescolar (como puedes imaginar, el Monstruo de las Galletas desempeña un papel clave).

- Roy Baumeister *et al.* han llevado a cabo muchos estudios en busca de lo que él llama «fuerza de voluntad» (él es uno de los investigadores que realizaron el estudio con galletas de chocolate y rábanos descrito en el capítulo 6). Baumeister encontró que la fuerza de voluntad puede fortalecerse mediante la práctica. ¿Qué tipo de práctica? Su investigación muestra que el cambio de un comportamiento habitual —cualquier comportamiento habitual, siempre y cuando implique fuerza de voluntad—, incrementará el autocontrol. Tuvo a un grupo de estudiantes practicando sentados más erguidos durante dos semanas, y a otro grupo de estudiantes manteniendo un diario sobre lo que comían durante la misma cantidad de tiempo. En el laboratorio, se midió el autocontrol mediante una empuñadura con resorte que los estudiantes debían apretar. Este ejercicio puede ser usado para medir tanto la potencia como la resistencia. Después de que los estudiantes ya habían trabajado en el cambio de hábitos, sus puntuaciones iniciales no cambiaron. Es decir, no podían apretar la empuñadura durante más tiempo de lo que podían al principio. Pero Baumeister los hizo participar en algunos ejercicios de energía mental que han demostrado agotar la fuerza de voluntad, y luego les hizo apretar la empuñadura de nuevo. Encontró que podían apretar la empuñadura ya la segunda vez. De este modo, estableció que la resistencia del grupo de práctica fue significativamente mejor que la de un grupo de estudiantes que no habían participado en el cambio de hábitos. Si quieres probarlo, Baumeister sugiere algunas actividades para practicar: si eres diestro, trata de hacerlo todo con la mano izquierda por un período de tiempo todos los días, o si quieres trabajar en cambiar tus patrones de habla (hablar sólo con oraciones completas o no usar contracciones en tu discurso, o tratar de deshacerte de los muletillas verbales como: «¿Sabes lo que quiero decir?»).

- Una gran cantidad de estudios sobre la inhibición de respuesta se enfocan en la pérdida de peso, al control del peso y a la capacidad de resistirse a comer demasiado. Estos estudios concluyen que dos estrategias eficaces para fomentar el autocontrol acerca de la alimentación es pesarse todos los días y mantener un diario de lo que comes. Esto tiene sentido: hacer ambas cosas te proporciona una buena cantidad de información que puedes utilizar para tomar buenas decisiones y te recuerdan el objetivo por el que estás trabajando. Pero aquí hay una estrategia adicional interesante: decirte a ti mismo que puedes comerte un alimento deseado después es más eficaz que decirte que no debes comerte ese alimento nunca. Baumeister describe un estudio en el que los investigadores pidieron a las personas (a una cada vez) que viesen una película corta mientras estaban sentadas al lado de un tazón de M&M. Dio a diferentes personas diferentes instrucciones. A algunas se les pidió que imaginaran que habían decidido comer tantos dulces como quisieran mientras veían la película. A un segundo grupo se les dijo que imaginaran que habían decidido no comer ningún M&M, y a un tercer grupo, que imaginaran que habían decidido que podían comerse los M&M más tarde. Cuando terminó la película, el experimentador les dio a los participantes un cuestionario para rellenar y salió de la habitación, pero antes de irse, mencionó que aquel era el último experimento del día y que podían tomarse la libertad de comer la cantidad de dulces que quisieran. Los resultados sorprendieron a los investigadores: los participantes con recompensa aplazada comieron significativamente menos M&M que el grupo con recompensa negada. Los investigadores llegaron a la conclusión de que con sólo decirte que puede tener la recompensa más tarde satisfaces realmente algunos de los antojos, así que es más fácil resistir la tentación más tarde, cuando aparece la oportunidad.

- La investigación ha demostrado que una estrategia para mejorar el autocontrol es recordarles a las personas que han resistido la tentación en situaciones específicas en el pasado. Las personas a quienes se les ha recordado los éxitos del pasado (por ejemplo, el éxito en resistirse ante alimentos tentadores, pero no saludables) son más propensas a implementar el autocontrol en la misma situación en el futuro que a quienes no se les ha recordado. Sin embargo, parece que hay una dinámica diferente en las personas muy impulsivas. De hecho, en esos casos, recordarles que se resistieron a la comida poco saludable en el pasado puede, en realidad, aumentar la probabilidad de que coman alimentos poco saludables en el futuro. Los investigadores especulan que a los individuos impulsivos el recordatorio de la consecución de objetivos previos los lleva a decidir que, dado que ya han cumplido ese objetivo, ¡no tienen que hacerlo la siguiente vez! ¿Cómo combatir eso? Los científicos han descubierto que con los individuos impulsivos funciona mejor no sólo recordarles los éxitos anteriores, sino pedirles que recuerden por qué ese objetivo anterior fue importante en primer lugar. La revisión de las razones para resistir la tentación aumenta la probabilidad de que se resistirán a la tentación en una situación similar en el futuro.

- Por último, los estudios han comparado a las personas que sólo tienen intenciones de alcanzar un objetivo (por ejemplo, «Tengo que gastar menos dinero») con las que implementan sus intenciones (por ejemplo, «Si mis amigos me piden que vaya a un restaurante caro con ellos, les diré que no»). Como era de esperar, las que establecen reglas claras para cómo van a manejar situaciones específicas son más propensas a cumplir con sus objetivos que las que sólo hacen declaraciones de objetivos amplios. Si bien las intenciones de implementación pueden adquirir muchas formas, una que ha demostrado ser eficaz es la fórmula: «Si… entonces…»: Si me encuentro con la situación X, entonces llevaré a cabo la conducta Y. Mientras que esta investigación muestra que este enfoque funciona con adultos normales, es incluso mucho más alentador el hecho de que también funciona con niños con trastorno por déficit de atención/hiperactividad (TDAH), que son notoriamente impulsivos. En un estudio se puso a estos niños en una situación en la que, si eran capaces de resistir la respuesta impulsiva durante un juego de ordenador, ganarían más dinero que si no lo hacían. En este juego, unos cuadrados rojos, que valían menos dinero, aparecían en la pantalla del ordenador 30 segundos antes de que lo hicieran los cuadrados azules, que valían más dinero. A los niños se les dio la opción de pulsar la tecla del ordenador cuando aparecía el cuadrado rojo o esperar hasta que apareciera el azul. Decirles que establecieran el objetivo de «ganar más dinero» no produjo mejores resultados que darles las instrucciones de cómo jugar el juego sin ninguna referencia a que podían ganar más dinero si eran capaces de retrasar la respuesta. Pero, cuando se pidió a los niños que repitieran en voz alta tres veces un plan del tipo: «Si… entonces…» (Si aparece un cuadrado rojo, entonces voy a esperar a que aparezca el otro azul), los niños con TDAH eran mucho más propensos a esperar a que aparecieran los cuadrados azules y así ganar más dinero. Enseñar a los niños con TDAH a resistir las respuestas impulsivas es algo muy conocido por la dificultad que implica, pero este estudio mostró que se puede conseguir.

Capítulo 9

Seguimiento de la memoria de trabajo

Qué es

La capacidad de retener información en la memoria mientras se llevan a cabo tareas complejas. Incorpora la capacidad de aplicar la experiencia o el aprendizaje pasado a la situación en cuestión o de proyectarlos en el futuro.

Qué sabemos de esta habilidad

Si has hecho algún curso de psicología en la universidad, es probable que aprendieras que había dos tipos de memoria: a largo plazo y a corto plazo. La memoria a largo plazo integra todos los conocimientos que has adquirido en tu vida combinados con un registro de experiencias personales. La memoria a corto plazo es la memoria «del momento». Surge como constructo cuando los neurólogos reconocen que, a menos que se actúe sobre la memoria inmediata para preservarla, por ejemplo, mediante el ensayo o la repetición de la información en voz alta, dicha información puede no llegar a almacenarse en la memoria a largo plazo. La memoria de trabajo es un constructo más reciente. Los investigadores no se ponen de acuerdo en algunos detalles, pero por lo general la ven como una superposición con la memoria a corto plazo. La diferencia entre las dos es que la memoria de trabajo implica actuar sobre la información o manipularla de alguna manera. Así, la memoria de trabajo es considerada como el almacén de la memoria a corto plazo más los procesos necesarios para utilizar esa información. Si te proponemos un problema de matemáticas que requiere efectuar varios pasos, por ejemplo, que para resolverlo deberías recordar los números del problema, el procedimiento necesario para resolver el problema (por ejemplo, sumar, restar), y dónde te encuentras tú en dicho proceso (¿Has solucionado el primer paso, o has terminado?).

Algunos investigadores sugieren que la atención es un proceso clave en la memoria de trabajo, mientras que otros tienen en cuenta que no sólo hay que prestar atención a lo que se está haciendo, sino que también hay que tomar decisiones sobre la mejor estrategia a seguir para resolver el problema en cuestión, y coordinar todas las acciones para su buen funcionamiento y que, en última instancia, te conduzcan a la respuesta correcta. Todo ese trabajo implica habilidades ejecutivas, gestionadas por los lóbulos frontales del cerebro. Diferentes regiones del cerebro son reclutadas en función de cuál es la estrategia que se ha decidido utilizar (por ejemplo, las imágenes visuales en comparación con el ensayo verbal o el diálogo interno).

Otro aspecto de nuestra definición de la memoria de trabajo es que una de sus funciones clave es la posibilidad de acceder a experiencias pasadas y utilizar esos recuerdos para guiar nuestro comportamiento en el presente. Si vas de camino a visitar a tu anciana madre en la residencia, por ejemplo, es posible que recuerdes que la última vez que la visitaste a veces te reconocía como su hijo y a veces no. Ésa fue la primera vez que observaste ese trastorno y te causó preocupación. Así que ahora, mientras conduces hacia allí, te preparas para saber cómo vas a reaccionar si ese comportamiento se presenta de nuevo. Para una descripción entretenida de cómo usamos la memoria de trabajo para darle sentido del mundo y superar el día a día, échale un vistazo a la charla TED de Peter Doolittle sobre el tema. (Entra en www.ted.com y escribe Peter Doolittle en el motor de búsqueda).

Qué podemos hacer al respecto

Sabemos que la habilidad de la memoria de trabajo disminuye con la edad. Las habilidades ejecutivas, en general, tienden a disminuir con la edad (*véase* el capítulo 20 para profundizar en el apoyo a las habilidades ejecutivas con la edad), pero la disminución es mucho más notable cuando hablamos de la memoria de trabajo. Si bien la disminución de la memoria de trabajo es común, también hay que señalar que la memoria de trabajo débil acompaña asimismo a las primeras etapas de la enfermedad de Alzheimer. Hay diferencias entre el proceso natural de envejecimiento y las disminuciones asociadas a la enfermedad de Alzheimer. Es normal olvidar los nombres de las personas e incluso olvidar las palabras que no forman parte de nuestro vocabulario cotidiano. No es común olvidar para qué se utiliza un objeto, ni es normal que las personas se pierdan en su propio vecindario o en lugares con los que están muy familiarizados. Y mientras que uno puede ocasionalmente olvidarse de apagar uno de los quemadores de la cocina o por error poner algo en el refrigerador o congelador que no debería estar allí, si eso comienza a suceder con frecuencia, puede ser una señal de advertencia. De las «Siete señales de advertencia de la enfermedad de Alzheimer», publicado por WebMD (www.webmd.com), cuatro están directamente relacionadas con la memoria de trabajo, hacer la misma pregunta varias veces, repetir la misma historia palabra por palabra muchas veces, olvidar cómo hacer actividades como cocinar que eran actividades cotidianas comunes en el pasado, y perderse en un entorno familiar o perder objetos domésticos comunes.

A los adultos no deteriorados por deficiencias de memoria de trabajo tendemos a hacerles hincapié en las modificaciones del entorno como una estrategia para hacer frente a la memoria de trabajo débil, aunque creemos que la práctica dentro de un contexto específico puede resultar una táctica muy útil.

Las personas se preocupan cuando sufren incapacidad para recordar todo lo que quieren recordar y necesitan confiar en listas o en recordatorios escritos. Cuando trabajamos con adolescentes, nos encontramos con que habitualmente sobrestiman lo buenos que son para recordar las cosas. «No necesito anotar los detalles de mis deberes –dicen–. Sé que los recordaré perfectamente». Y luego no los recuerdan. A veces tenemos éxito al argumentar que escribir algo es una manera de evitarle la carga de una tarea al cerebro, porque así no tiene que trabajar tanto o puede usar su capacidad para hacer otra cosa en su lugar. Las modificaciones del entorno que describimos a continuación son ejemplos de dicha descarga.

Cómo modificar el entorno para manejar la memoria de trabajo débil

(Para obtener información detallada acerca de las modificaciones del entorno, consulta el capítulo 3).

- **Modifica el entorno físico o social.** Estructura tu entorno para construir tantas señales como te sea posible. *Habla Peg:* «He aquí algunas estrategias que utilizo para recordar cosas que tengo que llevarme al trabajo:

    — Coloco el objeto delante de la puerta, así que no puedo abrir la puerta sin recogerlo, o, si tengo un poco más de energía cuando pienso en él, lo meto en el coche la noche anterior.
    — Pongo una pequeña pizarra blanca al lado de mi bolso en la que escribo «Comida de microondas» en letras bien grandes y así no me olvido de sacarla del congelador.
    — Meto en mi bolso el teléfono móvil conectado al cable de recargar, por lo que todo lo que tengo que recordar es que debo desconectar el teléfono del cable por la mañana.
    — También guardo un segundo conjunto de materiales (por ejemplo, los cables de alimentación del ordenador) en mi oficina por si se da el caso de que me olvido de llevarme algo en un día determinado».

- **Modifica la tarea.** La mejor modificación de tarea para una memoria de trabajo débil es hacer listas de verificación. Encuentra el sistema que sea más adecuado para tus necesidades: una pizarra (hay estilos, tamaños y formas diferentes para elegir), un cuaderno con listas en blanco impresas, una libreta para que puedas consultar o utilizar de nuevo la lista en el futuro, o aplicaciones informáticas de listas de tareas (Wunderlist, que se describe en la página 162, es mi aplicación favorita). Si dudas del valor de las listas de control, o incluso de su necesidad en algunos casos, lee *The Checklist Manifesto*, de Atul Gawande. Mi aprecio por las listas de comprobación cambió por completo después de leer este libro. Gawande, que es cirujano del Brigham and Women's Hospital de Boston, describe un estudio en el que se realiza un seguimiento de con qué frecuencia los cirujanos siguieron los cinco pasos de un procedimiento de seguridad para asegurar que las líneas centrales se insertan de manera segura antes de la cirugía. El autor del estudio, un especialista en cuidados intensivos del Hospital Johns Hopkins de Baltimore llamado Peter Pronovost, encargó a las enfermeras jefe que pasaran un mes registrando datos en las prácticas de los cirujanos. Al final del mes, encontraron que el 30% de las veces los cirujanos habían omitido al menos un paso del procedimiento, esto a pesar del hecho de que el riesgo de infección es una preocupación importante en la cirugía. Al final del mes, Pronovost pidió a las enfermeras jefe que utilizaran una lista de comprobación para asegurarse de que se completaban los cinco pasos. Cuando se hizo el seguimiento, la tasa de infección se redujo del 11 al 0 %.

Otra estrategia de modificación de tarea consiste en ensayar mentalmente aquello que se necesita recordar. El mejor momento para realizar este ensayo mental puede ser justo antes de dormir, ya que la investigación demuestra que durante el sueño se consolida la memoria. Hazte una imagen de lo que tienes que recordar al día siguiente o repítete a ti mismo, «No te olvides de...». Tanto si utilizas palabras como si usas imágenes en el ensayo, dedícale tiempo a construir una imagen detallada o una descripción pormenorizada. Los estudios demuestran que es más fácil retener la información cuando se piensa en ella de manera elaborada. En otras palabras, debes establecer conexiones entre lo que estás tratando de recordar y otras cosas que conoces bien.

Otra manera de minimizar el impacto de una memoria de trabajo débil es crear rutinas. No me extenderé en el ejemplo anterior sobre no olvidar las cosas que debo llevarme al trabajo, pero si creas una rutina en la que le dedicas un tiempo específico por la noche a reunir todo lo que necesitas llevarte al trabajo al día siguiente, no sólo es más probable que lo recuerdes todo, sino que es muy posible que la rutina llegue a ser automática y, cuando una acción es automática, se requieren menos recursos del cerebro para llevarla a cabo.

Y, por último, trata de recurrir a una habilidad ejecutiva fuerte para contrarrestar tu memoria de trabajo débil. Te hemos hablado de ese ejemplo en el capítulo 2. Hemos encontrado que las personas con la memoria de trabajo débil que tienen una organización fuerte pueden utilizar esa fuerza para minimizar su memoria de trabajo débil. Si siempre pones las llaves del coche (o la cartera o el móvil) en el mismo lugar cuando llegas a casa del trabajo, entonces, no tienes que recordar dónde están.

- **Solicita la ayuda de otras personas.** Todas las personas con memoria de trabajo débil conocen a alguien con una buena memoria de trabajo. Los maestros de escuela te dirán en qué niño de la clase pueden confiar para recordarles el horario o la lección que toca estudiar ese día en clase o qué deberes tienen que hacer para tal o cual semana. Puedes pedirle a alguien que se encargue de recordarte algo importante. ¡Eso sí, no culpes a esa persona si se olvida de recordártelo!

Cómo mejorar tu memoria de trabajo a través de la práctica

(Para obtener información detallada acerca de las estrategias de mejora de habilidades, consulta el capítulo 4).

- **Identifica una tarea o actividad específica afectada por tu memoria de trabajo débil.** Lo mejor es elegir una situación que se produce con una frecuencia bastante regular. Tal vez sueles olvidarte tomar las vitaminas u otras pastillas por la mañana, o tal vez hay algo que tu cónyuge o pareja espera que hagas cada día. Quizás no haya una sola cosa significativa que el otro espera que recuerdes, pero cada vez que tu pareja te pide que recuerdes algo sueles olvidarte por completo. Quizás en el trabajo se espera de ti que hagas una tarea rutinaria y habitualmente te olvidas de llevarla a cabo. Todos estos objetivos serían razonables para la intervención.
- **Establece tu meta.** Puede resultarte una tarea fácil establecer un objetivo, porque puede expresarse fácilmente como un porcentaje: «Recordaré a hacer X el 90 % de las veces», o «Recordaré hacer Y 9 de cada 10 veces y sin que nadie tenga que recordármelo».
- **Establece una fecha límite.** El hecho de establecer una fecha límite ayuda a que te hagas una idea de tu rendimiento de referencia. Si quieres recordar hacer lo que tu cónyuge o tu pareja te pide que hagas el 90 % del tiempo, pero tu rendimiento habitual es que recuerdas hacerlo sólo el 10 % de las veces, debes ser generoso al establecer la fecha límite. Si estructuras la planificación bien (en particular, mediante la construcción de apoyos ambientales y de señales), puedes ser capaz de cumplir tu fecha límite, pero no prometas más de lo que es realista.
- **Realiza un plan específico.** Para la memoria de trabajo, se recomienda diseñar una planificación con tantos apoyos ambientales y señales como se pueda. Incluye listas de comprobación, rutinas e indicaciones visuales. A veces las personas sienten de manera irracional que no deberían tener que

depender de una lista de verificación, que el objetivo de dicha lista es interiorizar todo lo que tienen que recordar para que puedan deshacerse de ella. Pero la lección que podemos extraer de la historia de Atul Gawande sobre los cirujanos descrita anteriormente es la siguiente: no hay ningún cirujano graduado en la escuela de medicina que no sepa que el procedimiento de seguridad incluye cinco pasos obligatorios y, sin embargo, durante la experimentación los cirujanos del estudio se olvidaron de seguir esos cinco pasos casi un tercio de las veces.

Y para reforzar este punto, otro grupo de profesionales que utilizan rutinariamente listas de control de seguridad son los pilotos de las líneas aéreas. Cuando éstos se preparan para el despegue, en realidad, revisan la lista de verificación en dos ocasiones: el piloto lee la lista para el copiloto, y después se invierten los papeles y el copiloto lee la lista para el piloto, y comprueban manualmente cada elemento de la lista de verificación. Alguien en uno de nuestros talleres nos dijo una vez que cuando su marido se preparaba para ser piloto, su instructor le dijo en términos muy claros que nunca memorizase la lista de verificación. ¿Por qué? ¿Qué pasa si crees que te la has aprendido de memoria, pero te olvidas de cerrar el portón de carga? El avión despegaría, pero no lograría ascender y se estrellaría.

- **Externaliza el comportamiento que estás trabajando.** Si has creado tu plan adecuadamente, este paso se resuelve solo. Pero, si tienes miedo de olvidarte de las pautas y de las indicaciones, colócalas en un lugar prominente de modo que no puedas pasarlas por alto.
- **Añade a tu planificación todo lo que sea necesario.** Si te das cuenta de que no estás haciendo progresos constantes hacia tu objetivo, es posible que desees revisar tu plan y decidir si necesitas crear más señales y soportes. Cuando empezamos una nueva intervención, somos más propensos a recordar los pasos del plan porque estamos muy pendientes de ver si funciona y, además, es algo novedoso (y el cerebro ama la novedad). A medida que pasa el tiempo, ésta desaparece, lo que puede convertirse en un problema si estás tratando de mejorar la memoria de trabajo porque te resulta más difícil recordar lo mundano que lo nuevo. De este modo, mezcla, añade o cambia las señales y los recordatorios, establece una recompensa con algo más grande, y explícale a alguien que te importe en qué estás trabajando para que te pregunte de vez en cuando cómo te va.

- **Selecciona una recompensa.** Y no tengas miedo de celebrar pequeñas victorias. Si tu objetivo a largo plazo es recordar hacer el 90 % de las veces lo que tu cónyuge o pareja te ha pedido que hagas y tu nivel actual de rendimiento es del 10 %, entonces date una recompensa cuando llegues al 20 %. No tiene por qué ser una recompensa enorme, pero, aunque parezca tonta o insignificante, es una manera de reconocer tu éxito y tu progreso. Consulta la lista de recompensas del capítulo 4 para obtener ideas.
- **Escribe dos o tres declaraciones alentadoras.** ¿En qué habilidad estas trabajando? ¿Por qué trabajas en ello? ¿Qué vas a ganar si puedes mejorar en esta habilidad? Responde a estas preguntas y refiérete a ellas a diario.

Soportes tecnológicos

Como verás cuando leas acerca de la habilidad ejecutiva de planificación/priorización (consulta el capítulo 13), hay un millón de aplicaciones de listas de tareas y de verificación. Encuentra la que más te atraiga. Nuestra aplicación favorita es Wunderlist. Es una aplicación gratuita disponible tanto para iPhone como para Android que te permite crear listas y acceder a ellas a través de plataformas. *Habla Peg:* «Hago la lista de la compra en mi ordenador porque el teclado es más fácil de usar que el de mi móvil, pero cuando llego a la tienda de comestibles abro la lista desde mi teléfono). También puedo compartir la lista con otras personas que tengan la misma aplicación. El verano pasado durante nuestras vacaciones, volví a trabajar antes que mi marido, y yo tenía miedo de que se olvidara de empaquetar todo lo que habíamos llevado al apartamento que habíamos alquilado, por lo que creé una lista compartida y, cuando llegué a casa me acordé del detergente de la lavadora, así que pude añadirlo a su lista de manera remota. También puedo programar recordatorios si es necesario».

Sigue hablando Peg: «Otra aplicación tecnológica sin la que no podría vivir es Instapaper. Este programa, que también funciona en todas las plataformas, es una manera de almacenar y gestionar todos los sitios web interesantes o artículos que se publican en Internet. Cuando encuentro algo que deseo leer más tarde o simplemente almacenar, lo guardo en Instapaper (una tecla en la barra de marcadores), y el contenido se almacena automáticamente en mi cuenta de Instapaper. A continuación, puedo organizar todo lo que he guardado en archivos separados. Tengo archivos de información profesional (uno marcado como TDAH, por ejemplo, y otro marcado como *mindfulness*), así como archivos personales (un archivo de recetas y otro de compras). Cada artículo tiene un hipervínculo adjunto que te lleva a la página web original, y al instante aparece en la lista por su nombre, así como una breve descripción para recordarte qué es y por qué lo guardaste

»¿Y qué hay de las aplicaciones que te ayudan a encontrar cosas que has extraviado? Yo no tengo que usarlas a menudo, pero Find My iPhone me ha ahorrado mucho tiempo y disgustos. Todo mi equipo tecnológico está vinculado a través de Bluetooth, por lo que si pierdo alguno de los dispositivos (el iPhone, el iPad o el ordenador portátil), puedo rastrearlo simplemente entrando en la aplicación Find My iPhone, que está disponible en cualquier dispositivo. La aplicación se puede programar para que reproduzca un sonido en el dispositivo que falta, y siempre y cuando el dispositivo esté conectado a Internet, podrás localizarlo sin problema.

»Otra herramienta tecnológica que entra en la categoría de «encontrar objetos perdidos» es la aplicación The Tile (www.thetileapp.com). The Tile son dispositivos de 2,5 centímetros cuadrados que se pueden unir a un llavero o adherir a un dispositivo (por ejemplo, el mando a distancia del televisor) o simplemente colocar en un bolso o en una maleta. Cada cuadrado se etiqueta y se programa por separado y, si no puedes encontrar el artículo, puede localizarlo usando tu teléfono móvil. La aplicación o bien te mostrará en un mapa dónde está el objeto o bien emitirá un sonido, de manera que si se encuentra cerca de donde estás tú podrás localizarlo de ese modo). Es un dispositivo que me parece especialmente útil cuando estoy en esperando frente a la cinta de equipajes y mi maleta no ha aparecido todavía, al menos puedo asegurarme de que el equipaje ha llegado al mismo aeropuerto que yo».

Cómo es en la práctica: El diablo está en los detalles

Meg era simplemente olvidadiza. No, tacha eso. Ella tenía una memoria extraordinaria para los pequeños detalles sin importancia, y podía contar las experiencias que había tenido con especificidad sorprendente. El problema era que en el día a día perdía la cuenta de las cosas. Se olvidaba de acudir a las citas, se dejaba cosas en casa que necesitaba llevarse al trabajo y se dejaba cosas en el trabajo que tenía que llevarse a casa. Tomaba notas para sí misma y luego las perdía o escribía cosas en su agenda y luego se olvidaba de revisarla. ¿Cuántas veces su compañero de oficina había asomado la cabeza por encima de la pared de su cubículo y le había dicho: «Recuerdas que hoy tenemos un almuerzo pendiente, ¿verdad?

Y tenía la terrible costumbre de hacer dos reservas simultáneas. Quedaba con un cliente que se verían a las 15:00, olvidándose totalmente de que debía reunirse con el maestro de su hijo a esa misma hora para hablar de lo que podrían hacer para que no volviera a olvidarse de hacer los deberes («De tal palo tal astilla», recordó Meg haber pensado cuando descubrió su error). Y a veces la doble reserva no era el problema. Habitualmente, estaba tan atrapada en lo que hacía que se olvidaba de que se había comprometido a llevar a su madre a una visita al médico. Había momentos, cuando se daba cuenta de que se había olvidado de algo muy importante, en los que sólo quería echarse a llorar. Y había otros en que lloraba a mares.

Al pensar en este problema, Meg se daba cuenta de que siempre había abordado los acontecimientos del día a día como si fuera a recordarlos naturalmente, ya que parecía que otras personas lo hacían. Pero cuando empezó a preguntarles a sus conocidos cómo hacían para recordar sus citas o compromisos, con mucha más facilidad que ella, ellos la miraron como si tuviera dos cabezas. «¡Escribimos las cosas!», le dijeron. Su compañero de oficina, por ejemplo, le dijo que utilizaba un planificador/calendario en su móvil para señalar todas las reuniones y citas (recurrentes y puntuales) y no podía concertar dos citas simultáneamente porque la aplicación no lo permitía. Al oír a otros hablar sobre aquello, Meg se dio cuenta de que la palabra «trabajo» es parte de la «memoria de trabajo». Como llevaba una vida muy agitada, cuando necesitaba gestionar alguna tarea o evento, o cuando tenía que llevarse algo a casa o iba a ver a un cliente, en ese momento la intención de recordar encajaba con el contexto en el que se encontraba y, como parecía lo suficientemente claro, se imaginaba que lo recordaría. Pero comenzó a darse cuenta de que el pensamiento fugaz de recordar algo era fácilmente interrumpido por la siguiente cosa que reclamaba su atención. Sin embargo, otras personas prestaban atención a la memoria el tiempo suficiente como para dar el siguiente paso y echar mano de la memoria más adelante. Tal vez lo anotaban en un planificador o metían el artículo que debían llevarse a casa en su bolsa o lo colocaban en la esquina del escritorio. Pero Meg pensaba: «¡Yo no lo hago así, yo tomo notas! Pero ¿cómo voy a recordar que tengo que revisarlas?».

Mientras pensaba acerca de este tema, Meg se dio cuenta de que había tres componentes que abordar. En primer lugar, cuando ocurría una acción o evento que tenía que recordar, debía registrarlo en ese mismo momento. En segundo lugar, necesitaba tener, en la medida de lo posible, un único lugar donde registrar la información que debía recordar o donde guardar los elementos que necesitaba regularmente (por ejemplo, el teléfono, las llaves). La estrategia de usar a veces una agenda, un bloc de notas, o confiar sólo en «Voy a recordar que...» no le funcionaba. El tercer componente era que necesitaba tener ¡un recordatorio que le recordara revisar su recordatorio!

Meg decidió abordar en primer lugar los elementos que necesitaba con regularidad. Recordó que en alguna parte (¡no estaba segura de dónde!) había leído acerca de una estrategia llamada «de descarga». La idea era bastante simple: debía decidir un lugar donde dejar los objetos y llevar a cabo la práctica diaria de ponerlos en aquel lugar (el teléfono, las llaves, las carpetas del trabajo) hasta que se convirtiera en un hábito. La idea de la «descarga» era no tener que recordar dónde estaba un objeto y en su lugar dejar que la ubicación regular tomara el relevo. Para el trabajo y el hogar, Meg compró dos bandejas de color rosa neón, una para la esquina de su escritorio en el trabajo y otra para la mesa del recibidor, junto a la puerta de casa. El teléfono, las llaves y cualquier cosa que tuviera que llevarse a la oficina al día siguiente acababan en la bandeja del hogar, y cualquier material (por ejemplo, carpetas de archivos) que tuviera que llevarse a casa acababa en la bandeja rosa de su escritorio en el trabajo. Durante una semana, cuando llegaba a casa, practicaba al entrar poniendo las llaves en la bandeja, luego las cogía de nuevo, se iba hasta donde estaba el coche, volvía otra vez, entraba en casa, dejaba las llaves en la bandeja y hacía lo mismo una vez más. También escribió la palabra «bandeja» en el espejo del baño por si acaso.

En el trabajo, Meg estableció una repetición de «recordatorio» en su móvil cerca del final de la jornada laboral para poner en la bandeja todo cuanto debía llevarse a casa. Para establecer un único lugar para las citas, etc., seleccionó una aplicación/planificador de agenda en su teléfono, que también sincronizó con la misma aplicación instalada en su ordenador portátil. Para empezar, organizó todas las citas y reuniones que tenía, así como eventos que había olvidado en el pasado y que se repetían en la agenda en distintos momentos.

Para recordar grabar tanto las citas como mirar su agenda, estableció alarmas por la mañana, la tarde y la noche para revisar la agenda y grabar cualquier otro recordatorio que surgiera durante la jornada. Cuando aparecían los recordatorios telefónicos ocurrió, Meg repetía la frase: «¡Anótalo, hazlo ahora!». Y cada vez que tenía una reunión o una cita, utilizaba la misma frase. Durante las primeras dos semanas, faltó a una reunión y no supo dónde había dejado las llaves en dos ocasiones, pero eso significó una gran mejora. Decidió que si continuaba así durante dos semanas más se compraría un nuevo teléfono inteligente que había estado mirando desde hacía tiempo. Meg también notó un giro interesante de los acontecimientos. El recuerdo de las acciones que necesitaba llevar a cabo y de los eventos a los que debía asistir era mucho mejor, como si escribir las cosas mejorase su memoria. ¡Iba por buen camino!

Por qué funcionó

- **Meg cuestionó sus supuestos.** Ella asumía que debía ser capaz de recordar las cosas que iban surgiendo. Por otra parte, suponía que ésa es la manera en que otras personas recordaban las cosas. Cuando en realidad habló con otras personas al respecto, se encontró con que utilizaban sistemas para ayudarles a recordar. También puede haberse dado cuenta de que las personas con buena memoria de trabajo pueden experimentar algunos retrasos en sus sistemas (si no escriben algo en una ocasión dada, todavía pueden recordarlo), pero como su propia memoria de trabajo era permeable, debía tener mucho más cuidado cuando diseñara sus propios sistemas.
- **Ella analizó el problema.** Meg fue más allá, primero dijo: «Tengo una memoria de trabajo pésima» y luego: «Espera, ¿dónde se producen los errores y qué puedo hacer para evitarlos?». En este proceso, se dio cuenta de que había tres aspectos que definían sus dificultades para mantener una buena memoria de trabajo y que necesitaba una estrategia distinta para cada uno.
- **Estableció una variedad de recordatorios: visuales, auditivos y verbales.** Las bandejas de color rosa neón, el mensaje en el espejo del baño, las alarmas que aparecían en su móvil, todo ello la ayudaba a recordar. La ayuda verbal a sí misma («¡Anótalo, hazlo ahora!») en «el punto de actuación» (término técnico para cuando estás en la situación real donde tienes que utilizar la habilidad) fue particularmente útil.
- **¡Practicó sus estrategias!** Parece un poco tonto, ¿verdad?, volver del trabajo a casa, colocar las llaves en su lugar especial y luego cogerlas de nuevo, volver al coche y rehacer la rutina varias veces. Pero así es como construi-

mos la memoria de trabajo. Llevamos a cabo la misma acción varias veces hasta que se vuelve automática. De todos modos, es necesario asegurarse de que las propias estrategias no pueden tener problemas técnicos. *Habla Peg:* «Yo tenía un amigo en la escuela de posgrado con una mente notoriamente ausente y que perdía las llaves del coche muy a menudo. Finalmente las unió a un cordón largo y ató un extremo a su cinturón. Estoy segura de que eso le ayudó, pero la única historia que recuerdo fue el momento en que condujo a algún lugar, se bajó del automóvil, cerró la puerta de inmediato, y entonces trató de alejarse del coche, ¡sólo para descubrir que se había dejado la llave puesta y ahora estaba atado a un automóvil cerrado sin manera de recuperar la llave!».

- **Creó rutinas.** Esto puede ser sólo una manera ligeramente diferente de decir que ella practicó sus estrategias, pero añadimos esto para dar énfasis al hecho. Cuando planificamos procedimientos y practicamos el tiempo suficiente para que se conviertan en rutinas, realmente hacemos que el cerebro trabaje menos, y ésa es la esencia del concepto de descarga.
- **Se asignó una recompensa.** Sin embargo, sospecho que en este caso el hecho de no olvidar las cosas demasiadas veces ya era suficiente recompensa, y que ella sólo estaba usando todo el proceso para tener una buena excusa para comprarse un teléfono móvil nuevo.

Una idea más: Muchas personas con memoria de trabajo débil tienen una expectativa poco realista de que con el tiempo serán capaces de confiar en su propia memoria para recordar todo lo que tienen que hacer. Creemos que la vida en el siglo XXI es tan compleja que la utilización de registros, listas de verificación y recordatorios externos puede ser la única manera de sobrevivir. Recuerda, los pilotos revisan listas de control de seguridad antes del despegue. ¡Y recuerda también que uno de los mensajes más claros que se dicen en el entrenamiento de vuelo es que no hay que memorizar la lista de control! Hay una buena razón para ello.

¿LOS JUEGOS MENTALES FUNCIONAN REALMENTE?

Los anuncios están en todas partes. Aparecen como ventanas emergentes en muchos de los sitios web que visitas, y ahora preceden los resúmenes de noticias en la radio pública porque una de las empresas de entrenamiento mental más conocidas se ha convertido en patrocinadora. Y si visitas los sitios web de estas empresas, los datos te abruman. Uno vincula una bibliografía de cuarenta y seis estudios que supuestamente contenían evidencias de la eficacia del programa. Otro hace una lista de setenta, con enlaces que dicen «Mejora la memoria y el tamaño del hipocampo», «Puede revertir el deterioro relacionado con la edad en la velocidad de procesamiento», y «Facilita la plasticidad neuronal y aumenta la reserva cognitiva en el envejecimiento». Un tercer programa que se centra en trabajar la memoria clama que «Las mejoras [...] han generalizado la reducción de fallos cognitivos en la vida diaria». Desde el momento en que surgieron estos programas, los científicos realizan periódicamente meta-análisis para estudiar su eficacia. Hemos revisado varios de ellos, y por lo general llegan a las mismas conclusiones: *Las personas que hacen estos ejercicios mejoran en los juegos de ordenador con los que se entrenan, pero esa mejora no está demostrada en el caso de los problemas y las situaciones reales.*

Más recientemente (en octubre de 2014), el Centro de Stanford sobre la Longevidad, en conjunto con el Instituto Max Planck para el Desarrollo Humano, emitió un informe titulado «Un consenso de la comunidad científica sobre la industria del entrenamiento del cerebro» (puedes leer el informe completo en *http://longevity3.stanford.edu/blog/2014/10/15/the-consensus-on-the- brain-training-industry-from-the-scientific-community-2/*). Para compilar el informe, estas instituciones reunieron a «muchos de los psicólogos y neurocientíficos cognitivos del mundo» para compartir sus puntos de vista sobre la industria del entrenamiento del cerebro y dar al público un informe de consenso. Aquí te mostramos parte de la conclusión a la que llegaron:

El consenso del grupo es que las declaraciones que promocionan los juegos cerebrales son frecuentemente exageradas y a veces engañosas. El entrenamiento cognitivo produce una mejoría estadísticamente significativa en habilidades practicadas que a veces se extiende a la mejora en otras tareas cognitivas administradas en el laboratorio. En algunos estudios, las ganancias se mantienen, mientras que otros informes documentan su desaparición en el tiempo. En la promoción comercial, estos pequeños, limitados y fugaces avances a menudo se muestran como mejoras generales y duraderas de la mente y el cerebro. La publicidad agresiva atrae a los consumidores para que se gasten el dinero en productos y para que asuman nuevos comportamientos, basados en estas afirmaciones exageradas.

Los autores de este informe también llaman la atención sobre los «costos de oportunidad». En otras palabras, «El tiempo dedicado a participar en esos juegos es tiempo no dedicado a la lectura, la socialización, la jardinería o a participar en muchas otras actividades que pueden beneficiar a la salud cognitiva y física de los mayores adultos». También les preocupa que el énfasis en los juegos de ordenador pueda restar publicidad a los esfuerzos de prevención, que, a la larga, pueden ser mucho más eficaces.

Mientras este libro se está imprimiendo, esto representa el consenso de los miembros de la comunidad científica, o al menos de aquellos que no tienen ningún interés en afirmar que los juegos cerebrales «funcionan». Para un análisis de los tipos de actividades en los que podrías participar en lugar de utilizar los juegos cerebrales, consulta el capítulo 20.

Capítulo 10

Estar tranquilo
Control emocional

Qué es

La capacidad de manejar las emociones para lograr objetivos, completar tareas o controlar y dirigir la conducta.

Qué sabemos de esta habilidad

La expresión más técnica que designa esta habilidad ejecutiva es «autorregulación del afecto». En la primera versión de este texto utilizamos este término, pero lo alteramos a favor de «control emocional», porque este último refleja con mayor claridad el significado de esta importante habilidad ejecutiva.

En cuanto a los procesos y las funciones del cerebro, las emociones comienzan en la amígdala. Ésta es la parte del cerebro que valora la entrada sensorial y determina si existen amenazas para nuestra supervivencia en nuestro entorno inmediato. La amígdala sirve como un sistema de alarma, comunica al resto del cerebro que existe un peligro y tenemos que reaccionar, por lo general mediante la lucha o la huida. La amígdala también se conecta con el hipocampo, la zona del cerebro donde se almacenan los recuerdos vivenciales.

El hipocampo proporciona un contexto mediante el cual los estímulos entrantes pueden ser entendidos. Tal vez estamos solos en casa y escuchar un ruido extraño en la habitación de arriba nos hace sentir algo de miedo. La amígdala envía una advertencia, pero el hipocampo nos recuerda que tenemos un gato que probablemente sólo ha saltado de la cama al suelo y está recorriendo el pasillo en dirección a su comida.

Otro canal de comunicación importante en el cerebro conecta la amígdala con la corteza prefrontal. Aquí es donde reside el control emocional, y es esta parte del cerebro la que actúa como un freno a la respuesta de lucha o huida. Sirve como un bucle de retroalimentación para la amígdala, por lo que si la situación no es peligrosa para la vida la amígdala puede apagar las alarmas y podemos calmarnos (y dar de comer al gato).

La manera de gestionar las emociones se forma en parte por la experiencia pasada. Sabemos que los niños que crecen con padres que no son buenos en la gestión de sus propias emociones es probable que tengan dificultad para gestionar su propio control emocional. Pero aprender a controlar las emociones es también parte del proceso de desarrollo, y sabemos que los adolescentes las procesan de manera diferente que los adultos. Con el inicio de la pubertad, se producen grandes cambios en el sistema límbico, de los cuales la amígdala es una parte, y de repente las emociones se sienten con más intensidad que en cualquier momento anterior o posterior a ese período de tiempo. A lo largo de la adolescencia, el sistema límbico acaba progresivamente bajo el control de la corteza prefrontal y los adolescentes aprenden poco a poco a controlar sus emociones con más éxito. En las primeras etapas, sin embargo, puede resultar un camino muy difícil tanto para los adolescentes como para sus padres.

Aquí hay una cosa más que sabemos acerca de cómo funciona el cerebro. Una estrategia eficaz para ayudar a obtener el control sobre las emociones es el diálogo interior. Éste significa darse instrucciones, autoafirmaciones o frases a uno mismo, diciendo cosas positivas como: «¡Respira profundamente!», o «Puedes controlar esto», o «No dejes que esto te afecte», o «¡Debes mantener la calma!». Las investigaciones muestran que los resultados del diálogo interior derivan en la disminución de la actividad en la amígdala y en el aumento de la actividad en los lóbulos frontales. Básicamente, el diálogo interior te ayuda a lograr el control emocional tanto a nivel conductual como cerebral.

Qué podemos hacer al respecto

Al igual que con otras habilidades ejecutivas, nuestra suposición es que el control emocional es una debilidad para ti en lugar de un impedimento. Las señales de que la debilidad en el control emocional se ha convertido en una deficiencia incluyen:

- La ira está tan fuera de control que lleva a más de un incidente aislado de destrucción de la propiedad o a episodios en que se daña a otras personas o a uno mismo.
- La ansiedad es tan profunda que limita la capacidad de participar con éxito en las actividades cotidianas comunes (por ejemplo, ataques de pánico crónicos, agorafobia, ansiedad social o extrema).
- La infelicidad que se siente disminuye tanto la energía del sujeto durante tanto tiempo que falta al trabajo a menudo o tiene problemas para completar las tareas domésticas diarias o para mantener sus compromisos.

Si te incluyes en alguna de estas categorías, es necesario que busques la ayuda profesional de un especialista en salud mental.

Si ves el control emocional como una debilidad, es posible que:

- Pierdas los estribos a raíz de pequeñas quejas o ante inconvenientes insignificantes.
- Te falta asertividad porque tienes miedo de que, si discutes sobre algo o te defiendes, alguien se enfadará contigo.
- Ves las cosas bajo una luz innecesariamente negativa (probablemente alguien te haya descrito ya como el tipo de persona que ve la copa medio vacía).

La otra habilidad ejecutiva con la que más se solapa ésta es la inhibición de respuesta. Si en tu caso estas dos habilidades son débiles, debes informarte bien acerca de la inhibición de respuesta en el capítulo 8 y tomar una decisión sobre qué habilidades ejecutivas deficitarias deseas abordar en primer lugar.

Cómo modificar el ambiente para minimizar el impacto del control emocional débil

(Para obtener información detallada acerca de las modificaciones del entorno, consulta el capítulo 3).

- **Modifica el entorno físico o social.** Esto se reduce a averiguar qué es lo que desencadena tu control emocional débil y ver si puedes evitar aquellas situaciones en las que surgen los factores desencadenantes. Si el tumulto, la música muy alta o los grandes grupos de personas te provocan ansiedad, evítalos siempre que te sea posible. O si pasar mucho tiempo demasiado tranquilo o muy solo te pone nervioso, busca maneras de salir de casa. Si eres propenso al trastorno afectivo estacional y te ves afectado por la reducción de la luz del día durante el otoño y el invierno, da paseos en las horas de la comida, cuando la luz solar es más abundante. Si te sientes peor cuando te pasas el día entero tumbado en el sofá mientras ves la televisión, a continuación, aunque no seas capaz de desconectar la televisión, levántate durante cada pausa comercial y muévete (caminar, saltar a la cuerda, correr arriba y abajo por las escaleras). El ejercicio físico aumenta tanto los niveles de endorfinas como los de dopamina, dos neurotransmisores que influyen en el nivel de energía y en la sensación de bienestar. Si no puedes llevar a cabo un programa de ejercicio físico riguroso, empieza por caminar por el mismo lugar o por subir y bajar las escaleras durante un minuto cada vez y avanzar desde allí.
- **Modifica la tarea.** En este caso es un poco diferente de las demás habilidades ejecutivas de las que hemos hablado hasta ahora porque el estímulo que desencadena nuestros problemas con el control emocional puede parecernos algo sobre lo que no tenemos control, por lo que en realidad no podemos modificarlo. Pero si estás evitando situaciones en las que debes mantener las emociones bajo control, es posible que desees preguntarte si hay maneras mediante las cuales podrías convertir la situación aversiva más aceptable y, por lo tanto, accesible. Si no sientes que puedes hacerle frente a un compañero de trabajo en persona en relación con un incidente embarazoso, ¿podrías escribirle un e-mail? Si sabes que pierdes el control de inmediato y no crees que puedas alejarte de la situación agravante, podrías parar y contar hasta diez, o efectuar cinco respiraciones profundas, o incluso decirle a la persona en cuestión: «Estoy demasiado enfadado para hablar ahora, ya volveremos a hablar cuando me haya calmado, así no me dirigiré a ti con rabia». Si eres esa persona cuya respuesta automática a una mala experiencia es: «Sabía que iba a pasar esto», o cuya respuesta automática a una buena experiencia es «Sí, pero...», simplemente abandona ese tipo de diálogo interior. Reemplaza

esas declaraciones negativas con comentarios como: «Bien, ha sido mucho mejor de lo que me esperaba» o «Ha sido una verdadera decepción, pero ¿y si hubiera pasado X? ¡Eso habría sido mucho peor!». Aprender a convertir el diálogo interior en algo positivo, por supuesto, requiere práctica, especialmente si te has pasado años practicando el diálogo interior negativo hasta el punto en que es casi reflexivo. La manera más fácil de practicar es: cuando te des cuenta de que estás haciendo un comentario negativo acerca de ti mismo, sustitúyelo inmediatamente por otro positivo. Otra manera de practicar este nuevo hábito de la mente es repasar al final de la jornada, tal vez como una rutina antes de irte a dormir, qué es lo que te ha salido bien ese día, centrándote específicamente en aquellas situaciones problemáticas en las que en el pasado hayas tendido a perder el control de tus emociones.

- **Solicita la ayuda de otras personas.** Hay varias maneras de obtener la ayuda de otras personas para que te apoyen a la hora de manejar tus emociones. Puedes decirle a tu pareja que has reconocido que tienes problemas para controlar tus emociones y sentimientos en ciertas situaciones y pedirle que te haga saber cuándo estás manejando bien la situación (¡o tal vez sólo mejor que de costumbre!). Podrías pedirle a tu cónyuge o a tu pareja que te hiciera una señal no verbal: el pulgar hacia arriba si las estás gestionando bien, o el pulgar hacia abajo si tiene la impresión de que estás a punto de perder el control. O bien, podrías pedirle que te ayude con antelación a prepararte para una situación difícil. Podrías decirle algo así como: «Tengo que explicarte algo que quizá te moleste. Así que simplemente escucha y luego no respondas de inmediato».

Cómo mejorar el control emocional a través de la práctica

(Para obtener información detallada acerca de las estrategias de mejora de habilidades ejecutivas, consulta el capítulo 4).

- **Identifica una tarea o una actividad específica en la que debes lidiar con el control emocional.** Dado que, como hemos dicho, la práctica regular, especialmente en las primeras etapas, conduce a la adquisición de habilidades con más rapidez, te recomendamos que elijas una situación que ocurre o puede ocurrir a diario en la que puedas practicar el control emocional. Tu primer objetivo es la mejora. Esto puede significar que todavía tienes problemas para administrar tus emociones, pero que o bien te recuperas más rápido o no llegas al extremo. Te recomendamos que empieces con una situación que sea relativamente benigna. Tal vez te irritas cuando tu marido deja comida fuera en lugar de meterla en el refrigerador después de que se ha hecho el desayuno. O tal vez tu hija sabe cómo sacarte de quicio cuando le pides que haga algo y ella habla de lo injusta que eres.

- **Establece tu meta.** Suponiendo que la situación que has seleccionado sea una con la que te encuentras con frecuencia, tu objetivo inicial es practicar un mejor control emocional. Una manera de evaluar el progreso es crear una escala de calificación de 5 o 10 puntos que te servirá para juzgar tus emociones cada vez que se presente la situación problemática. Una escala de 5 puntos para el manejo de una situación que puede provocarte la ira podría tener este aspecto:

1. Fresco como una rosa (que no me molesta en absoluto).
2. Actué calmado por fuera, pero enojado por dentro.
3. Apreté los dientes, el tono de voz traicionó mi cólera.
4. Levanté la voz, dije algunas cosas que me gustaría no haber dicho.
5. Se me fue de las manos, el volcán entró en erupción.

- Si necesitas un análisis más detallado, podrías establecer calificaciones parciales (por ejemplo, 1.5, 2.5). Antes de configurar tu objetivo, determina una línea de base durante dos o tres días. Es decir, cada vez que se presente la situación objetivo, puntúa tu respuesta utilizando la escala de 5 puntos. Ten en cuenta tu nota media del nivel de la línea de base y crea un objetivo inicial que requiera una cierta mejora por tu parte. Por ejemplo, si tu calificación de línea de base es 4, fíjate una meta de 3.
- **Establece una fecha límite.** En lugar de fijar una fecha límite rígida para ser capaz de manejar tus emociones a la perfección, es posible que desees trabajar hacia la mejora una vez por semana hasta llegar a un nivel en el que estés satisfecho con los resultados. La clave puede ser hacer una pausa y realizar una autoevaluación cada vez que se presente la situación objetivo. Te recomendamos que anotes tus calificaciones en lugar de confiar en tu

memoria. Si utilizas una escala de 5 puntos, podrás representar gráficamente los resultados con mucha facilidad. Te mostramos un ejemplo un poco más adelante.

- **Establece una planificación específica.** Al igual que en el caso de la inhibición de respuesta, el plan de control emocional más sencillo podría caber en la fórmula de «Si…, entonces…» o «Cuando suceda X, haré Y». Siguiendo los ejemplos anteriores, cuando mi marido deje comida en la encimera, le recordaré con tranquilidad que los alimentos se echan a perder si se dejan afuera. Cuando mi hija explote al pedirle que ponga la mesa para la cena, le recordaré con calma que ella es parte de una comunidad y todos necesitamos contribuir para hacer que funcione sin problemas. El plan, sin embargo, también podría incluir estrategias de supervivencia: por ejemplo, contar hasta 10, respirar profundamente, interponer distancia (para evitar una explosión). Consulta el escenario que proponemos un poco más adelante para obtener otras ideas.

- **Externaliza el comportamiento que estás trabajando.** Una manera de hacerlo podría ser mantener una lista de éxitos o un gráfico de tus calificaciones en la escala de 5 puntos que podrías colocar en un lugar destacado. Utiliza una pizarra blanca para hacer esto y pídeles a los miembros de tu familia que escriban en ella comentarios alentadores.

- **Añade a tu planificación todo aquello que consideres necesario.** No veas los colapsos como fracasos, sino como experiencias de aprendizaje. ¿Por qué te has desmoronado ahora, y sin embargo la última vez que te enfrentaste a esta situación todo fue rodado? ¿Esto te puede dar ideas de cómo tener éxito en el futuro? Quizá esta vez tu hija te habló especialmente mal y eso provocó en ti una respuesta más fuerte. Es posible que tengas que revisar tu plan si ves una tendencia determinada. Por cierto, el solo hecho de que estés trabajando en el manejo de tus emociones no significa que debas dejar que los demás te pasen por encima. Puede que tengas que imponer una sanción por insultar (o una recompensa por no hacerlo) si ése es el problema que tiene tu hija (eso sugiere que ella también tiene problemas con el control emocional, lo cual no sería sorprendente dada la herencia común y que los niños aprendan a manejar las emociones observando cómo lo hacen sus padres).

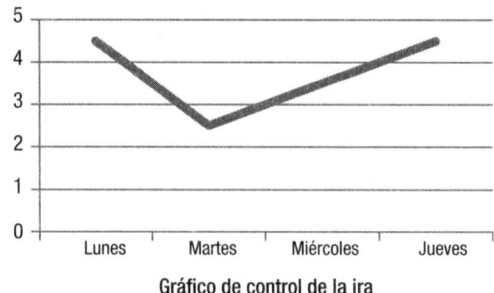

Gráfico de control de la ira

- **Selecciona una recompensa.** Podrías llevar a cabo una actividad preferida o algún tipo de tratamiento que recibas cuando completes la práctica o demuestres un claro progreso hacia tu objetivo. Para obtener ideas, consulta la lista de recompensas del capítulo 4.
- **Escribe dos o tres declaraciones alentadoras.** Éstas deben responder a esta serie de preguntas:

    —«¿En qué estoy trabajando?».
    —«¿Qué gano con esto?».
    —«¿Cómo voy a saber cuándo he tenido éxito?».

La meditación *mindfulness* como estrategia de intervención

Ya te habrás dado cuenta de que estamos a favor de un enfoque conductual o cognitivo-conductual bastante sencillo para la mejora de las habilidades ejecutivas: definir el problema y llegar a un plan preciso implementado paso a paso para hacerle frente. Este enfoque se describe con más detalle en el capítulo 5, pero esta metodología es la base de muchas, si no de la mayoría, de las estrategias que recomendamos. La premisa básica es que podemos cambiar tanto nuestras emociones como nuestro comportamiento utilizando la cognición, lo que nos decimos sobre los eventos o lo que nos decimos que debemos hacer en situaciones específicas. Es posible que desees pensar en un enfoque diferente que produzca beneficios que se puedan generalizar en una variedad de contextos, comportamientos y habilidades ejecutivas diferentes. Ese enfoque es la meditación *mindfulness*. Ésta es una práctica antigua, que tiene sus orígenes en la tradición budista.

La meditación *mindfulness*, o meditación consciente, a menudo se practica sentado con los ojos cerrados, con las piernas cruzadas sobre un cojín, o en una silla, con la espalda recta. La atención se puede poner en el movimiento del abdomen, cuando se inhala y se exhala el aire, o en la conciencia de la respiración a medida que entra y sale por las fosas nasales. Según vayan surgiendo los pensamientos, uno vuelve a centrarse en el objeto de la meditación, tal como la respiración. Así uno se da cuenta de manera pasiva que la propia mente se ha extraviado, pero aceptándolo, no juzgándolo. Las personas que meditan suelen comenzar con períodos cortos, de 10 minutos o menos, al día. Si se practica con regularidad, se hace más fácil mantener la atención centrada en la respiración. Con la práctica, la conciencia de la respiración se puede extender a la conciencia *mindfulness* de pensamientos, sentimientos y acciones.

Sólo en el último año aproximadamente, ha habido una explosión de artículos de investigación que exploran los beneficios de la meditación de atención plena para el tratamiento de una amplia variedad de condiciones psicológicas y médicas. Teclea «atención» en el motor de búsqueda Medscape, por ejemplo, y encontrarás una extensa variedad de referencias sobre el uso de esta práctica en el tratamiento de la depresión, de los síntomas de la artritis reumatoide, la migraña, la depresión de la menopausia, el sueño en pacientes con cáncer, el trastorno de estrés postraumático, la ansiedad, la adicción a sustancias, el trastorno bipolar, el dolor crónico, del asma, del consumo de cigarrillos y el estrés. ¡Por lo visto, incluso puede utilizarse para reducir los antojos de chocolate!

Si es algo que deseas seguir, busca centros de meditación de atención plena en Internet y es muy probable que localices las clases en el mismo barrio donde vives. También hay investigaciones que demuestran que la formación en la atención plena a través de Internet puede ser eficaz. Una búsqueda en Google te llevará a una amplia serie de opciones.

Soportes tecnológicos

Aquí tienes algunas ideas:

- **Existe una amplia variedad de aplicaciones para la meditación.** *Habla Peg:* «Mi favorita es Headspace, a la que se puede acceder ya sea en línea (www.headspace.com) o a través de la tienda de aplicaciones del teléfono móvil. Este sitio web cuenta con un antiguo monje budista llamado Andy Puddicombe que dirige las sesiones de meditación guiadas todos los días. Es un servicio de suscripción, pero los primeros diez días son gratuitos, por lo que el oyente puede decidir si vale la pena suscribirse por un año. Me encontré con esta aplicación hace unos 16 meses y he estado practicando la meditación casi todos los días (bueno, al menos varias veces por semana) desde entonces. En este momento, la meditación me resulta increíblemente relajante (al menos lo ha sido para mí: esta meditación puede tomar muchas formas). Me ofrece un breve descanso del ajetreo del mundo multitarea en el que vivo. Pero después de unos seis meses, empecé a ver beneficios más allá de la dosis diaria. He encontrado que es particularmente útil para reducir el estrés asociado a los viajes (por ejemplo, el derivado de la cancelación de vuelos, de los errores en la programación, o de la cola de espera para bajar del avión). El control emocional es una de mis habilidades ejecutivas débiles, y he encontrado los beneficios de la meditación consciente particularmente aplicables a esta habilidad ejecutiva. También hay evidencias, sin embargo, de que la atención plena puede mejorar la atención sostenida, la inhibición de respuesta y la flexibilidad».

- **Chillax** *(https://itunes.apple.com/us/app/chillax/id494538881?mt=8)*. Ésta es una aplicación gratuita que, como dice la vista previa de iTunes, «Utiliza una combinación de música relajante, y sonidos biaurales para facilitarte un estado de relajación y calma». Si desarrollas una estrategia de afrontamiento que consiste en tomarte un «tiempo de espera» para calmarte o recuperarte de una experiencia estresante, esta ampliación podría ayudarte a conseguirlo.
- **Balanced** *(https://itunes.apple.com/us/app/balanced-goals-habits-motivation/id 63 0868758mt=8)*. Es una aplicación bastante sencilla para establecer objetivos y hacer el seguimiento de los esfuerzos de mejora personales. Muchas de las categorías y las opciones están relacionadas con la mejora del control emocional o del bienestar personal.
- **Utiliza las redes sociales con criterio.** La investigación muestra que las personas que pasan mucho tiempo en las redes sociales manifiestan más síntomas depresivos que aquellas que no lo hacen. En particular, evita navegar por las redes sociales una o dos horas antes de acostarte, ya que pueden reducir el tiempo y la calidad del sueño, y el sueño insuficiente o de mala calidad tiene el efecto de disminuir el control emocional.

Cómo es en la práctica: Tratar con el perfeccionismo

Marta sabía que tenía un problema con el control emocional, aunque era diferente en casa que en el trabajo. En casa, se salía de sus casillas en el mismo instante en que alguien decía o hacía algo que la molestara: su hijo de 15 años que había suspendido un examen porque se había olvidado de que lo tenía y no había estudiado, su hija de 12 años que se negaba a ordenar su dormitorio porque «es mi espacio y puedo hacer lo que quiera con él», su marido que se burlaba de su excesiva necesidad de orden: «Marta, dame un respiro. Llevaré las botellas de cerveza vacías a reciclar, pero ¿puedo esperar al final del trimestre?». Su marido y los niños acababan poniendo los ojos en blanco con complicidad cuando veían dispararse las emociones de su madre. «Ya está otra vez», parecían decir (bueno, en realidad, lo habían dicho más de una vez).

Ninguno de los compañeros de trabajo de Marta sabía que en casa tenía ese comportamiento. En el trabajo, su conducta era normal. Pero eso no significaba que sus emociones no estuvieran a flor de piel allí también. Ella tenía miedo a hablar en las reuniones porque podía darse el caso de que no gustara lo que decía y, entonces, sabía que se sentiría fatal el resto del día. Y si su jefe la miraba con desaprobación, durante una hora Marta estaría dándole vueltas a la cabeza sobre qué habría dicho o hecho para hacerlo enojar. Y muchas veces se quedaba hasta tarde en la oficina comprobando y volviendo a comprobar su trabajo una y otra vez antes de entregarlo, para que no se le hubiera escapado ningún error. Por no hablar de los controles anuales de rendimiento. No importa cuántas cosas buenas sobre ella pudiera escribir su jefe, si había una pequeña crítica, eso era todo lo que veía. Si pudiera evitar la lectura del control lo haría cada año, pero, desafortunadamente, esas revisiones siempre incluían una reunión cara a cara.

A lo largo de los años, Marta había escuchado suficientes comentarios de los miembros de su familia y de los compañeros de trabajo sobre sus altas expectativas como para reconocer que tenía una manía perfeccionista que influía demasiado en las expectativas sobre sí misma y sobre los miembros de su familia. Y eso conectaba directamente con sus reacciones emocionales cuando ella o su familia no alcanzaban el nivel esperado. Sabía que otras personas no pensaban o no reaccionaban como ella, pero no estaba segura de cómo cambiar o de sí podía hacerlo. Por el placer de hacerlo, ella buscaba en Google la palabra «perfeccionismo» y encontraba todo tipo de información acerca de lo que se ha dado en llamar estrategias cognitivo-conductuales, así como «atención plena» o «*mindfulness*», de la que ella había oído hablar, pero que en realidad desconocía por completo. En uno de los sitios web que consultó, encontró lo que parecían ser las estrategias prácticas para cambiar su forma de pensar, aprendiendo a tolerar, en pequeñas dosis, las pequeñas imperfecciones cotidianas. En otro leyó algo acerca de enfadarse incluso por los pequeños comentarios correctivos, y el ejemplo coincidía casi exactamente con su propia reacción ante las evaluaciones en el trabajo. Haber dado con esta información la hizo sentirse mejor, porque se dio cuenta de que había una gran cantidad de personas que tenían el mismo problema que ella.

Marta decidió que probaría una estrategia para el hogar y otra para el trabajo. Para el hogar, debía alcanzar un aumento de su tolerancia a la imperfección. Quería trabajar en ello con los miembros de su familia, pero sabía que debía empezar poco a poco. Marta habló con su marido sobre su plan y le preguntó si él la ayudaría con el método de dejar pequeñas cosas «fuera de su lugar» (como las botellas de cerveza) y diciéndole cuándo se ocuparía de ordenar o de reciclar las cosas. Era muy importante que se asegurase de que él haría lo que le había prometido, porque ella sabía que no podía seguir en esa situación, tal como estaba ahora, indefinidamente. Se pusieron de acuerdo en que lo harían una vez cada día de la semana y dos veces el fin de semana y no les dijeron nada a los niños. Inicialmente ella tenía que morderse la lengua, pero después de poco más de una semana se dio cuenta de que le molestaba cada vez menos.

En cuanto a su hijo, Marta creó un guion para sí misma de tal manera que si sacaba una mala nota en un examen, ella hablaría con él sobre cómo debía hacerse cargo del problema y, siempre y cuando lo hiciera bien en el siguiente examen, no sería necesaria ninguna otra conversación al respecto. Marta también le hizo saber que si este problema volvía a suceder mientras el plan estuviera vigente, ella o su marido pedirían una cita con el tutor para encontrar una estrategia para llegar a una solución satisfactoria. Por otra parte, Marta no podía *laissez-faire* el asunto del desorden de la habitación de su hija, por lo que le pidió a su marido que la ayudara. Se pusieron de acuerdo en un estándar mínimo de limpieza, y él asumió la responsabilidad de hacer frente a su hija al respecto.

En el trabajo, hasta al cabo de cuatro meses, Marta no tenía previsto presentarse a una evaluación de rendimiento. Pero, por una sugerencia que había leído, revisó su última evaluación y dispuso dos columnas en una hoja en blanco, una para los comentarios positivos y la otra para los que incluían alguna crítica constructiva.

Al hacerlo se dio cuenta de que el 85-90 % de los comentarios eran positivos. Decidió que a menos que éstos cayeran por debajo del 75-80 % aceptaría que era una buena empleada. Para su siguiente revisión de rendimiento, utilizaría las mismas dos columnas antes de reunirse con su jefe para así poder entrar en la reunión sintiéndose bien acerca de su trabajo. También decidió que si sentía la necesidad de quedarse hasta tarde en la oficina debía restringir el tiempo a sólo un día a la semana durante 20 minutos.

Marta empezó a utilizar dos afirmaciones positivas en cada ocasión en que pensaba que ella o un miembro de su familia no lo estaban haciendo los suficientemente bien: «Lo hago lo mejor que puedo» y «Cometer un error no significa que una persona haya fracasado; todos cometemos errores».

Al principio Marta no pensaba recompensarse a sí misma por alcanzar estos cambios, a pesar de que eran verdaderamente difíciles para ella. Pero, entonces, se dio cuenta de que no pensar que se merecía una recompensa era parte del mismo problema. Por lo que decidió que llevaría un registro diario de lo que hacía y al final de cada semana, si tenía una media de éxito del 75-80 % de las veces, pasaría por su tienda favorita del centro comercial después del trabajo y, o bien se compraría un artículo de no más de 10 € o, si esa semana nada le llamaba la atención, los acumularía para comprarse un regalo mejor en el futuro.

Después de implementar su plan, Marta pudo ver que mejoraba, y el hecho de que su marido lo comentara positivamente funcionó como una recompensa adicional. Pero en su búsqueda por Internet Marta también leyó muchos artículos acerca de la meditación consciente y empezó a interesarse por ella. Decidió darle una oportunidad. Aunque su vida era bastante ajetreada, dedicó veinte minutos al día a la práctica de la meditación. Llegaba muy temprano a la oficina, a menudo antes que sus compañeros, y se ponía a meditar. Pronto se dio cuenta de que tras la meditación estaba de mucho mejor humor. Con el tiempo, comenzó a sentir que reaccionaba de manera diferente ante los factores de estrés en el trabajo.

Por qué funcionó

- **Marta investigó su problema para entenderlo mejor.** Al hacer una búsqueda en Internet como punto de partida, supo que no era la única persona que tenía problemas para manejar sus emociones. Eso le hizo sentirse mejor y le proporcionó cierta confianza de que podría resolver el problema. También fue capaz de aprender una amplia variedad de estrategias de afrontamiento, seleccionando y adaptando aquellas que pensó que funcionarían en su caso.

- **Descubrió maneras sencillas de iniciar el plan.** Al pedirle a su marido que dejara pequeñas cosas fuera de lugar, pudo trabajar de una manera controlada en la incomodidad que sentía.
- **Negoció con su marido una manera de ayudarla.** Los teóricos de los sistemas familiares te dirán que, cuando un miembro de una familia decide intentar cambiar, eso puede hacer cambiar toda la dinámica familiar. Parecería que el marido de Marta sólo podía estar encantado de que su esposa tratara de obtener un mejor control sobre sus emociones. Pero hemos aprendido que para muchos miembros de la familia «es mejor malo conocido que bueno por conocer». Al conseguir ayuda explícita de su marido, era muy probable que él se ajustara al cambio más fácilmente porque él también estaría experimentando un cambio.
- **Creó un guion para manejar una situación difícil.** Éste es un claro ejemplo de un plan «Si…, entonces…». Si su hijo obtenía una mala calificación en un examen, hablaría con él acerca de cómo debía manejar el problema. Si suspendía un segundo examen, a continuación, padres e hijo se reunirían con el tutor para buscar una solución.
- **Encontró una manera de desafiar su autoevaluación negativa.** Para manejar su perfeccionismo en el lugar de trabajo, Marta creó una tabla de dos columnas para comparar el *feedback* positivo con el negativo sobre su propio rendimiento. Esto tuvo el efecto de alejarla de su autoevaluación negativa y proporcionarle una visión más positiva de sus cualidades en el trabajo. También creó una regla para saber cuándo debía preocuparse (es decir, cuando los comentarios positivos cayeran por debajo del 75%). Cuando revisara su lista y empezara a sentirse mal, podía calcular la proporción y recordarse a sí misma que el éxito residía en alcanzar el 75%, no el 100%.
- **Elaboró un sistema de recompensas que reforzara la consecución del éxito en aquello que estaba tratando de trabajar.** Reconoció que no sentirse digna de recibir recompensa alguna era una consecuencia de su perfeccionismo, y decidió ir en contra de su instinto y establecer una recompensa para sí misma. Cada vez que se cobraba su recompensa no sólo obtenía un

premio tangible, sino que también se recordaba que merecía sentirse bien consigo misma.

- **Estaba dispuesta a invertir en una estrategia a largo plazo, además de su intervención a corto plazo.** Con demasiada frecuencia, si el cambio de comportamiento no se percibe de inmediato, nos desanimamos y nos rendimos. Marta estaba dispuesta a intentar practicar la meditación consciente para ver si eso producía resultados. Lo que encontró fue alguna ganancia a corto plazo (buenas sensaciones en su jornada laboral), así como beneficios a largo plazo en el recorrido (ser capaz de acceder a sentimientos de calma a voluntad durante todo el día cuando lo necesitaba).

HABLEMOS DE LAS AUTOAFIRMACIONES

Una estrategia que ha demostrado ser particularmente eficaz para ayudar a las personas a lograr una mayor sensación de bienestar, una mayor autoestima, un mejor control de las emociones y un mejor rendimiento en situaciones que provocan ansiedad es el diálogo interior. He aquí un resumen de lo que sostiene la investigación acerca de esta poderosa estrategia:

- Se han realizado numerosas investigaciones sobre el entrenamiento de atletas que utilizan el diálogo interior como una manera de mejorar su rendimiento deportivo. Algunas de estas investigaciones se han ocupado de diferentes tipos de autoafirmaciones y las encuentran todas beneficiosas. Por ejemplo, un estudio hizo que distintos grupos de jugadores de rugby saltaran tan alto como pudieran en las sesiones de práctica y se comparó el uso de la autoafirmación motivacional («Puedo saltar más alto») con el uso de la autoafirmación de entrenamiento («Flexiona e impúlsate»). En comparación con un grupo de control que no había efectuado autoafirmaciones, ambos grupos saltaron con mayor fuerza, y el grupo de autoafirmación motivacional saltó más alto que el grupo de control.

- Otro estudio con atletas exploró los beneficios resultantes de las autoinstrucciones detalladas en un grupo de jugadores de voleibol adolescentes novatos durante las sesiones de práctica (por ejemplo, «Cuando lanzo la pelota, retiro el brazo hacia atrás, hacia la cabeza, miro hacia el objetivo y golpeo la pelota con la mano»). Al final de las cuatro semanas de práctica, los entrenadores de voleibol revisaron las cintas de vídeo del grupo de control y del que había utilizado las autoinstrucciones y calificaron a los jugadores en una variedad de habilidades de voleibol. El grupo que había usado las autoinstrucciones obtuvo un promedio de 44 sobre 50 puntos de calidad, mientras que el grupo de control obtuvo un promedio de sólo 35.

- Un tercer estudio que incluía a atletas comparó la autoinstrucción, el diálogo interior, con el *self-feedback* (la autoevaluación del rendimiento después de las acciones). Este estudio encontró que los jugadores de tenis adultos que participaron del diálogo interior instruccional o del diálogo interior instruccional más el *self-feedback* obtuvo mejores resultados que el grupo de control que no utilizó ninguna de ambas técnicas. Por otra parte, el grupo que utilizó la autoinstrucción más el *self-feedback* obtuvo calificaciones sobre la eficacia de la intervención más altas que el grupo que sólo utilizó la técnica de la autoinstrucción.

- Una serie de estudios enseñan a los individuos a cambiar lo que se dicen a sí mismos, ya sea para contradecir el diálogo interior negativo y sustituirlo por el diálogo interior positivo (por ejemplo, cambiar el diálogo interior: «Hoy todo me ha ido fatal, nada me ha salido bien» por: «¿No ha sido increíble el amanecer de esta mañana? Me alegro mucho de haber salido de casa justo a tiempo para verlo») o cambiar un sentimiento negativo por uno más positivo. Por ejemplo, personas que experimentaban ansiedad anticipatoria antes de un compromiso en el que debían hablar en público o que tenían una reunión difícil con su jefe fueron instruidas para pensar en la ansiedad como una emoción y decir en voz alta: «Estoy emocionado» o instruirse a sí mismas para «conseguir emocionarse». En comparación con un grupo al que se le enseñó a «calmarse», quienes formaban parte del grupo de reevaluación fueron vistos como más emocionados y realizaron un mejor desempeño. Esta reevaluación cambió su mentalidad de amenaza por una de oportunidad.

- Recientemente, algunas investigaciones se han centrado en cómo se involucran las personas en el autodiálogo, es decir, en qué lenguaje utilizan para hablar consigo mismas. Esta investigación llegó a la conclusión de que cuando las personas se dirigen a sí mismas por su nombre («Peg, realiza cinco respiraciones profundas antes de hacer esa llamada telefónica») o se hablan a sí mismas en segunda persona («¡Peg, puedes conseguirlo!»), las personas con ansiedad social manejan la situación mejor que si utilizan los pronombres en primera persona. También son más propensas a ver los factores de estrés similares como menos amenazantes en el futuro.

- Existen diversas evidencias que sugieren que algunas personas son más propensas a participar de manera natural en el diálogo interior que otras. Si eres una de esas personas a las que el diálogo interior no les parece algo natural, es posible que desees probar con las imágenes en su lugar. Una variedad de estudios ha encontrado que el uso de las imágenes mentales, es decir, imaginarse a uno mismo manejando bien una situación, funciona tan bien como el diálogo interior para mejorar los resultados. En Internet puedes encontrar las instrucciones para el uso de imágenes.

Capítulo 11

Evitar la procrastinación
Iniciación de tareas

Qué es

La capacidad para iniciar proyectos o actividades sin postergar las cosas, de una manera eficiente y oportuna. En otras palabras, es todo lo contrario de la procrastinación.

Qué sabemos de esta habilidad

Ésta es una habilidad muy difícil de adquirir. Incluso aquellos de nosotros que somos buenos en el inicio de tareas podemos identificar ciertas cosas que odiamos hacer, e invariablemente queremos evitarlas el mayor tiempo posible. Y, además, un buen número de adultos no son buenos en la iniciación de tareas. Recientemente tuvimos un grupo de 80 profesionales que completó nuestro Cuestionario de Habilidades Ejecutivas (consulta el capítulo 2), y esto es lo que encontramos: la puntuación promedio para todas las habilidades excepto para el inicio de tareas osciló entre 14 y 16. La puntuación de inicio de tareas: entre 11 y 12, tanto en el hogar como en el ámbito laboral. ¡Piensa en esto la próxima vez que despotriques contra tu hijo adolescente por ponerse a estudiar las lecciones de inglés la noche antes del examen!

Qué podemos hacer al respecto

Todos podemos identificarnos con la necesidad de evitar las tareas que nos gustan menos, y todos lo hacemos. Así que no estamos hablando de los que de vez en cuando se sienten desanimados por las tareas que no les gustan. Del mismo modo, no nos referimos a personas que tienen problemas para iniciar una tarea porque sufren un exceso de trabajo crónico y tienen mucho que hacer y muy poco tiempo para hacerlo, esas cuestiones reflejan problemas de planificación/priorización o de la gestión del tiempo. Si crees que éste es el problema con el que estás lidiando, es posible que desees revisar los capítulos 13 y 15. Si estás leyendo este capítulo, se supone que has reconocido la iniciación de tareas como una debilidad que has sufrido durante muchos años y que te encuentras en esta situación de una manera frecuente y regular.

Vamos a empezar con algunas suposiciones:

- Tienes un conjunto de habilidades para llevar a cabo las tareas lo suficientemente bueno como para satisfacer tu estándar y/o el estándar de la persona que ha de juzgar los resultados. Ten en cuenta que estamos hablando de la mejora de la iniciación de tareas, la capacidad de empezar a trabajar en una tarea determinada y no de la ejecución perfecta de la tarea. *Habla Peg:* «Mi lema: "Hecho es mejor que perfecto", es fundamental en este caso, porque a la perfección nunca se llega. Si está preocupado por el juicio de los demás, empieza por las tareas que sólo tú puedes ver. Una vez que hayas mejorado en éstas, te diremos cómo ser puntual con las tareas que debes cumplir ante las expectativas de los demás».
- En este momento estás trabajando en la iniciación de tareas, no en su finalización. Las personas que son débiles en la iniciación de tareas también son a menudo débiles en la atención sostenida (es decir, en la realización de tareas), pero este capítulo se ocupa sólo de la iniciación de tareas. Y, francamente, ése es a menudo el mayor obstáculo para llegar a la realización de tareas.
- Si no crees que tienes los recursos o las habilidades, pero aun así quieres/ necesitas hacer la tarea, entonces la manera de empezar a practicar la iniciación de tareas es convertir la adquisición de los recursos o el aprendizaje de la habilidad en el primer paso de tu planificación. Por ejemplo, si tu objetivo es completar tu declaración de renta a tiempo este año, a continuación, el

primer paso en tu plan de inicio de tareas puede ser el de localizar los formularios de impuestos que necesitas rellenar. Si tu objetivo es montar esa mesa de escritorio que le compraste a tu hijo como regalo de cumpleaños, entonces el primer paso podría ser asegurarte de que tienes el manual de instrucciones y las herramientas que necesitas.

Cómo modificar el entorno para hacer más fácil la iniciación de tareas

(Para obtener información detallada acerca de las modificaciones del entorno, consulta el capítulo 3).

- **Modifica el entorno físico o social.** Como el objetivo es la iniciación de tareas, si se trata de una que no tiene que ser iniciada en un área específica (como, por ejemplo, la limpieza de la casa), elige una ubicación en la que no te distraiga ni la televisión, ni los amigos, ni los hijos, ni la pareja, y así sucesivamente, y escoge un momento que no entre en conflicto con las rutinas o preferencias regulares como el ejercicio diario o el programa de televisión favorito que no deseas grabar. Suspende el acceso a los mensajes de texto, a Twitter, a Instagram, al correo electrónico, a las redes sociales. Por ejemplo, si estás trabajando para conseguir hacer tu declaración de renta, pon todo el material relacionado con los impuestos en el espacio en el que hayas elegido trabajar. Otro método consiste en proponerte llevar a cabo la tarea a realizar en un lugar que frecuentes con regularidad, y la presencia de los materiales de trabajo te pedirá que empieces. Por ejemplo, si tienes que escribir notas de agradecimiento y tu plan es hacerlo a primera hora de la mañana, pon las notas, los bolígrafos, los sobres y los sellos en la mesa del desayuno la noche anterior.
- **Modifica la tarea.** Aquí la clave es mantener bajo el grado de esfuerzo que se requiere. La manera más sencilla de hacerlo es limitar la duración de un mínimo de 5 minutos a un máximo de 10 en una sesión. Esto es importante por dos razones. En primer lugar, limitando la cantidad de tiempo te aseguras de que estarás realmente centrado en la iniciación de la tarea y no en la atención sostenida. En segundo lugar, es más fácil iniciar algo si sabes que puedes acabarlo rápidamente que si tienes la sensación de que sólo es el

comienzo de un proceso dilatado. Si la tarea tiene un final abierto, como la escritura, invierte 2 o 3 minutos en pensar y luego escribe algunas palabras en la página. Esto puede ser como un esbozo, elementos de un organizador gráfico o flujo de conciencia. Si se trata de una tarea con una fecha límite, planifica hacia atrás desde la fecha límite y genera una serie de bloques de 5-10 minutos durante el período de tiempo que tienes.

- **Solicita la ayuda de otras personas.** Aquí te exponemos algunas maneras de pedir ayuda a otras personas. Podrías pedirle a alguien que revisara contigo el proceso para asegurarse de que hayas completado la tarea en el período de tiempo seleccionado. Esta «herramienta de comprobación» es básicamente un *coaching* informal. Otra manera es pedirle a otra persona que te ayude a seleccionar de entre una lluvia de ideas o incluso un punto de partida. Esto es útil para las tareas de escritura. *Habla Dick:* «Si estoy atascado, llamo a mi coautor, Peg, para hablar de un posible inicio, y escribo las ideas que han surgido durante la conversación. Una tercera opción es hablar con un compañero de trabajo o un amigo que esté familiarizado con la tarea y que pueda proporcionarme alguna orientación. Podría decirle: "¿Tienes algún consejo que darme para hacer que este trabajo me resulte más fácil? ¿Es mejor escribir la introducción primero o recopilar toda la información que necesito antes de empezar a escribir?"».

Cómo mejorar tu iniciación de tareas a través de la práctica

(Para obtener información detallada acerca de las estrategias de mejora de habilidades, consulta el capítulo 4).

- **Identifica una tarea o actividad específica que refleje tu debilidad en la habilidad de inicio de tareas.** Debido a que cuanto más frecuentemente y con mayor consistencia practiques una habilidad en las primeras etapas más rápido mejora dicha habilidad, te recomendamos que elijas una tarea a la que debas enfrentarte a diario. Si tienes problemas para encontrarla, hemos enumerado algunas ideas en el cuadro que exponemos más adelante.

    También te recomendamos que no comiences con la tarea que te despierte más aversión. Si apenas puedes tolerar siquiera pensar en la tarea (y mucho menos hacerla), ésa no es la tarea que debes abordar en primer lugar. Elige una que, cuando te venga a la cabeza, pienses: «No sé por qué postergo esto de la manera en que lo hago; en realidad, no es tan difícil». Ten en cuenta que tu objetivo inmediato es mejorar tu capacidad de iniciar una tarea, no realizarla de una manera eficiente y oportuna. Una vez que empieces a ver una mejora en dos o tres tareas en las que hayas practicado, puedes comenzar a ampliar tu habilidad a otras, teniendo siempre en cuenta que la manera más eficaz de mejorar la iniciación de tareas con una tarea no preferida es comenzar con el mismo enfoque muy gradual con el que iniciaste este esfuerzo.

TAREAS COTIDIANAS QUE A MENUDO CUESTA INICIAR

- Usar el hilo dental
- Vaciar el lavavajillas
- Cargar el lavavajillas
- Hacer la colada
- Contestar correos electrónicos (o los correos electrónicos que requieran pensar un poco)
- Ordenar una habitación (la sala de estar, el estudio)
- Clasificar el correo
- Regar las plantas
- Programar citas (por ejemplo, con el mecánico del coche, para la limpieza dental, con el médico)
- Hacer recados (en el banco, en la oficina de correos, en la farmacia)
- Contactar con personas (con los padres ancianos, con los amigos con los que uno quiere mantenerse en contacto, con el profesor de los hijos)
- Pasar la aspiradora
- Pasear al perro
- Hacer las camas
- Limpiar la arena del gato
- Clasificar los materiales reciclables
- Pagar las facturas
- Revisar los deberes de los niños
- Preparar la comida
- Hacer ejercicio
- Presentar trámites
- Administrar las finanzas (por ejemplo, revisar el talonario de cheques, anotar los gastos en el presupuesto)

- **Establece tu meta.** Asumiendo que la tarea que has elegido requiere una atención regular, tu objetivo inicial es mantener de manera constante el programa que has establecido para el inicio de la tarea. La clave aquí es lograr la consistencia, y te sugerimos insistentemente que te resistas al impulso de aumentar significativamente ni el tiempo ni la parte de la tarea. Quédate con el plan llevado a cabo de forma muy gradual. En otras palabras, sigue practicando con una sola tarea hasta que te sientas cómodo, y después añade una segunda o una tercera. Alternativamente, aumenta la cantidad de tiempo pasado en una sola tarea en pequeños incrementos (1 o 2 minutos más en cada etapa, como se describe en el escenario del ejercicio que exponemos a continuación).

  El hecho de que puedas correr un kilómetro no significa, de ninguna manera, que estés preparado para correr una maratón. Lo razonable es fijar un objetivo a largo plazo para una tarea. *Habla Dick:* «Por ejemplo, escribir los informes médicos en la clínica es una tarea que evito. Mi objetivo inmediato es escribir al menos dos informes al día, y el final es escribir un promedio de 16 informes a la semana repartidos en 4 días».

- **Establece una fecha límite.** Definir el éxito de la siguiente manera: ser capaz de demostrar tu nivel deseado de rendimiento todos los días desde el primer día. Teniendo en cuenta eso, la fecha límite inicial que establezcas debe estar definida por unas expectativas bajas de rendimiento constante; por ejemplo, 10 minutos de trabajo en la tarea a diario. Esto no quiere decir que en un día determinado es posible que no hagas más, sino que no debes elevar más el listón en todos los ámbitos a menos que seas consistente en un nivel más modesto. Como siempre que nos enfrentamos a tareas que debemos completar, no hay una fecha límite.

- **Haz una planificación específica.** ¿Qué actividad que actualmente te cuesta iniciar vas a practicar? ¿En qué momento del día la practicarás, es decir, a qué hora específica? ¿Cuánto tiempo durará la sesión de práctica, es decir, ¿cuántos minutos invertirás en ella? ¿Cuántos días a la semana practicarás? ¿Cuál es tu fecha de inicio específica? Utiliza el formulario de plan de acción previsto en el capítulo 4 para hacer tu plan o diseña uno propio. Pero escríbelo. Si tu vida es tan ajetreada que no puedes anticipar con demasiada antelación cuándo serás capaz de practicar, entonces empieza la jornada planificando en qué momento del día vas a practicar. Si es necesario, establece una señal visual (por ejemplo, un pósit con la pregunta «¿Cuándo vas a practicar hoy?»), y colócala en algún lugar que no puedas dejar de ver (como en la parte superior de la cafetera en la encimera de la cocina).

- **Externaliza la planificación del inicio de la tarea en la que estás trabajando.** ¿Qué significa esto? Significa que debes conseguir que dicha tarea esté fuera de tu cabeza, en forma de recordatorios que puedas ver o escuchar. Sabemos que utilizar sólo representaciones mentales de los planes y de los objetivos no es efectivo para acordarse de ellos. Es necesario tener recordatorios externos en forma de signos visuales (notas en pósit de muro o en aplicaciones del ordenador) e indicaciones auditivas para ayudarte a recordar la tarea en la que estás trabajando y por qué. Las aplicaciones de recordatorios para los teléfonos inteligentes pueden ser especialmente útiles, ya que se pueden programar para que se activen al inicio de la tarea y luego, cuando la has finalizado, puedes marcarla en una casilla como hecha.
- **Pase lo que pase, haz al menos una parte de la planificación.** Si no tienes energía para invertir 10 minutos, invierte 5. La práctica y el esfuerzo, por breves que sean, mejorarán la habilidad.
- **Selecciona una recompensa.** Un premio podría ser participar en una actividad preferida o recibir algún tipo de tratamiento cuando completes la práctica. (Consulta las sugerencias en la lista de recompensas del capítulo 4). Incluye la recompensa en tu campo visual para que tengas presente que la conseguirás en cuanto hagas lo que debes hacer. Hemos llegado a conocer esto como la «ley de la abuela» (si primero te comes la cena, después tendrás el postre), y es eficaz e importante.
- **Escribe dos o tres afirmaciones alentadoras.** Éstas deben comunicar la tarea en la que estás trabajando, cuál será el beneficio específico que obtendrás y que, cuando hayas completado la práctica, seguirás adelante con tu plan. Una vez las hayas escrito, créate una imagen mental específica del inicio de la tarea en el lugar y en el momento que elijas, de ti trabajando en la tarea y de ti terminándola. Utiliza las dos primeras afirmaciones justo antes de que aparezca la imagen, haz que aparezca y, cuando te veas a ti mismo acabar, debes decirte que has seguido el plan y has obtenido la recompensa.

Soportes tecnológicos

Ya nos hemos referido a las aplicaciones y al uso de los teléfonos inteligentes, pero queremos hacer hincapié en el uso de la tecnología como un apoyo al entorno y como un vehículo para asegurar la práctica de la habilidad. Aquí te ofrecemos algunas opciones (de las cientos disponibles en la sección de productividad de tu tienda de aplicaciones):

- **iSecretary.** Se trata de una aplicación para iPhone y iPad que te permite grabar una nota de voz que se reproduce en un momento determinado. Con esta aplicación puedes recordar, por ejemplo, que debes iniciar tu sesión del entrenamiento de inicio de tareas a la hora designada.
- **The habit Factor.** Se trata de una aplicación para iPhone que te permite establecer objetivos relacionados con la creación de hábitos, te recuerda los objetivos y puedes hacer un seguimiento del progreso. Puedes seleccionar las fechas de inicio y final (o mantenerlas abiertas), y se puede designar en qué día practicarás el hábito. Hay una versión gratuita, así como una que cuesta una cantidad mínima.
- **La alarma de tu teléfono inteligente.** Ésta es el más fácil de usar, y ya viene con el teléfono. Sólo debes programar tu teléfono para que te recuerde que debes comenzar la tarea. Puedes configurar un recordatorio recurrente o programarlo para una hora diferente cada día si es necesario. Una persona que conocemos utiliza la función «Snooze» de una manera muy inteligente. Cuando se activa la alarma, si no puede llegar hasta el teléfono en ese momento, la alarma no se apaga; se activa la función «Snooze» en su lugar, lo que significa que cada 10 minutos más o menos la alarma se activará nuevamente hasta que empieza la tarea según lo previsto. Mejor que un cónyuge, pareja, padre o madre persistente, la alarma sigue conectándose hasta que comienza realmente la tarea.

Cómo es en la práctica: Empezar un programa de ejercicios

Ellyn siempre había tenido dificultades para empezar a trabajar en tareas que requerían un esfuerzo: cosas que le resultaban desagradables o que no veía como divertidas.

Con las cosas divertidas no tenía ningún problema, como actualizar su página de Facebook o probar una nueva receta de un postre. Pero quizá precisamente porque había probado demasiadas recetas de postres, su peso había llegado hasta un punto en el que sabía que tenía que hacer algo para cambiar sus hábitos. Su incapacidad para seguir un programa de ejercicios físicos, por ejemplo, le resultaba particularmente irritante. Siempre parecía encontrar alguna excusa, o no tenía el equipo adecuado o elegía ejercicios ineficaces (¡o peor, peligrosos para su salud!) y todo su trabajo resultaba en vano. Su marido había tratado de ser solidario, pero es un hombre de hábitos saludables y ella sabe que, aunque no se lo dice, está preocupado por ella. «¡Ya está –piensa Ellyn–, esta vez voy a hacer que funcione! ¿Pero cómo?».

Identificar una tarea o actividad específica que refleje su inicio de tareas débil. Después de haber pasado por esto antes, Ellyn sabe que sus problemas empiezan en el mismo momento en que elige el plan de ejercicios. Ha establecido el objetivo de hacer ejercicio durante 30 minutos al día, pero ese objetivo ya le parece abrumador, teniendo en cuenta que actualmente no hace nada de ejercicio. Mientras que no quiere renunciar a su objetivo, se da cuenta de que todo pasa por empezar e implementar un plan diario. Como encontrar el tiempo suficiente para hacer ejercicio es un reto para ella, decide que su elección debe ser simple y eficiente. Eso significa que, por ahora, ir al gimnasio o montar una sala de ejercicios en su propia casa está fuera de sus posibilidades. Pero tiene unas zapatillas deportivas para caminar decentes, y después de una breve búsqueda en Internet descubre que caminar es uno de los ejercicios más seguros y más eficaces que se pueden realizar.

Ellyn hace un plan para caminar todos los días de la semana durante 10 minutos justo después de llegar a casa del trabajo y los fines de semana por la mañana después de tomarse su taza de café, pero antes de desayunar. Ellyn utiliza la aplicación iSecretary en su iPhone para establecer recordatorios visuales y auditivos diarios. En los recordatorios incluye una autoafirmación grabada: «¡Sólo son diez minutos! ¡Sólo hazlo!», que le sirve para superar cualquier impulso de saltarse el ejercicio. Ellyn decide iniciar su objetivo al cabo de dos días. Actualiza su página de Facebook para que la gente conozca la fecha de inicio de su nuevo plan y se sorprende agradablemente por los comentarios alentadores que recibe de sus amigos de Facebook. Como recompensa por seguir su plan durante 15 días, escoge unas nuevas zapatillas para correr, y para cada período de 15 días que cumpla con éxito selecciona otro artículo de ropa de bajo costo para hacer ejercicio.

Ellyn comienza su plan en el día seleccionado y lo completa a diario durante la primera semana. En ese primer período de tiempo algunos de sus amigos de Facebook le piden información sobre cómo le va. Ella decide mantener un gráfico diario en Facebook para realizar un seguimiento de su progreso. Después de un mes se ha saltado sólo un día debido a los síntomas propios de la gripe y ha aumentado su tiempo a un promedio de 18 minutos por día sólo porque la percepción del esfuerzo de caminar durante 10 minutos ha disminuido y la adición de unos pocos minutos a la semana parecía tan fácil como lo eran los 10 minutos al principio. Ella también tiene unas zapatillas de deporte nuevas y una luz intermitente de seguridad para cuando camina al anochecer o al alba.

Por qué funcionó

Ellyn se basó en una serie de estrategias que los psicólogos del comportamiento saben que pueden ser eficaces. En caso de que no las hayas identificado mientras leías el ejemplo, te las ofrecemos a continuación:

- **Ellyn comenzó con una expectativa baja.** Diez minutos al día era algo que podía asumir sin tener que cambiar drásticamente su horario diario. Una vez estableció esto, se le hizo mucho más fácil aumentar la cantidad de tiempo. Y el aumento del tiempo también fue razonable. Podría haber sucumbido a la tentación, después de la euforia inicial por haber conseguido un éxito parcial, de saltar a los 30 minutos al día, pero fue prudente y realizó un aumento progresivo.
- **Diseñó el plan que más le convenía.** Cualquier paso adicional (como tener que conducir hasta el gimnasio) tiende a impedir la consecución del éxito, especialmente para las personas que son débiles en la iniciación de tareas, ya que a menudo buscan excusas para no continuar con un programa.
- **Anunció públicamente su objetivo.** Como se observó por primera vez en el capítulo 4, existe todo un cuerpo de investigación en la literatura conductual llamado «entrenamiento de correspondencia» que dice que si haces un compromiso público para hacer algo es más probable que lo cumplas que si no lo haces (en este caso el término «correspondencia» se refiere a la relación entre decir y hacer). Ellyn utilizó Facebook como vehículo para

hacer público su objetivo. Y el beneficio llegó: la gente escribió en su muro, comentando y animándola y preguntándole por el avance de su plan.
- **Estableció señales recordatorias utilizando una aplicación de teléfono inteligente.** Hasta que los hábitos están arraigados, en realidad, podemos olvidarnos de nuestros planes y, cuando eso sucede, ralentizamos el proceso de adoptar una rutina. Cuanto más se convierte algo en una rutina, menos tenemos que pensar en ella y menos energía utiliza nuestro cerebro en la participación del comportamiento.
- **Estableció recompensas que eran alcanzables en cuanto a la cantidad razonable de tiempo y esfuerzo.** Diez minutos al día durante 15 días es asumible y digno de gratificar con un pequeño incentivo. Comprarse prendas de ropa nuevas cuando se pierdan diez quilos de peso es mucho menos eficaz. A pesar de que la recompensa fuese atractiva, la distancia que Ellyn habría tenido que realizar (¡tanto en tiempo como en kilómetros!) para lograr la recompensa hacía que fuera mucho menos probable que pudiera alcanzar su objetivo.
- **Hizo una representación gráfica de su progreso.** Para algunas personas, el gráfico por sí solo puede ser motivador. Al compartir el gráfico en Facebook aumentó la probabilidad de que los amigos hicieran comentarios y la animaran, así como las posibilidades de que Ellyn continuara el programa, ya que le resultaría un poco embarazoso si abandonaba lo que había iniciado. Además, como entraba en Facebook todos los días, ver el gráfico allí destacado actuaba como un recordatorio adicional para seguir su plan.

SOBRE LA PROCRASTINACIÓN

Cuando escribimos en un motor de búsqueda académica (EBSCO) la palabra «procrastinación» aparecieron aproximadamente unas nueve mil entradas, así que, si piensas que el problema con el inicio de tareas sólo lo tienes tú, te equivocas. A continuación, te ofrecemos una selección de lo que hemos aprendido tras explorar las muy variadas investigaciones al respecto y la prensa popular para obtener información sobre la procrastinación:

- Los estudios demuestran que el 20 % de los adultos se consideran procrastinadores crónicos. Un 87 % de los estudiantes universitarios se describen como procrastinadores, y el 48 % de ellos cree que la procrastinación perjudica sus calificaciones.

- Alrededor de la mitad de ese 20 % de procrastinadores crónicos adultos parece ser lo que se ha convenido en etiquetar como procrastinadores activos. Esto significa que utilizan los plazos como un motivador positivo y parecen experimentar un subidón de adrenalina cuando trabajan contra una fecha límite para completar las tareas. Los procrastinadores pasivos, por el contrario, se sienten presionados por su capacidad para completar las tareas, son pesimistas acerca de su capacidad para seguir adelante, y de hecho son más propensos tanto a darse por vencidos y renunciar a completar las tareas, como también a tener sentimientos negativos asociados a la experiencia de procrastinar. ¿En qué tipo te incluyes? Puedes pensar que eres un procrastinador activo, pero ¿tu cónyuge o pareja o jefe está de acuerdo contigo?

- Muchos estudios han examinado la procrastinación entre los estudiantes universitarios. No hay sorpresas aquí, son una audiencia cautiva y con frecuencia son estudiantes de pregrado de psicología que se ganan unos cuantos puntos de bonificación por participar en este tipo de estudios (confía en nosotros, hablamos a partir de la experiencia). Si estos estudios se extienden a la población en general ni están claros los resultados ni su utilidad real. Por ejemplo, muchos estudios han demostrado que los estudiantes que no procrastinan tienen un mayor sentido de la autoeficacia que los que sí lo hacen. Pero ¿la autoeficacia lleva a evitar la procrastinación o es la capacidad de evitar la procrastinación lo que aumenta la autoeficacia?

- Si no eres uno de los afortunados que resultan ser procrastinadores activos, no te preocupes porque todavía puede haber alguna esperanza para ti. Quizá podrías encajar en lo que John Perry, filósofo de la Universidad de Stanford, llama «procrastinación estructurada» (que describe con más detalle en su libro titulado *The Art of Procrastination*). Sostiene que, si tienes por delante una tarea que estás evitando, puedes utilizar ese tiempo como ventaja para completar otras tareas menos aversivas en tu lista de cosas pendientes. Así no pierdes ni malgastas el tiempo porque sigues llevando a cabo tareas mientras estás postergando la primera.

- Algunos estudios han analizado la procrastinación en diferentes ámbitos de la vida (por ejemplo, en el trabajo, la salud, las tareas domésticas) y han llegado a la conclusión de que, aunque las personas que procrastinan tienden a hacerlo a través de dominios, puede haber alguna variación. Puesto que el trabajo se basa en los plazos, muchas personas encuentran que procrastinan más en casa, donde hay un menor número de fechas límite que en el trabajo.

- Recientemente, la procrastinación a la hora de irse a la cama ha sido identificada como un verdadero desafío para algunas personas. Los adolescentes son conocidos por eso, pero también un buen número de adultos posterga más de lo debido la hora de irse dormir. Se quedan en el ordenador o ven la televisión en la cama, o simplemente tratan de acabar una o dos tareas más antes de decidirse meterse en la cama. Teniendo en cuenta que las personas funcionan peor con la falta de sueño (y la falta de sueño socava las habilidades ejecutivas), ésta es una forma muy insidiosa de procrastinación. Respetar un horario razonable puede ser un buen primer paso si decides que quieres hacer frente a la procrastinación.

- Una de las dinámicas implicadas en la procrastinación es la regulación de las emociones. Eliminamos los sentimientos negativos asociados a tener que hacer una tarea aversiva no haciéndola. Supuestamente, una vez que hemos desterrado de nuestra mente la tarea, desterramos también las emociones negativas. A menudo usamos la excusa de que estamos «cansados» o «de mal humor», y estamos convencidos de que, si abordamos la tarea cuando tengamos más energía o nos encontremos mejor de ánimo, la tarea nos resultará más fácil de hacer. Esencialmente, sin embargo, al hacerlo, confiamos en que algún «yo futuro» será capaz de realizar una tarea que nuestro «yo actual» no quiere hacer. A pesar de que ceder a la reparación del estado de ánimo a corto plazo parece ser una buena manera de restablecer las buenas sensaciones, de hecho, a menudo nos sentimos peor.

- Para un ejemplo de esto, échale un vistazo a la página web de Tim Urban y sus publicaciones sobre la procrastinación: (http://waitbutwhy.com/2013/10/why-procrastinators-procrastinate.html). Urban sostiene que los cerebros de los procrastinadores y de los no procrastinadores son idénticos excepto que en el cerebro de los primeros existe un «mono de gratificación instantánea» que les insta a hacer las cosas divertidas y a evitar el trabajo. Parece una gran idea, excepto que, como señala Urban «con el mono a cargo, el procrastinador acaba pasando mucho tiempo en un lugar llamado el Patio Oscuro». ¿Qué es ese Patio Oscuro? «Es un lugar donde las actividades de ocio ocurren en momentos en que no se supone que deberían estar llevándose a cabo. La diversión que se desarrolla en el Patio Oscuro no es realmente divertida porque es completamente inmerecida y entonces el ambiente se llena de culpa, ansiedad, odio a uno mismo y temor». ¿Te suena familiar? Si es así, es probable que también estés familiarizado con el monstruo del pánico...

Capítulo 12

Mantener la concentración
Atención sostenida

Qué es

La capacidad para prestar atención de manera sostenida a una situación o tarea, a pesar de las distracciones, la fatiga o el aburrimiento.

Qué sabemos de esta habilidad

En términos de funcionamiento cerebral, la atención sostenida es complicada. Para simplificarlo, los neurólogos hacen una distinción entre dos tipos de sistemas de atención: «ascendente» y «descendente». El sistema ascendente es difuso, implica múltiples regiones del cerebro, muy distantes entre sí, y está «siempre conectado». Este sistema ha llegado a llamarse «red en modo automático», ya que es más activa cuando el cerebro está en reposo (o en el modo por defecto). En los estudios de imágenes cerebrales realizados por primera vez en la década de 1990, fue visto originalmente como «ruido de fondo», ya que no estaba relacionado con el objeto de estudio de la actividad cerebral. Con el tiempo, sin embargo, los científicos se dieron cuenta de que este ruido de fondo representaba cómo el cerebro gasta su tiempo cuando no está concentrado en una actividad en particular. Es una «mente errante» con una conciencia de bajo nivel de todos los estímulos sensoriales que nos rodean en un momento dado. Esencialmente, la red en modo automático vigila en silencio tanto los entornos internos como externos, de modo que cuando sucede algo importante el cerebro puede responder rápidamente.

La revista *Scientific American* publicó un artículo acerca de la red en modo automático en 2010 titulado «The Brain's Dark Energy» (La energía oscura del cerebro). Tomando prestada la terminología de los astrofísicos, este artículo se refiere a los trabajos de la red en modo automático como «energía oscura neuronal». Resulta que el 60-80 % de toda la energía consumida por el cerebro se produce en los circuitos que no están vinculados directamente a ningún evento externo.

Mediante el estudio de la red en modo automático, los científicos han aprendido que cuando el cerebro comienza a participar en un comportamiento intencionado, la actividad de esta red se apaga y es sustituida por la atención enfocada. Para participar en el comportamiento dirigido a un objetivo, tenemos que ser capaces de sostener en el tiempo la atención concentrada. Y sabemos que una amplia variedad de factores puede dificultar eso en gran medida, incluyendo tanto la demanda de tareas (por ejemplo, el nivel de alerta que debemos mantener, lo difícil que es la tarea, la rapidez con la que debemos responder o lo impredecible que puede llegar a ser la tarea en sí), así como variables cognitivas tales como el estrés, la baja motivación o la falta de sueño. En otras palabras, para volver a nuestra definición, la atención sostenida es la capacidad de mantener dicha atención en una tarea o situación, a pesar de las distracciones, la fatiga o el aburrimiento.

Cuando las personas tratan de mantener la atención durante un largo período de tiempo o frente a circunstancias adversas, el cerebro puede volver a la red en modo automático, lo que altera nuestra capacidad de concentración. De hecho, en un estudio multinacional realizado en el año 2008, los investigadores descubrieron que podían predecir con treinta segundos de antemano cuándo un sujeto estaba a punto de cometer un error en una prueba de equipo con sólo observar la actividad de la red en modo automático. Cuando la red en modo automático se hace cargo, se producen errores. A medida que la investigación sobre esta red ha continuado, se ha encontrado que las conexiones alteradas entre las células cerebrales en la red en modo automático se asocian a una serie de trastornos, incluidas la enfermedad de Alzheimer, la depresión, el autismo y la esquizofrenia. Y en 2011, la revista *Science Daily* resumió un estudio sobre la red en modo automático en una población con TDAH con el título de «Brain Scan Shows Children with ADHD Have Faulty Off-Switch for Mind Wandering» (El escáner cerebral muestra que los niños con TDAH tienen un interruptor de apagado defectuoso para la divagación mental).

Pero no es necesario que tengas un trastorno para tener dificultades para mantener la atención. A partir de nuestro trabajo en habilidades ejecutivas hemos constatado que hay una variación normal en la capacidad de las personas para mantener la atención: algunas lo hacen bien, otras tienen dificultades. Este capítulo está dirigido a estas últimas.

Por cierto, no toda la divagación mental es mala. Consulta el recuadro de las páginas 214-215 para ver los aspectos positivos.

Qué podemos hacer al respecto

La iniciación de tareas y la atención sostenida a menudo van de la mano. Si tienes problemas con ambas habilidades ejecutivas, probablemente deberías empezar por trabajar la iniciación de tareas, ya que, si no puedes iniciar bien la tarea, no podrás lidiar con la incapacidad de mantener el tiempo suficiente para hacerla. La atención sostenida también se asocia a la persistencia dirigida a un objetivo. En cierto sentido, ésta implica ser capaz de mantener la atención durante un largo período de tiempo para alcanzar las metas más grandes. A efectos de este capítulo, sin embargo, estamos hablando de la capacidad para mantener la atención durante períodos relativamente cortos de tiempo con el fin de completar más tareas limitadas en el tiempo.

Cómo modificar el ambiente para hacer más fácil la atención sostenida

(Para obtener información detallada acerca de las modificaciones del entorno, consulta el capítulo 3).

- **Modifica el entorno físico o social.** Dado que las personas que tienen dificultad para mantener la atención son muy susceptibles a las distracciones, la manera más obvia para modificar el entorno físico o social es eliminar tantas distracciones como sea posible. Esto puede significar elegir cuidadosamente dónde vas a trabajar (si se tiene esa opción), o si estás atado a un lugar específico, y observar detalladamente el entorno para ver si puedes eliminar las distracciones.

Uno de los aspectos del entorno físico en el que hemos visto una enorme variación individual es el ruido de fondo. Hemos conocido a personas que nos dicen que no pueden trabajar en ambientes que son absolutamente tranquilos, mientras que otras nos han dicho que no pueden hacerlo a menos que el entorno esté en absoluto silencio. Un escenario común que encontramos en nuestra práctica clínica con adolescentes es el de las disputas entre los padres y ellos con respecto a si deben o no escuchar música mientras hacen los deberes. Los padres a menudo creen que escuchar música con los auriculares es perjudicial para hacer los deberes, pero hemos conocido a tantos adolescentes que nos han dicho que, en realidad, les ayuda a concentrarse que creemos que en algunos casos la música actúa como «ruido blanco», y se superpone a los sonidos (tales como los diálogos de los dibujos animados en el televisor de la habitación de al lado o las peleas entre hermanos) que son mucho más molestos que la música. Algunos adolescentes nos han dicho que depende del tipo de música que están escuchando: si la música tiene letra, comienzan a prestar atención a las palabras, pero la música instrumental simplemente permanece en un segundo plano.

El entorno social también puede prestarse a modificaciones para mejorar la atención sostenida. Es posible que puedas realizar las tareas tediosas con mayor rapidez si las haces con alguien. Parece que habría que limpiar los fluorescentes del garaje, pero si tu cónyuge o pareja o hijo te ayuda, y además pones música animada de fondo, puede que todo ello te dé la energía necesaria para realizar el trabajo, aunque es posible que tengas que hacer un intercambio para conseguir que alguien te ayude, especialmente si el desorden es principalmente de tu incumbencia.

- **Modifica la tarea.** Al igual que con la iniciación de tareas, la clave es mantener bajo el grado de esfuerzo requerido. ¿Quién dice que la única manera de llevar a cabo una tarea es comenzar y terminarla de una sola vez? Diez minutos al día puede parecer un proceso ridículamente largo, pero si la tarea se hace (lo cual es la cuestión, ¿verdad?), ¿a quién le importa el tiempo que se ha tardado? Si tienes una fecha límite y no puedes darte el lujo de dilatar la ejecución de una tarea, entonces divídela en segmentos más pequeños y realiza descansos frecuentes. O haz múltiples tareas a la vez, invirtiendo un período de tiempo corto en cada una y pasando de una a otra hasta que las finalices todas. Consulta «Maneras de modificar las tareas» en

la tabla del capítulo 3 para conocer otras formas de hacer que éstas te resulten más fáciles de finalizar. Todas las sugerencias de esa tabla funcionan para los problemas de atención sostenida.
- **Solicita la ayuda de otras personas.** Tan sólo el hecho de explicarle tu plan a otra persona aumenta la probabilidad de que sigas adelante. Pero, si te preocupa que eso no sea suficiente, pídele a esa persona que controle contigo el proceso en varios momentos específicos para ver cómo lo estás haciendo.

Cómo mejorar tu atención sostenida a través de la práctica

(Para obtener información detallada acerca de las estrategias de mejora de habilidades, consulta el capítulo 4).

- **Identifica una tarea o actividad específica que refleje tu debilidad de atención sostenida.** Al igual que con todas las demás habilidades ejecutivas, elige algo que puedas practicar a diario. Aunque es posible elegir la misma tarea todos los días, también lo es practicar la atención sostenida con una tarea diferente cada día, siempre y cuando la tarea que elijas entre en la categoría más amplia de «Tareas que tengo problemas para realizar con el tiempo suficiente para completarlas». Si las tareas del hogar te resultan insoportables, por ejemplo, puedes practicar para aumentar tu capacidad para mantener la atención en una tarea diferente cada día, pero al menos estarás practicando para incrementar tu habilidad de atención para las tareas no preferidas. Ten en cuenta que tu objetivo inmediato es mejorar tu capacidad para persistir en una tarea más tiempo del que estabas invirtiendo hasta ese momento. Aumenta el tiempo que pasas en esa tarea de manera progresiva. Mantener un registro te ayudará (de la misma manera que registrar la cantidad de series y de repeticiones y el seguimiento de los niveles de peso te ayudará a que veas el progreso en tu programa de ejercicios). En la página 206 te ofrecemos un cuadro en blanco que te servirá de ayuda y que también está disponible para descargar e imprimir en www.guilford.com/dawson7-forms

ATENCIÓN PRÁCTICA

Fecha	Tarea	Tiempo invertido	Objetivo del siguiente día

De *The Smart but Scattered Guide to Success* de Peg Dawson y Richard Guare. Copyright © 2016 The Guilford Press. Quienes compren este libro pueden fotocopiar y/o descargar versiones ampliadas de este material (*véase* el cuadro al final del índice).

- **Establece tu meta.** Tu objetivo inicial es mantener constantemente el horario de la práctica que has establecido. También te recomendamos que aumentes lentamente la cantidad de tiempo que pasas en la tarea. Si tienes un subidón de energía un día y trabajas mucho más tiempo de lo previsto, no trates de superarlo al día siguiente; sólo trabaja un poco más mañana de lo que habías previsto trabajar hoy. El hecho de establecer un nuevo punto de referencia en función de tu sorprendente explosión de energía entraría en la categoría de «ninguna buena acción queda sin castigo». Simplemente date unas palmaditas en la espalda por exceder tu objetivo de hoy, pero no te esfuerces demasiado mañana.
- **Establece una fecha límite.** Aquí es cuando conocerse a uno mismo es importante. Si eres una de esas personas que trabaja en ráfagas cortas de energía, o que parece dar lo mejor de sí mismo al cambiar entre múltiples tareas, ¿crees que es realista que establezcas una fecha límite para alcanzar el objetivo de trabajar durante dos horas seguidas en una sola tarea o proyecto? Ahora te exponemos un objetivo y un plazo de tiempo razonable para la mejora de la iniciación de tareas: después de practicar durante 2 meses, deberías ser capaz de trabajar durante al menos 30 minutos seguidos en una sola tarea, y de asignar 2 horas al día a trabajar en tareas no preferidas (es decir, tareas que preferirías no tener que hacer y que te resulta difícil cumplir en un período de tiempo suficiente para completarlas). Hay tres números/intervalos de tiempo en este programa de objetivos, puede que tengas que revisar uno o todos ellos para satisfacer tus necesidades.
- **Establece una planificación especifica.** Utiliza el formulario de plan de acción que te ofrecemos en el capítulo 4 para realizar tu plan. ¿Qué vas a practicar? Tu material de práctica puede ser la misma tarea todos los días, o puedes optar por centrarte en una «tarea no preferida» que podrías variar a diario. Si decides variar la tarea, entonces será particularmente importante identificar el momento exacto durante el día en el que vas a practicar y la duración de la sesión de práctica. Asegúrate de explicar detalladamente cuántos días a la semana practicarás y especifica la fecha de inicio.
- **Externaliza el comportamiento que están trabajando.** Además de programar una alarma en tu móvil para que te recuerde que debes iniciar la sesión de práctica, ajusta el temporizador del teléfono para indicar cuándo ha terminado. Coloca una señal visual en el entorno como recordatorio,

en un lugar donde sea muy probable que la veas. Y, como el cerebro está programado para ignorar las señales visuales familiares, crea una nueva señal todos los días, incluso si tu tarea de destino sigue siendo la misma. Usa notas de papel o marcadores de diferentes colores o escribe frases distintas (incluso mejor: crea una señal visual utilizando una tipografía y un tamaño de letra diferente cada día).

- **Pase lo que pase, al menos cumple con una parte del plan.** Al igual que con la iniciación de tareas, si no tienes energía para aguantar durante 10 minutos, haz 5. Tanto el esfuerzo como la pequeña cantidad de práctica persistente en la tarea (especialmente frente a un obstáculo, como estar pensando que no quieres hacer lo que estás haciendo) darán sus frutos, te lo prometemos.
- **Establece una recompensa.** Nuestra recompensa favorita, que utilizamos en muchos programas de modificación, es la siguiente: prémiate con algo que debas esperar a tenerlo o a hacerlo cuando hayas finalizado la tarea dura. *Habla Peg:* «Hay muchas jornadas de trabajo en las que me paso largas horas en la oficina, y por lo general me doy la noche libre al final de esos largos días. Pero a veces hay una pequeña cantidad de trabajo adicional que tengo que hacer esa noche (por ejemplo, responder a unos cuantos correos electrónicos o crear la descripción de un taller que he programado para el día siguiente). Con el fin de encontrar la energía suficiente para llevar a cabo el trabajo, me digo que tan pronto como termine me comeré uno de mis helados de leche de almendras favorito. Esto funciona doblemente porque, por lo general, no me como el postre en un esfuerzo por mantener el peso, por lo que esa recompensa en especial me resulta muy atractiva». Para obtener más ideas sobre recompensas, consulta el menú de premios del capítulo 4.
- **Escribe dos o tres afirmaciones alentadoras.** ¿En qué estás trabajando? ¿Por qué trabajas en eso? ¿Qué ganarás si puedes mejorar en esa habilidad? Responde a estas preguntas y refiérete a ellas cada día.

Soportes tecnológicos

Además de las alarmas y los recordatorios de los teléfonos inteligentes, en esta sección te ofrecemos algunas aplicaciones que quizá desees utilizar (seleccionadas entre las cientos disponibles en la sección de productividad de la tienda de aplicaciones):

- **Pomodoro.** (pomodorotechnique.com) Ésta es una aplicación para iPhone o iPad que se puede utilizar para implementar la técnica de gestión de tiempo llamada «Pomodoro». La técnica (que se explica en pomodorotechnique.com) se basa en dividir un trabajo agotador en segmentos de 25 minutos, seguidos por pausas de 5 minutos. Cuando hayas completado cuatro segmentos de tiempo, llamados «pomodoros», te das un descanso más largo (por ejemplo, de 20 o de 30 minutos). El término *pomodoro* es italiano y significa «tomate», y si visitas el sitio web, puedes aprender más acerca de la técnica, pedir el libro que la describe con más detalle, ¡y comprar un temporizador que se parece a un tomate!
- **Interval Minder.** Ésta es una aplicación que permite al usuario configurar tonos electrónicos para que suenen a intervalos aleatorios. Cuando suene el tono, el usuario puede preguntarse: «¿Estaba prestando atención?». A través de la autoevaluación periódica que provoca, el enfoque puede mejorar.

A medida que el usuario llegue a mantener mejor la atención, los intervalos se pueden alargar.

Cómo es en la práctica: Mantener la atención cuando eres un trabajador autónomo

Antonio era un escritor *freelance*. Escribir era una tarea que llevaba a cabo con facilidad, y le gustaba la libertad que le daba su trabajo para poder tener su propio horario y elegir sus propios proyectos de escritura. Se creó un ritual por la mañana que hacía que le resultara muy fácil empezar todos los días. Se despertaba a las 6 de la mañana, se pasaba una hora tomando café y leyendo el periódico, y luego invertía media hora en vestirse y desayunar algo más sólido. Después se iba a su estudio, cerraba la puerta y conectaba el ordenador. Su portátil estaba programado para que se abriera automáticamente el último archivo en el que había trabajado el día anterior, y siempre se aseguraba de que dejaba de escribir en un punto que le resultaría muy fácil reanudar al día siguiente.

Y aquí viene el problema. Rara vez trabajaba más de 20 minutos seguidos antes de que empezara a sentirse inquieto. Cuando sucedía eso, podía hacer una de varias cosas: detenerse y hacer otra cafetera, responder los e-mails que hubieran llegado durante la noche, reorganizar los libros de su estantería, asegurarse de que su esposa no se retrasaba para llevar a los niños a la escuela, o decidir que tenía que investigar un poco más en Internet antes de seguir escribiendo. Esa última distracción le resultaba muy perniciosa porque Antonio era muy bueno persuadiéndose a sí mismo de que necesitaba investigar un poco más sobre el tema en cuestión, y entonces pasaba de un hipervínculo a otro sin parar, y antes de que se diera cuenta, le había volado una buena parte de la mañana y se veía obligado a ponerse en contacto con su editor y hacerle saber que necesitaría más tiempo para acabar el encargo.

Antonio tenía el mismo problema con los proyectos caseros. En una ocasión, decidió que era el momento de limpiar las cañerías del desagüe del tejado, pero después de trabajar durante 25 minutos se detuvo a tomarse un refresco, y luego se fue a ver a su hijo, que jugaba un partido de fútbol y, antes de que se diera cuenta, había desperdiciado un montón de tiempo que habría debido dedicar no sólo a la limpieza de las cañerías, sino también a apilar en el garaje la leña que le habían entregado hacía dos semanas. Y a finales de noviembre oscurece muy temprano, así que ¿en qué estaba pensando?

Antonio sabía que necesitaba abordar la cuestión de la escritura. Su editor se molestaba cada vez más con sus continuas solicitudes de prórroga, que le causaban muchos problemas de programación a él y al resto del personal que trabajaba en la editorial. A pesar de que era un escritor de talento, Antonio descubrió que se necesita un montón de esfuerzo para escribir, y se esforzaba por mantener la atención en ese esfuerzo. Se preguntaba si debía acercarse a su problema como si fuera una especie de bloqueo ante la página en blanco, el principal temor del escritor, ya que el efecto de su falta de atención era la consiguiente insuficiencia productiva.

Poco seguro de cómo abordar la cuestión, escribió en Google «bloqueo del escritor» durante uno de los fines de semana en que no tenía que escribir, aunque eso podría ser una fuente inagotable de distracciones. Se sorprendió por la cantidad de recursos que encontró para abordar esta cuestión. Rechazó algunos de ellos como insustanciales o poco atractivos, pero encontró un par que parecían ofrecerle las estrategias con las que podría abordar directamente sus distracciones. Las estrategias se dividían en dos categorías: producción y programación. Para la producción del escrito, Antonio decidió llevar a cabo tres acciones. Descubrió que, cuando dejaba de escribir al final del día, aunque le pareciera que en ese punto podía reanudar el trabajo fácilmente al día siguiente, rara vez le funcionaba de esa manera. Se dio cuenta con una versión que ya había revisado y editado hasta ese punto. Así que antes de terminar el día, hizo una lluvia de ideas y extrajo algunas que podría utilizar al día siguiente en un ejercicio de asociación libre. Esto le ayudó a retomar el hilo de su pensamiento sin necesidad de recrear la idea exacta en la que se había detenido.

La segunda acción era comprometerse, cuando empezaba por la mañana, a realizar un boceto de la siguiente sección del escrito antes de hacer cualquier tipo de descanso. La tercera era la siguiente: si se quedaba bloqueado, escribiría cualquier palabra o frase que se le ocurriera relacionada con el tema, porque la estrategia que utilizan la mayoría de los autores para superar el bloqueo del escritor es escribir, poner en el papel lo que sea.

El escrito que debía hacer estaba diseñado para encajar en el tiempo del que disponía en la jornada completa. Antonio era bastante bueno siguiendo su agenda para empezar. Su colapso de atención se producía con distracciones abiertas y no estructuradas. Antonio desarrolló un horario de 20 minutos de escritura y 20 de descanso. Durante el tiempo en el que estaba trabajando, tenía que escribir al menos cuatro frases. Si no lo hacía, debía utilizar un poco del tiempo de descanso para cumplir con ese compromiso. Se creó un menú de cinco elementos de actividades específicas que podía llevar a cabo durante sus descansos para asegurarse de que ninguna de las actividades fuera altamente preferida y que ninguna de ellas pudiera interrumpirse a mitad. La interrupción se presentaba en forma de una alarma en su móvil que se activaba al comienzo de cada descanso para que volviera a tiempo para escribir. Tenía una hora para el almuerzo y un descanso de 30 minutos a media mañana que podía utilizar para la investigación de temas si era necesario.

Antonio había leído que practicar ejercicio y pasar tiempo al aire libre ayudan a mejorar la atención, por lo que se comprometió a pasar al menos una mañana y una tarde de descanso paseando al aire libre. Como recompensa por completar su escrito y enviárselo a su editor a tiempo o antes de la fecha, se creó una lista de actividades que le gustaban mucho entre las que podía elegir, dependiendo de la cantidad de tiempo que tuviera disponible. En su ordenador, como salvapantallas, tiene la frase: «Primero escribe, luego pule».

Antonio adoptó una estrategia un tanto similar para las tareas domésticas, con una diferencia importante. En sus proyectos en el hogar tendía a tratar de hacer más de que lo que en realidad podía afrontar (pensaba limpiar todas las cañerías en un solo día, por ejemplo). Para hacer la lista de trabajos pendientes, le pidió ayuda a su esposa porque ella era más realista evaluando lo que se podía llegar a hacer en un día. Una vez seleccionado un trabajo, diseñó los pasos a dar y los ajustó a un horario que había estructurado con descansos. Le pidió a su esposa y a sus hijos que dejaran de interactuar con él cuando sonara la alarma que ponía punto final al descanso. A excepción de algunos trabajos especiales que podían requerir más inversión de tiempo, Antonio había programado terminar los proyectos elegidos por la tarde temprano, así que todavía le quedaba tiempo para las actividades familiares o para salir con su esposa.

Por qué funcionó

- **Antonio investigó el problema.** En su caso, buscó las ideas para hacer frente al «bloqueo del escritor» porque parecía el más cercano al problema que tenía él, y eso le dio algunas buenas ideas. Si ése no es tu problema (y es probable que no lo sea), Google te proporcionará algo relacionado con lo que estés tratando de resolver. Si investigas cómo evitar las distracciones, por ejemplo, puedes limitar la búsqueda añadiendo opciones (por ejemplo, al estudiar, en el lugar de trabajo, etc.).
- **Analizó lo que pasaba por el camino.** En cuanto a su escritura, Antonio reconoció que había dos interrupciones diferentes a las que debía hacer frente, y se le ocurrió estrategias para abordar cada una de ellas. Por el lado de la producción se dio cuenta de que una lluvia de ideas la noche anterior y realizar un primer esquema o boceto por la mañana antes de ponerse a escribir le eran de utilidad para generar suficiente contenido, junto con un plan, y eso le dio un camino a seguir para poder sostener la atención en la tarea cuando de otro modo podría empezar a flaquear. Por lo que se refiere a la programación, Antonio se dio cuenta de que funcionaba mejor en intervalos relativamente cortos, con pausas de descanso regulares integradas.

Con respecto a los proyectos caseros, se dio cuenta de que no siempre era realista en cuanto el tiempo que necesitaba invertir para completar la tarea. Entonces utilizó esta información para diseñar su intervención, que incluyó consultar a su esposa, que él sabía que era mucho mejor haciendo ese tipo de estimaciones. Cuanto más preciso seas definiendo cuáles son los problemas y determinando cuándo y por qué ocurren, más probabilidades tendrás de diseñar una intervención que los solucione.

- **Creó unas reglas claras y luego se comprometió a seguirlas.** Antonio reconoció que el hecho de que estuviera escribiendo no significaba que utilizara su tiempo de manera productiva. Así que, para ganarse el período de descanso, decidió que tenía que hacer una cantidad mínima de trabajo (escribir cuatro frases). Esta regla lo obligó a controlar su actuación, pero también era una regla bastante indulgente para que cuando llegara el tiempo de descanso, si no había cumplido con su objetivo, podía atarse a la silla y terminar las cuatro frases y todavía le seguían quedando unos minutos de descanso.
- **Administró su tiempo de descanso con cuidado.** Por un lado, fue generoso consigo mismo, dándose 20 minutos de tiempo libre por cada 20 minutos trabajados. Por otro lado, pensó en la mejor manera de pasar ese tiempo de descanso, y obvió algunas actividades porque sabía que tendría bastantes problemas en el momento de abandonarlas para volver a su trabajo.
- **Estableció una serie de estrategias que se ha demostrado que mejoran la atención.** Dos veces al día pasaba tiempo paseando al aire libre. Sabemos que la utilización de las habilidades ejecutivas débiles requiere un esfuerzo y consume mucha energía. También sabemos que hay actividades que reponen el combustible, y el aire fresco y el ejercicio son dos de los mejores.
- **Estableció recompensas.** Como puedes ver, hacemos mucho hincapié en esto en casi todas las intervenciones que diseñamos. Puede parecer una tontería, ya que los adultos podemos decidir cómo queremos gastar nuestro tiempo y dinero sin seguir las «reglas» de nadie, pero hemos encontrado que la creación de reglas a seguir para tener acceso a las recompensas puede significar una gran diferencia en una base diaria. En el caso de Antonio, le era más fácil mantenerse sentado frente a la pantalla cuando empezaba a resultarle duro si sabía que si cumplía o excedía su límite tendría una recompensa añadida esperándole.

VAMOS A CENTRARNOS EN LA DIVAGACIÓN MENTAL
(Y SU VINCULACIÓN CON LA TECNOLOGÍA)

Resulta que la divagación mental, o la mente errante, es algo perfectamente normal, y no sólo un síntoma de TDAH o del envejecimiento. De hecho, se estima que la divagación mental puede ocupar hasta el 50 % de las horas de vigilia. Y se ha asumido que es, a lo sumo, simple pérdida de tiempo, y que en el peor de los casos puede ser peligrosa para la vida (por ejemplo, cuando sucede mientras estás al volante de un coche).

Los investigadores, en un estudio de la relación entre la red en modo automático (la parte del cerebro que se activa cuando la mente está «en reposo») y el sistema de control ejecutivo (es decir, nuestras habilidades ejecutivas), han llegado a una comprensión más matizada, tanto de la relación entre estos dos sistemas como del papel que puede desempeñar la mente errante en algunos procesos cognitivos clave.

Dos investigadores de la Universidad de California de Santa Bárbara, Mooneyham y Schooler, rastrearon el progreso de la investigación en la mente errante. Inicialmente, la atención se centró en el impacto negativo de este estado cognitivo en una serie de procesos y comportamientos, por ejemplo, en la comprensión lectora (¡lo molesto que resulta tratar de leer un texto y encontrarse pensando en otra cosa!), en los exámenes (y estamos hablando de grandes pruebas como el Graduate Record Exam, la prueba requerida por muchas escuelas de posgrado), y en el control de impulsos (es decir, la elección de una recompensa mayor más tarde, en lugar de una más pequeña e inmediata), y en actividades cotidianas tales como la conducción.

Esta investigación se extiende durante la primera década de este siglo, pero a principios de la segunda el enfoque comenzó a cambiar. Ahora parece que, a fin de cuentas, puede haber algún beneficio en la mente errante. En realidad, Mooneyham y Schooler informaron que esta idea fue planteada por primera vez en la década de los años cincuenta del pasado siglo por un investigador llamado Jerome Singer, quien llevó a cabo una serie de estudios sobre la ensoñación. Singer expuso que había beneficios en este comportamiento humano molesto, que recibió el nombre de ensoñación positiva y constructiva. Jerome Singer sostenía que soñar despierto es esencial para una vida mental satisfactoria, y que ésta es, a su vez, esencial para una vida saludable. De hecho, su investigación correlaciona la ensoñación con la imaginación, la curiosidad, la creatividad, la planificación, la resolución de problemas, la atención, e incluso la capacidad de los niños pequeños para retrasar la gratificación, en otras palabras, la mente errante realmente apoya el funcionamiento ejecutivo en muchos casos, en lugar de impedirlo. En los «tiempos muertos» o cuando se activa la red en modo automático, los investigadores creen que este tipo de pensamiento continúa funcionando «en el fondo». ¿Has tenido la experiencia de tratar de resolver un problema mental difícil, llegando a la desesperación y salir a correr o participar en alguna actividad física sin sentido, y encontrar en medio de esa actividad que la solución al problema te cae del cielo? Resulta que, después de todo, no tiene nada que ver con la magia, sino que es la red en modo automático haciendo sus cosas.

Pero del mismo modo en que hemos reconocido los beneficios para la mente errante, ahora estamos tomando conciencia de las amenazas contra nuestra capacidad de participar en esta actividad que es fundamental para la salud cognitiva y mental. Nuestra dedicación a la tecnología, en todas sus múltiples formas, puede estar socavando nuestra capacidad de soñar y aprovechar sus beneficios. Investigadores de la Universidad del Sur de California y del MIT (Immordino-Yang, Christodoulou y Singh) publicaron un provocativo ensayo en el año 2012 en el que se plantearon la hipótesis de que estar atado a los móviles y a las redes sociales puede interrumpir la capacidad de la red en modo automático de realizar su trabajo. Además de contribuir a la capacidad para resolver problemas, estos investigadores han señalado que esta red también está involucrada en la introspección y en el aprendizaje social y emocional. Describen el sistema de control ejecutivo como actividades de gobierno que implican «mirar hacia afuera», al mundo exterior, y la red en modo predeterminado se asocia a «mirar hacia adentro». Para comprender lo que está sucediendo en el mundo exterior, los humanos necesitan tiempo de reflexión e introspección y, en su ausencia, no sólo nuestra vida interior sufre, sino también nuestra capacidad de conectarnos con los demás y comprender las experiencias a un nivel más profundo.

El ensayo de Immordino-Yang et al. se centra en el impacto del uso de la tecnología en los jóvenes: «Si los jóvenes utilizan excesivamente las redes sociales y pasan muy poco tiempo de vigilia libres de la posibilidad de que se vean interrumpidos por ellas, es de esperar que estas condiciones puedan predisponerlos a centrarse en los aspectos concretos, físicos e inmediatos de las situaciones y del yo, con menos inclinación a considerar a largo plazo las implicaciones abstractas, morales y emocionales de sus propios actos y de las acciones de los demás». Señalan que los cerebros de los jóvenes todavía están en pleno desarrollo, y eso puede hacerlos particularmente vulnerables a este cambio cognitivo. Pero ¿no están también los adultos en situación de riesgo por el mismo impacto negativo del uso excesivo de la tecnología?

La conclusión es la siguiente: si estamos prestando atención a la tecnología, ¿a qué no le estamos prestando atención? ¿Y si es algo importante?

Capítulo 13

Definir una ruta
Planificación/priorización

Qué es

La capacidad de crear una hoja de ruta para alcanzar una meta o completar una tarea. También implica ser capaz de tomar decisiones sobre en qué es importante centrarse y en qué no.

Qué sabemos de esta habilidad

El dominio de esta habilidad ejecutiva abarca dos habilidades un poco separadas pero interrelacionadas: la planificación y la priorización. En un sentido, la capacidad de establecer prioridades es una parte esencial del proceso de planificación, pero creemos que es tan importante que la hemos incorporado en nuestra etiqueta para que el concepto no se pierda. Si la metáfora de la creación de un mapa de carreteras es útil para ayudar a entender la planificación, entonces establecer prioridades nos ayuda a decidir cuál es la ruta más eficiente y directa. Sin priorizar, para continuar con la metáfora, es muy probable que acabemos tomando rutas erróneas simplemente porque nos parecen interesantes.

Las investigaciones sobre el funcionamiento del cerebro han demostrado que los primates y los humanos comparten algunos aspectos del funcionamiento del lóbulo frontal, pero los científicos de la Universidad de Oxford han publicado recientemente en la revista *Neuron* un estudio en el que compararon la corteza prefrontal humana con la de uno de nuestros parientes, el macaco rhesus. Identificaron doce regiones distintas en la corteza prefrontal y encontraron que los humanos y esta especie de monos tenían once regiones en común. La parte que es exclusiva de los humanos (técnicamente, el área frontopolar del córtex prefrontal) está asociada a la planificación estratégica, la toma de decisiones y la multitarea. De este modo se podría argumentar que estos aspectos del funcionamiento ejecutivo pueden ser los más evolucionados.

En términos de nuestros dominios de habilidades ejecutivas, la planificación se solapa con la metacognición más que con cualquier otra habilidad, aunque también hay elementos de la organización, de la gestión del tiempo y de la persistencia dirigida a un objetivo. Los pasos clave involucrados en la planificación son tres: **1)** identificar el punto final o el propósito para el plan, **2)** determinar los elementos críticos que deben ser incluidos en el plan y **3)** hacer una lista de la secuencia de pasos que necesitan seguirse para llevar a cabo el plan. Pero para que la planificación tenga éxito, hay cuestiones adicionales a considerar, tales como:

- Qué materiales hay que reunir para llevar a cabo el plan. Esto puede incluir materiales tangibles, así como información (por ejemplo, datos, hechos, pruebas, material de apoyo, o incluso una lista de ideas).
- Qué conjuntos de habilidades se necesitan para implementar el plan.
- Plazos razonables para llevar a cabo cada paso.
- Si el plan será implementado por varias personas, cuál será la manera más eficaz para ellos para coordinar las actividades (esto entra también en la gestión de proyectos).
- Posibilidad de mejorar el plan. Este último paso consiste en revisar cada paso de la planificación y, tras revisar las respuestas a todas las preguntas anteriores, determinar si son exactos y completos.

Si tenemos en cuenta todo lo que implica la planificación, podemos entender perfectamente por qué no es una habilidad que posean los monos.

Qué podemos hacer al respecto

Debido a la superposición con otras habilidades ejecutivas, nos centraremos en tres aspectos fundamentales de la planificación: la definición del efecto deseado, la identificación de los elementos clave para la planificación y la determinación de la secuencia de pasos que conducirá al resultado deseado.

Cómo modificar el entorno para hacer más fácil la planificación y la priorización

(Para obtener información detallada acerca de las modificaciones del entorno, consulta el capítulo 3).

- **Modificar el entorno físico o social.** Piensa en las herramientas o materiales que podrían facilitarte la planificación. Algunas posibilidades son:

  — Utilizar una pizarra blanca grande que puedes dedicar tanto para desarrollar el plan como realizar un seguimiento de tus progresos en dicho plan. Algunas personas necesitan mucho espacio para trabajar, y una gran pizarra blanca puede servir a este propósito.

  — Utilizar notas pósit para desarrollar tu planificación. Esto es particularmente útil si tienes problemas para secuenciar los pasos. Pon cada paso en un pósit por separado, y luego reorganízalos hasta que el orden te parezca el adecuado.

  — Utiliza tecnología, tal como los diagramas de Gantt, para ayudarte con el proceso de planificación. Consulta las siguientes sugerencias en la sección «Soporte tecnológico» de la página 225.

- **Modifica la tarea.** Algunas personas son capaces de planificar sin esfuerzo. Ya se trate de un proyecto del hogar o de una tarea del trabajo, parecen concebir la idea y luego comienzan a trabajar en ella en un orden lógico, sin olvidarse de dar ni un solo paso ni chocar contra obstáculos. Si tú no eres así, entonces la mejor manera de modificar la tarea consiste en descomponerla en elementos básicos utilizando una plantilla que te guiará a través del proceso. Te ofrecemos un poco más adelante una Plantilla de Planificación que puede resultarte útil y que también está disponible para su descarga e impresión en www.guilford.com/dawson7-forms. Viene seguida por un ejemplo completo.

- **Solicita la ayuda de otros.** Si la Plantilla de Planificación no es suficiente para guiarte a través del proceso de planificación, entonces pídele a otra persona que te ayude. Puedes tener la tentación de elegir a alguien que sea muy hábil en la planificación, pero hay que tener en cuenta que las personas que son excepcionalmente fuertes en esta habilidad ni siquiera saben cómo lo hacen. Hay varias investigaciones que demuestran que los mejores maestros no son necesariamente los que tienen el más alto nivel de experiencia, ya que muchos no recuerdan cómo llegaron a ser tan buenos. Tener a alguien con quien intercambiar ideas, incluso si no son perfectos planificadores, podría ser una manera útil de desarrollar esta habilidad.

Cómo mejorar tu planificación/priorización a través de la práctica

(Para obtener información detallada acerca de las estrategias de mejora de habilidades, consulta el capítulo 4).

- **Identifica una tarea o actividad específica que sea un buen punto de partida para desarrollar tus habilidades de planificación.** Dado que ésta es una habilidad complicada, te sugerimos que elijas algo que realmente quieras hacer (como la planificación de las vacaciones) en lugar de algo que sientes que tienes que hacer (como la planificación de la venta del contenido del trastero para deshacerte de cosas que ya no usas). Si puedes practicar con elementos de planificación en el contexto de un resultado muy deseado, en el futuro puedes aplicar las habilidades que has aprendido en el proceso a actividades menos deseadas. También es posible que desees comenzar con una actividad que tiene pocos pasos y no es muy complicada. De hecho, si crees que no eres muy bueno en eso, empieza con algo que ya haces bastante bien (como lavar la ropa o ir a visitar a tus padres que viven en otra ciudad), así podrás practicar un poco dividiendo el proceso de planificación en sus componentes.

PLANTILLA DE PLANIFICACIÓN

Paso	Componente
1	¿Cuál es tu resultado o meta deseada?
2	Lluvia de ideas sobre todo lo que necesitas para llevar a cabo tu plan.
3	¿Qué materiales debes reunir para completar tu plan? Esto debe incluir material que ya tienes, así como las cosas que puedas necesitar comprar.
	Materiales ya disponibles / Materiales que hay que comprar

Materiales ya disponibles	Materiales que hay que comprar

PLANTILLA DE PLANIFICACIÓN (continuación)

4	¿Qué pasos hay que seguir para llevar a cabo el plan?		
	Pasos (en orden)	¿Cuánto tiempo tardará?	Fecha final (y fechas intermedias)
5	¿Tienes el conjunto de habilidades necesarias para llevar a cabo el plan? Si no es así, ¿qué vas a hacer?		
6	Si hay más personas involucradas, ¿quién supervisará el proyecto? ¿Quién va a hacer qué?		
	Quién	Tarea	Fecha final
7	Comprobación: revisa cada sección anterior y pregúntate: «¿Es correcta? ¿Está completa?». Marca la casilla cuando hayas terminado. ☐ Paso 1 ☐ Paso 2 ☐ Paso 3 ☐ Paso 4 ☐ Paso 5 ☐ Paso 6		

EJEMPLO DE PLANTILLA DE PLANIFICACIÓN

Paso	Componente
1	¿Cuál es tu resultado o meta deseada? *Plantar un huerto.*
2	Lluvia de ideas sobre todo lo que necesitas para llevar a cabo tu plan. *Determinar qué tamaño debe tener el huerto, decidir qué tipo de verduras quiero plantar, investigar lo que crece bien en nuestra zona, hacer una lista de los materiales que puede ser que necesite (herramientas de jardín, cajoneras de cultivo, tierra abonada, semillas), investigar dónde comprar las cosas que no tenemos, decidir dónde colocar el huerto (horas de luz solar, lejos de las marmotas y de los ciervos), comprar catálogos de semillas o visitar las tiendas de material de granja, comprar o encargar semillas, crear una línea de tiempo para la siembra de semillas, determinar qué tipo de verduras quiero plantar con semillas y cuáles debo plantar con esquejes, plántulas, etc. (por ejemplo, las cebollas, las patatas).*
3	¿Qué materiales necesitas reunir para completar tu plan? Esto debe incluir material que ya tienes, así como las cosas que necesitas comprar.

Materiales ya disponibles	Materiales que hay que comprar
Rastrillo *Azada* *Paleta* *Manguera de jardín*	*Cajoneras de cultivo* *Tierra abonada* *Estiércol* *Fertilizante* *Semillas y plantas* *Aspersor y temporizador* *Estacas*

EJEMPLO DE PLANTILLA DE PLANIFICACIÓN (continuación)

4	¿Qué pasos hay que seguir para llevar a cabo el plan?		
	Pasos (en orden)	Cuanto se tarda	Fecha de finalización (plazo provisional)
	Decidir el tamaño y la ubicación del huerto	*1 hora*	*1 de septiembre*
	Elaborar el pedido de los materiales para hacer las cajoneras de cultivo	*30 minutos*	*2 septiembre*
	Hacer el pedido de la tierra abonada, comprar el estiércol	*15 minutos*	*10 de septiembre*
	Construir las cajoneras de cultivo	*3 horas*	*15 de septiembre*
	Pedir los catálogos de semillas por Internet	*1 hora*	*30 de diciembre*
	Pedir las semillas	*1 hora*	*15 de febrero*
	Preparar el suelo y las semillas de las plantas tempranas	*1 hora*	*30 de abril*
	Plantar las semillas en los momentos y los intervalos apropiados (por ejemplo, las lechugas cada 2 semanas para mantener un cultivo continuo)	*15 minutos para cada siembra*	*30 de abril-1 de agosto*
	Ajustar los aspersores y los temporizadores (para regar los cultivos en un horario regular)	*30 minutos*	*1 de junio*
	Quitar las malas hierbas/cosechar	*15 minutos diarios*	*15 de mayo-30 septiembre*
	Preparar las cajoneras de cultivo para el invierno (limpiarlas, añadir estiércol fresco)	*1,5 horas*	*15 de octubre*
5	¿Tienes el conjunto de habilidades necesarias para llevar a cabo el plan? Si no es así, ¿qué vas a hacer al respecto? *No soy buena construyendo cosas. Le pediré a mi marido que me ayude a fabricar las cajoneras de cultivo.*		
6	Si hay más personas involucradas, ¿quién supervisará el proyecto? ¿Quién va a hacer qué?		
	Quién	Tarea	Fecha final
	Marido	*Ayuda a construir los lechos elevados*	*15 de septiembre*
7	Comprobación: Revisa cada sección anterior y pregúntate: «¿Es correcta? ¿Está completa?». Marca la casilla cuando hayas terminado. ☐ Paso 1 ☐ Paso 2 ☐ Paso 3 ☐ Paso 4 ☐ Paso 5 ☐ Paso 6		

- **Establece tu meta.** Aunque te recomendamos que comiences con la planificación de una actividad deseada que te resulte fácil, tu objetivo puede ser aprender a planificar una actividad más complicada que entra en la categoría de «obligación» más que en la «deseo».
- **Establece una fecha límite.** Te recomendamos que el plazo a identificar esté conectado al objetivo obligado. Sé realista, es probable que necesites completar varias semanas de práctica para llevar a cabo los proyectos de planificación simples para objetivos deseados antes de abordar los objetivos obligados.
- **Haz un plan específico.** Te hemos propuesto una plantilla para ello. Puedes necesitar modificarla para que se adapte al proyecto que tienes en mente, pero creemos que hemos incluido las preguntas básicas que necesitas hacerte a ti mismo.
- **Externaliza el comportamiento que estás trabajando.** La pizarra blanca puede serte útil en este apartado. También podrías reproducir tu plan usando una aplicación de pósit en tu ordenador o un programa que aparezca en el escritorio cuando enciendas el ordenador cada día.
- **Establece una recompensa.** Esto es fácil durante la fase práctica, porque estás abordando una actividad que «deseas» hacer: hacer esa práctica de seguimiento del plan ya es en sí una recompensa para ti. Cuando finalmente abordes la actividad «obligada» debes buscar una recompensa muy placentera para cuando hayas acabado. También te recomendamos que establezcas recompensas parciales por llevar a cabo las diversas etapas, tanto durante el proceso de planificación como a lo largo de la ejecución de la planificación. Consulta la lista de recompensas del capítulo 4 para obtener ideas.
- **Escribe dos o tres afirmaciones alentadoras.** ¿En qué estás trabajando? ¿Por qué trabajas en ello? ¿Qué vas a ganar si puedes mejorar en esa habilidad? Responde a estas preguntas y refiérete a ellas a diario.

Soporte tecnológico

Hay más aplicaciones de planificación para los móviles, las tabletas y los ordenadores de las que pueden contarse. Algunas son gratuitas, mientras que otras, especialmente las dirigidas a una clientela de negocios, pueden costar 100 euros o más.

Hay muchas orientadas a tipos específicos de planificación, como la planificación de bodas, de las comidas, la financiera, la de viajes (rutas y listas de control) y la decoración del hogar, sólo por nombrar unas pocas. Si crees que te gustaría utilizar la opción electrónica para realizar tu planificación, te recomendamos que te inicies mediante la descarga de una de las aplicaciones gratuitas (o de las versiones gratuitas de las aplicaciones de pago) para probarlas antes de gastarte el dinero. Algunas son bastante complicadas, y muchas dan por sentado que el usuario tiene buenas habilidades de planificación para comenzar a utilizarlas, por ejemplo, y comienzan directamente con la identificación de la secuencia de pasos que se deben seguir. Esto es diferente de la Plantilla de Planificación que te hemos proporcionado en este capítulo, que te insta a comenzar el proceso de planificación con un intercambio de ideas y con el registro por escrito de todo lo que necesitas tener en cuenta antes de comenzar el proceso de secuenciación. Es posible que desees utilizar nuestra Plantilla de Planificación y luego transferir los pasos a cualquier aplicación que elijas utilizar. La ventaja de una aplicación electrónica es que puedes programar alarmas y recordatorios.

Si, después de probar una versión gratuita, decides que una aplicación es el camino a seguir, lee los comentarios y las opiniones de otros usuarios acerca de cualquier aplicación que estés considerando. Comprueba cuánto soporte técnico te proporciona la aplicación y si los usuarios que la han comentado utilizan términos como «intuitiva» o «fácil de usar». Es posible que desees echar un vistazo a las aplicaciones desarrolladas por Omni Group (www.omnigroup.com). De todas las que revisamos, las suyas ofrecen explicaciones más detalladas y vídeos para ayudar al cliente a usar las distintas aplicaciones que ofrecen. Aunque Omni Group cuenta con aplicaciones de gestión de proyectos dirigidas a las empresas que son bastante complicadas, la aplicación OmniFocus parece estar más orientada al uso general, aplicable tanto a proyectos de casa como del ámbito laboral.

Como alternativa a OmniFocus, es posible que desees ver los materiales de David Allen, un experto en la eficiencia del tiempo que desarrolló un método llamado «Haz que funcione». Tiene un público entusiasta y, si visitas su página web te informará acerca de las oportunidades de formación, podcasts, servicios y productos que explican y apoyan su sistema. Si deseas una evaluación más objetiva de lo bien que funciona dicho sistema, te recomendamos que vayas a Amazon.com y revises los comentarios de los lectores de su libro, *Getting Things Done: The Art of Stress-Free Productivity*. Hay casi 1400 comentarios de lectores, más de la mitad de los cuales le dan al libro una calificación de cinco estrellas. Uno de los usuarios que le dio cinco estrellas escribió: «Este libro ha cambiado mi enfoque de mi vida laboral». Pero si eres de los que dudan de que un libro pueda conseguir eso, consulta los comentarios más críticos. Uno de ellos escribió: «Nunca he terminado de leer este libro. Soy un fracaso para completar las cosas».

Lo que más nos impactó cuando evaluamos las aplicaciones y buscamos las opciones tecnológicas es que no existe un solo sistema que funcione perfectamente para todo el mundo. Hay que tener en cuenta que la mayoría de los sistemas y aplicaciones probablemente fueron desarrollados por personas que eran, de forma natural, buenas en la planificación o a la hora de utilizar tecnología bastante complicada. Si no entras en una o ambas de esas categorías, invierte tu dinero con cuidado.

Cómo es en la práctica: Aprender a planificar en el trabajo y en casa

El trabajo de Zach como gerente de nivel medio en una pequeña empresa especializada en importación y exportación era bastante sencillo. Tenía que llevar a cabo un conjunto fijo de actividades de acuerdo con un procedimiento bien establecido. Como sus habilidades de planificación eran débiles, el trabajo le convenía, pero lo que en realidad deseaba era ascender en la empresa, y la única manera probable de que sucediera eso era que él iniciara nuevos proyectos. Se encontró con que no tenía problemas para llegar a grandes ideas que, si desarrollaba, significarían o bien una sustancial mejora en la oferta de servicios para los clientes o bien el aumento de los ingresos para la empresa. Cuando compartió sus ideas con los jefes, acordaron que Zach tenía potencial y lo animaron a seguir adelante y a medrar.

Por desgracia, sus pocos esfuerzos en llevar sus ideas a buen puerto fracasaron terriblemente. Cuando trató de planificar el proceso, o bien se vio incapaz de identificar un primer paso lógico o se empantanó en detalles y contingencias que convirtieron los planes en algo tan increíblemente complejo que fueron imposibles de realizar. Por ejemplo, se había dado cuenta de que la universidad local patrocinaba una feria de artesanía cada pocos meses en la que los artesanos locales ofrecían sus productos. La compañía de Zach era una empresa de comercio justo que tenía tratos comerciales con artesanos similares en los países del Tercer Mundo, y pensó que el propósito de su compañía era una buena opción para la misión de los organizadores de la feria de artesanía. También pensó que los artículos que importaba su empresa serían atractivos para el mismo tipo de clientes si alguien convencía a los organizadores de la feria para que se expandieran más allá de los artesanos locales. Su supervisor lo animó a seguir con la idea, pero Zach no pudo averiguar qué hacer primero o con cuál de los organizadores de la feria sería mejor hablar. Así que dejó pasar la oportunidad.

Cuestiones muy similares surgían en su casa. Zach era bastante hábil con las herramientas y tenía grandes ideas para llevar a cabo varios proyectos de carpintería. En su casa había una habitación que llamaban la «cueva» (que era pequeña y acogedora, con un par de sillas cómodas y una chimenea) que pedía a gritos que pusieran estanterías empotradas. Zach ya había fabricado estanterías antes y le habían salido a pedir de boca. Pero nunca había tratado de empotrarlas en la pared, y no encontraba la manera de hacerlo. Había cometido el error de compartir su idea con su esposa, a la que le encantó y que no dejaba de insistirle para que empezara cuanto antes. Cada vez que su esposa lo mencionaba, Zach se daba un cabezazo mental contra la pared por haber compartido aquella idea con ella.

En el trabajo, unas pocas semanas después de que le contara a su supervisor el asunto de la feria del comercio justo, el jefe de Zach le preguntó si se había avanzado en algo o si había pensado más en ello. Contra toda esperanza, Zach había deseado que nadie en el trabajo se acordara de aquello, por lo que sintió un poco de pánico en ese momento. Pero, si no se arriesgaba...

El diálogo fue así:

—Sinceramente, Brian, he pensado en ello, y me gustaría continuar con el proyecto, pero no sé muy bien por dónde empezar. Estoy seguro de que ya lo sabes, las últimas veces que he tratado de planificar lo que al principio parecía un buen proyecto, me he perdido entre una maraña de detalles –dijo Zach.

—Hoy tendré algo de tiempo al acabar el trabajo. Si quieres hablamos de ello, a mí me encantaría que me contaras más sobre el tema. Creo que la idea podría tener algunas posibilidades –dijo Brian.

—¡Vale, gracias, puede estar bien! Yo acabo a las 16:30 –añadió Zach.

—No hay problema. Hasta entonces –dijo Brian.

Zach llegó a la reunión con una mezcla de ansiedad y esperanza. La ansiedad se la provocaba saber que iba a exponer a su jefe una verdadera debilidad y que existía el riesgo de que eso pudiera cerrarle las puertas a su avance en la empresa. Por otro lado, quizás aquello fuera un paso hacia la mejora de una habilidad que, sin duda, ahora era un verdadero impedimento para implementar sus proyectos y así medrar en la empresa.

Se sentó con Brian y empezó a hablar sobre el objetivo de su plan: la creación de una nueva salida para los oficios de sus clientes. Brian fue directo al asunto.

—Entonces, ¿en qué estás atascado, Zach?

«Vaya –pensó Zach–, no se va por las ramas».

—No sé a quién dirigirme en la feria de artesanía para explicarle mi idea –dijo por fin.

—¿Qué sabes acerca de la feria? ¿Quién la dirige, cuáles son los patrocinadores, quién la organiza? –le preguntó Brian.

—No mucho, en realidad –respondió Zach–. Vi que se anuncia en el sitio web de eventos de la comunidad universitaria, y para obtener más información había que entrar en un enlace proporcionado.

Brian tomó algunas notas en un par de pósit, «Mercado de artesanías», «Enlace al sitio web» y «Persona(s) al cargo». Luego dijo:

—Cuando trabajo en un plan, Zach, empiezo por el objetivo, luego escribo todos los pasos que se me ocurren y los anoto en una pizarra blanca como esta que tengo detrás de mi escritorio. Es mi tabla de planificación. Uso pósits porque puedo moverlos y probar varios órdenes diferentes de eventos con el objetivo en la parte superior. Si no estoy seguro de que lo tengo todo, le pido a alguien del departamento que revise la pizarra y que aporte todas las ideas que se le ocurran y me diga si necesito incluir más cosas. Trato de centrarme en los pasos principales para hacer que el plan avance, lo que me ayuda a mantenerme alejado de esa *maraña de detalles* que dices tú.

Brian era bueno en su trabajo, y Zach estaba un poco sorprendido de que utilizara lo que le pareció un proceso excelente, concreto y sencillo. Se supone que las personas que eran buenas en la planificación lo tenían todo en la cabeza y no necesitaban herramientas.

—¡Eso está muy bien, Brian! Creo que ya tengo por dónde empezar –dijo Zach.

Brian lo animó.

—Ponte a ello, y encontrémonos de nuevo, digamos que dentro de una semana, y me enseñas lo que tienes. ¿Crees que es tiempo suficiente?

Zach pensó en su próxima semana.

—Sí, puedo programarme la agenda para hacerlo todo, y eso es tiempo más que suficiente.

Durante un período de cuatro semanas, con reuniones semanales, Zach, con los consejos de Brian, fue capaz de darle cuerpo a un plan y eliminar lo que amenazaba con empantanarlo. Al final resultó que la Oficina de Relaciones con la Comunidad de la Universidad era la responsable de la feria. Zach habló con una de las personas de marketing de su empresa y se acercó con una propuesta. Después se reunió con el director de Relaciones con la Comunidad, que estaba intrigado por la idea de establecer una relación con una empresa de comercio justo que trabajaba en el Tercer Mundo. Su única preocupación era la amenaza que los nuevos productos pudieran significar para los artesanos locales.

Zach también se había preguntado acerca de esa posibilidad. El responsable de marketing le había sugerido que remarcara que la publicidad de la empresa podría convertirse en un vehículo para aumentar el tráfico de visitantes a la feria. Dado que en la compañía también habían demostrado un gran interés por las buenas relaciones comunitarias, Zach se ofreció a publicitar, como parte de la promoción de la feria artesanal, tanto sus propios productos como los de los artesanos locales, junto con la información de contacto.

El director de la universidad vio esto como una victoria para todas las partes, y unos meses más tarde se desarrolló el plan y dio lugar a una respuesta positiva que aumentó el interés de la comunidad. Zach y su jefe no podrían haber estado más satisfechos con el resultado, teniendo en cuenta que la idea casi había muerto antes de empezar.

Excitado porque el plan parecía funcionar a las mil maravillas, Zach decidió retomar el tema de las estanterías para libros y se lo dijo a su esposa, cuya respuesta inicial fue sonreír y entornar los ojos.

—No, tengo un plan, de verdad, o algo parecido a un plan –dijo Zach con una sonrisa–. A los dos nos gusta la idea, pero no he avanzado en el asunto porque no sabía por dónde empezar. Así que, si me echas una mano, podemos planear los pasos a dar.

Ella todavía se mostraba un poco escéptica.

—Escucha –insistió Zach–, vemos los programas de televisión *HGTV* y *Esa casa vieja*. ¡No puedo creer que nunca se me haya ocurrido antes, pero *Esa casa vieja* enseña ideas, planes de mejora para el hogar, conjuntos de herramientas, materiales, todo!

En Internet descubrieron una tonelada de información sobre estanterías para libros. Seleccionaron un diseño que les gustaba y parecía adecuado, enumeraron los pasos, y Zach trazó una línea de tiempo. Con ambos involucrados, se convirtió en un proyecto divertido, y pensó en ello como un modelo para otras ideas para el hogar. El proceso también ayudó a Zach a darse cuenta de que hay una gran cantidad de herramientas, dependiendo del objetivo del proyecto, que pueden proporcionar ayuda con la hoja de ruta para llegar a la meta.

Por qué funcionó

- **Zach admitió que necesitaba ayuda.** Es posible que pidiera ayuda porque ya había experimentado una serie de fracasos, pero la planificación era una habilidad que no dominaba, y lo sabía. De todas las habilidades ejecutivas, ésta puede ser una de las más difíciles de intentar mejorar por tu cuenta, porque ¿cómo desarrollar un plan para mejorar tus habilidades de planificación si el acto mismo de la planificación es la parte que te resulta más difícil? En el caso de Zach, tuvo un jefe amable que estaba dispuesto a ayudarlo. Si estás en una posición en la que sospechas que tu jefe puede llegar a utilizar tu petición de ayuda contra ti, tal vez deberías pensar en recurrir a otra persona más adecuada de tu lugar de trabajo. Éste es también el tipo de cosas con las que te ayudan los *coach* laborales, así que siempre puedes contratar a alguien externo a tu trabajo para que te enseñe esta habilidad.
- **Zach estaba dispuesto a asumir un riesgo.** Esto puede ser otra forma de reiterar lo que acabamos de decir, pero queremos hacer hincapié en que Zach decidió enfrentarse a su problema. Podía seguir fingiendo que no tenía debilidad alguna en las habilidades que interferían con su capacidad de hacer su trabajo al nivel que su supervisor quería de él, pero ¿adónde lo habría llevado eso? Se habría sentido cada vez más incompetente y más insatisfecho con su trabajo, sabiendo que se perjudicaba a sí mismo y de paso a la empresa. O podía reconocer su debilidad y pedir ayuda. Por cierto, cuando hemos hecho presentaciones en ambientes laborales acerca de las habilidades ejecutivas, lo que nos han dicho es que es un gran alivio para las personas ser capaces de reconocer que no son buenas en todo. No sólo es más fácil para ellos decir: «Tengo un problema con esto», sino que de repente se dan

cuenta de que lo normal es que las personas tengan habilidades ejecutivas tanto débiles como fuertes.

- **Zach fue capaz de asimilar lo que aprendió en el trabajo y aplicarlo en casa.** Entendió que parte de lo que había funcionado en su trabajo era la relación de colaboración que ahora tenía con su jefe. Todavía le necesitaba para que le ayudara a crear una buena planificación y añadir una línea de tiempo, pero se dio cuenta de que había mejorado la relación con él. Se le ocurrió que su esposa podría ayudarlo con la planificación de proyectos en el hogar, y eso no sólo significaría que podrían hacer las cosas, sino que también sería una manera de pasar más tiempo juntos y de fortalecer su propia relación.

Capítulo 14

Arreglando el desorden
Organización

Qué es

La capacidad de crear y mantener sistemas para realizar un seguimiento de información y materiales.

Qué sabemos de ella

Cuando nos fijamos en cómo definen los investigadores las habilidades ejecutivas, encontramos que a menudo combinan la organización con la planificación. *Habla Peg*: «Como he escrito antes, en mis presentaciones a menudo bromeo con que soy buena en la planificación y pésima en la organización, por lo que sé perfectamente que son dos habilidades distintas. Pero, cuando realmente empieces a pensar en qué es la organización, te darás cuenta de que representa más exactamente una constelación única de una serie de habilidades ejecutivas, reunidas con el propósito –y aquí está nuestra definición– de crear y mantener sistemas para realizar un seguimiento de información o de material. Algunas de las habilidades que van unidas a la buena organización son la atención a los detalles, la toma de decisiones, el pensamiento analítico, la solución de problemas y la planificación/priorización».

Si estas habilidades son puntos fuertes para ti, entonces es probable que seas muy bueno en la creación de sistemas de organización. Pero la palabra clave de nuestra definición es en realidad *mantener*. Resulta que el mantenimiento de los sistemas de organización implica otras habilidades ejecutivas, las más importantes son: la memoria de trabajo, el inicio de tareas y la atención sostenida.

No es sorprendente, dada la complejidad de la organización, que esta habilidad sea difícil de localizar en cualquier región particular del cerebro. Ciertamente el funcionamiento del lóbulo frontal es clave, pero lóbulos frontales acceden a otras regiones del cerebro, según sea necesario. Si el esquema de organización se centra en la organización espacial (por ejemplo, en cómo organizar tu estudio), entonces existen muchas probabilidades de que sea reclutado el lóbulo parietal. Pero si el esquema de organización se asocia a la elaboración de una secuencia de pasos a seguir (por ejemplo, el plan que sigues para organizar tu estudio), entonces es probable que se implique el lóbulo temporal. Pero es el lóbulo frontal el que orquesta todo este proceso y te ayuda a tomar decisiones sobre cómo conseguir organizar las cosas y mantenerlas en orden.

Qué podemos hacer al respecto

Ya que esta habilidad se superpone a tantas otras, para nuestros propósitos nos centraremos en la organización de los materiales y de la información en el espacio. Las personas que son desorganizadas viven y trabajan en entornos saturados. Esto comienza con el espacio de trabajo físico que les rodea, pero también se extiende a la manera de organizar la información en cualquier dispositivo tecnológico del que dependan. En las siguientes descripciones, nos centraremos en dos componentes de nuestra definición: la creación de sistemas de organización y el mantenimiento de los sistemas de organización.

Cómo modificar el entorno para hacer más fácil la organización

(Para obtener información detallada acerca de las modificaciones del entorno, consulta el capítulo 3).

- **Modifica el entorno físico o social.** Dado que el entorno físico está en el corazón de la organización, el acto de modificarlo se basa más en la manera

que tenemos de practicar la habilidad para mejorarlo que en la manera de trabajar para evitar el impacto negativo de una organización débil. Tal vez la mejor forma de modificar el entorno para reducir el impacto de la organización débil es tomar un enfoque minimalista: deshacerte de todo lo que hay en tu entorno que no sea necesario para la vida diaria. Dependiendo de lo mucho o lo poco que esté desordenado tu espacio, esto podría ser una empresa importante, en cuyo caso te recomendamos proceder lentamente. Puedes optar por un pequeño espacio para comenzar, el armario de los cachivaches de la cocina, por ejemplo. Si tirar cosas a la basura te resulta difícil, entonces ordena las cosas en tres grupos: el de las cosas completamente desechables, el de las cosas para guardar (las únicas de ese grupo deben ser objetos que utilizas al menos una vez por semana o por temporada, como el papel de envolver regalos) y el de las cosas de las que «no estás seguro». Pon el montón «no estoy seguro» en una caja, etiqueta el contenido y pon la fecha, ciérrala y métela en el trastero o en garaje o debajo de una cama, donde puedas encontrarla pero que esté fuera de la vista. Después de dos o tres meses, si no has abierto la caja, tírala a la basura. (No, no abras la caja para ver el contenido antes de tirarla al contenedor. ¡Tírala directamente!) Haz lo mismo con las cosas que usas por temporada, métalas en una caja, etiquétalas y almacénalas. Las únicas cosas que deben quedarse en el espacio que has elegido ordenar primero deberían ser aquellas que usas al menos una vez a la semana.
- **Modifica la tarea.** Muchas de las modificaciones de tareas que figuran en la tabla «Maneras de modificar las tareas» del capítulo 3 se aplicarían aquí. La hemos adaptado para la organización, como se muestra en la página siguiente.
- **Solicita la ayuda de otras personas.** Si vives con alguien para quien la organización es algo natural, una manera de solicitar su ayuda sería ver si puedes hacer algún intercambio. ¿Puedes conseguir que esa persona se haga cargo de algunos aspectos de la organización que son difíciles para ti? He aquí un ejemplo. *Habla Peg:* «En mi armario de la cocina crece el desorden como la mala hierba. Una o dos veces al año llega a un punto en el que me vuelve loca, bueno, que vuelve loco a mi marido, que entonces empieza a hacer comentarios sarcásticos sobre mi desorden y me vuelve loca a mí. Este año, llegó a su punto crítico junto antes de Navidad. Así que hice un trato con él. A cambio de que yo envolviera los regalos (algo que él odia hacer), accedió a

limpiar el armario. Incluso envolví mis propios regalos (metidos en cajas de cartón estándar para que no supiera lo que eran). Así que un par de días antes de Navidad, mi marido se puso su música favorita y se puso a trabajar. Sé que yo habría hecho lo suficiente como para que el armario se viera bastante limpio y ordenado, pero él fue metódico e implacable. Tiró un montón de cosas y, si no estaba seguro de si debía tirarlas o no, las ponía en un montón en el suelo de la cocina o en un estante del armario en el que había reunido los objetos dudosos. "Peg –me dijo–, toma una decisión. De todos modos, ¿cuántas tazas de café y bolsas de la compra necesitas realmente?"».

Cómo mejorar tu organización a través de la práctica

(Para obtener información detallada acerca de las estrategias de mejora de habilidades, consulta el capítulo 4).

- **Identifica una tarea o una actividad específica que refleje tu habilidad de organización débil.** Puede que sepas inmediatamente por dónde empezar, pero si no es así, te recomendamos que rellenes el siguiente espacio en blanco: Si ordenara .... (nombre del espacio), la calidad de mi vida mejoraría (por ejemplo, *me sentiría más tranquilo, sería capaz de encontrar las cosas más rápido, podría trabajar de manera más eficiente, mi cónyuge o mi jefe no se molestarían conmigo*).
- **Establece tu meta.** No asumas que serás capaz de lograr tu objetivo en un día. De hecho, la regla de los «pasos de bebé» se aplica a esta habilidad ejecutiva tanto como a cualquier otra de las que hemos hablado. La clave será el desarrollo de un plan (consulta «Hacer un plan específico» en la página siguiente) que te permitirá avanzar a un ritmo que sea cómodo para ti.
- **Establece una fecha límite.** Cuando las personas desorganizadas deciden organizarse, a menudo subestiman la cantidad de esfuerzo que eso requiere. No dudes en fijarte un plazo que se extienda a lo largo de varias semanas o incluso meses (dependiendo de la tarea que hayas elegido). Es muy útil establecer una fecha límite para mantener la motivación, pero la clave del éxito es ser específico sobre el plan que vas a llevar a cabo y seguirlo en el tiempo con tanta coherencia como te sea posible.

Modificación de tareas	Explicación
Hacer la tarea más corta o establecer descansos.	Cualquier tarea que requiere organización puede ser dividida en partes más pequeñas con descansos incorporados entre medio. Date permiso para hacerlo.
Emparejar la tarea desagradable con algo que te resulte agradable.	¿Se puede ver la televisión mientras ordenas tus archivos? Los partidos de fútbol duran bastante. Probablemente estés sentado, así que ¿puedes organizar las facturas y los recibos de gastos durante las pausas comerciales?
Establece una recompensa cuando hayas realizado la tarea que requiere mucho esfuerzo para ti.	Consulta la lista de recompensas del capítulo 4 para obtener ideas.
Divide la tarea en partes muy pequeñas, haz una la lista de las partes y conviértela en una lista de tareas.	Consulta el ejemplo de la página 239 para la limpieza del estudio.
Utiliza la tecnología, como las aplicaciones de tabletas y teléfonos inteligentes, para establecer señales y recordatorios.	Más adelante, en este mismo capítulo, te ofrecemos una lista de unas cuantas aplicaciones útiles, pero las alarmas y las aplicaciones de recordatorios incorporados en la mayoría de los teléfonos inteligentes son un excelente punto de partida.
Convierte las tareas de final abierto en tareas de final cerrado.	Organizarse es a menudo una tarea de final abierto, ya que tiene múltiples componentes y con frecuencia no hay ninguna secuencia obvia de pasos a seguir. Si analizas lo que tienes que hacer y lo conviertes en una lista de control de tareas, el esfuerzo será más manejable.

- **Haz un plan específico.** Utiliza el formulario de Plan de Acción que incluimos en el capítulo 4 para seguir tu plan o diseña uno propio. Esta habilidad debe ser fácil de trabajar en la práctica diaria, sobre todo al principio. Dado que estamos hablando tanto de la creación de sistemas de organización como del mantenimiento de los mismos, el plan debería tener dos partes.

Habla Peg: «A modo de ejemplo, en la página siguiente te ofrezco mi propio plan para conseguir que mi estudio estuviera limpio y ordenado y para mantenerlo así en el futuro».

- **Externaliza el comportamiento de organización en el que estás trabajando.** Una manera de hacerlo es sacar fotografías del espacio antes y después de que hayas empezado a organizarlo. Ya que cuando comiences el proceso no tendrás una fotografía del después, busca una foto de un espacio que se asemeje a lo que quieres que se parezca tu resultado final. Conocemos a un individuo que estableció el objetivo de despejar el escritorio de su lugar de trabajo. Fue un proceso lento para él y, como fuente de inspiración, de vez en cuando le echaba un vistazo a la mesa limpia y ordenada de un compañero de trabajo, sólo para recordarse a sí mismo su objetivo.
- **Pase lo que pase, al menos haz una parte del plan.** Si un día no puedes pasar los 10 minutos que te has prometido a ti mismo que invertirías en la práctica, ¿puedes pasar 5? ¿Puedes hacer la mitad de la tarea diaria? Incluso llevar a cabo una pequeña parte de tu plan te ayudará a mantener algo de impulso de comportamiento para que mañana te sea más fácil continuar.
- **Establece una recompensa.** Ésta podría estar vinculada a tu objetivo de organización. Tal vez te gustaría tener algunos archivadores o cajas de almacenamiento nuevas (busca en Internet para encontrar ideas). Puedes ganártelos poco a poco, puedes darte 5 puntos por cada día que sigas tu plan. Cuando tengas 50, cómprate un archivador nuevo. Si es necesario, otórgate menos de 5 puntos si sólo has conseguido un éxito parcial en el seguimiento de tu plan diario. Consulta la lista de recompensas del capítulo 4 para encontrar más ideas.
- **Escribe dos o tres afirmaciones alentadoras.** ¿En qué estás trabajando? ¿Por qué trabajas en ello? ¿Qué beneficios obtendrás si puedes mejorar en esa habilidad? Responde a estas preguntas y refiérete a ellas a diario.

Soportes tecnológicos

Ya nos hemos referido antes a la utilización de las alarmas de los teléfonos inteligentes, pero aquí te ofrecemos algunas aplicaciones de organización a las que puedes echarle un vistazo:

PLAN DE PEG PARA UN ESTUDIO LIMPIO

Paso	Tarea	Período de tiempo	¿Cuándo vas a hacer esto?	Hecho (✔)
1	Elimina el desorden de las superficies; consigue una mesa auxiliar, colócala en el centro de la habitación, y pon todo lo que haya en la superficie del escritorio y en las estanterías en la mesa auxiliar.	Invierte 10 minutos al día en recolocar en su sitio las cosas que hay en la mesa auxiliar (o en tirarlas a la basura).	Cada noche después de la cena hasta que complete el trabajo.	
2	Ordena los libros de las estanterías; decide cuáles mantener y cuáles reciclar o donar. Invierte 10 minutos al día en recolocar en su sitio las cosas que hay en la mesa auxiliar (o en tirarlas a la basura).	Un estante al día	Los fines de semana (sábado y domingo, cuando esté en casa).	
3	Limpia y ordena los armarios archivadores.	Medio cajón al día	Los fines de semana (sábado y domingo, cuando esté en casa).	
4	Limpia y ordena los cajones del escritorio.	Un cajón al día	Los fines de semana (sábado y domingo, cuando esté en casa).	
5	Limpia y ordena las cajas de almacenamiento (las grandes debajo del escritorio, las más pequeñas en las estanterías).	Una caja al día	Los fines de semana (sábado y domingo, cuando esté en casa).	

Plan de mantenimiento
Todas las noches justo antes de lavarme los dientes, revisaré todo lo que haya encima de las superficies de mi estudio y lo guardaré en su sitio. Me permitiré una bandeja de «entrada» para mantener todas aquellas cosas que aún no puedo decidir qué hacer con ellas; todos los sábados por la mañana después del desayuno limpiaré la bandeja de entrada.

- **HomeRoutines.** Esta aplicación te permite crear listas de control de rutinas para las tareas diarias y semanales del hogar. Lo mejor de ella, sin embargo, es que aporta listas de limpieza detalladas, acordes a las distintas «zonas de enfoque». También incluye un temporizador incorporado que puedes establecer en 10 o 15 minutos para invertir en una «limpieza rápida». Finalmente, incorpora listas de tareas pendientes para trabajos puntuales, aunque toda la aplicación se puede personalizar para satisfacer tus necesidades.
- **Cozi Family Organizer.** Disponible para iPhone y iPad, es un calendario familiar codificado por colores que puede ser compartido entre los miembros de la familia ya que establece los horarios de toda la familia en un solo lugar. También incluye listas de compras y de tareas que se pueden compartir, y permite establecer recordatorios para asegurarse de que las personas recuerden lo que está en el calendario, y enviar por correo electrónico una agenda para la próxima semana al resto de los miembros de la familia.
- **ChoreMonster.** La revista *Parents* la calificó como una de las 70 mejores aplicaciones para familias en 2014. La aplicación permite a los padres gestionar las tareas de sus hijos, y los niños pueden ganar puntos al completarlas. Los puntos pueden dar lugar a recompensas (determinadas por los padres o por los padres y los hijos juntos), pero también se pueden utilizar para ganar monstruos en el «Monster Carnival».
- **Inbox.** Se trata de un sistema de gestión de correo electrónico que funciona en Google Chrome. Ordena los correos electrónicos en categorías tales como «Viajes», «Compras», «Promociones» y «Social» (por ejemplo, las redes sociales como Facebook) y te da la opción de consultar el correo de manera inmediata o de elegir la función «Snooze», que silencia las alarmas de la lista de correo electrónico hasta que le indiques que quieres consultarlo. Esta última función termina siendo muy satisfactoria para las personas que se sienten obligadas a comprobar la carpeta de entrada del correo electrónico todos los días, pero quieren posponer responderlos hasta un momento posterior.

Cómo es en la práctica: Despejar el desorden

Las debilidades organizativas de Robin la afectaban tanto en casa como en el trabajo. En casa, las cosas se apilaban desordenadamente en cualquier superficie: el correo de la semana en la encimera de la cocina, los catálogos de compras en la mesa de centro, los periódicos leídos en la mesa del comedor... Ahora que sus hijos ya se habían hecho mayores y se habían independizado, aquello era un problema menor (porque al menos la casa no estaba también llena de sus pertenencias), pero podía ver que estaba afectando a su marido, que pasó de ser muy ordenado a ser bastante desordenado. Y a ella realmente no le gustaba vivir en el caos. No sólo eso, sino que tenía cierta tendencia a perder las cosas (las facturas, los movimientos y los saldos de las tarjetas de crédito, los recordatorios de las citas con el médico, los cupones que había recortado y con los que podría ahorrarse una gran cantidad de dinero si simplemente pudiera encontrarlos antes de la fecha de caducidad...).

Ella se controlaba un poco más en el trabajo. Era muy cuidadosa con el papeleo importante, ponía cuidadosamente las cosas en carpetas etiquetadas tan pronto como se iniciaban los nuevos proyectos o se adquirían nuevos clientes. Pero, aun así, seguía habiendo extraños montones en su escritorio o papeles que no estaba segura de dónde colocar. Y ella era terrible en el control de los recibos de gastos. No sabía la cantidad de dinero que había perdido porque había traspapelado recibos o porque no los entregaba antes de la fecha límite mensual.

«Por lo menos no es tan malo como ese programa de televisión Hoarders» (Acaparadores), se decía a sí misma mientras contemplaba el panorama de su cocina desordenada. Pero, aunque controlara un poco el caos tanto en el hogar como en el trabajo, la combinación de desorden en los dos ámbitos realmente estaba empezando a angustiarla.

En el trabajo, Robin decidió que lo primera a lo que se dedicaría serían los recibos de gastos, porque la resolución de ese problema le proporcionaría su propia recompensa en forma de dinero en efectivo que volvería a su bolsillo. Como en el trabajo había sido capaz de utilizar con cierto éxito un sistema de carpetas, decidió que podría extender ese método para registrar y almacenar sus recibos y creó una carpeta para tal fin. La mayor parte de los gastos de Robin tenía que ver con la conducción (gasolina) y los costes asociados (los peajes, los aparcamientos). Se dio cuenta de que el problema que inicialmente debía abordar tenía lugar entre el momento en que recibía la factura (por ejemplo, en la gasolinera) y el lugar donde terminaba dicha factura (en el suelo del coche, en la guantera, en el bolsillo del abrigo, en el bolso). Luego tenía que recoger todas las facturas esparcidas por ahí. Decidió que necesitaba un lugar de almacenamiento transitorio en el coche, y para ello se compró un archivador en forma de acordeón con cinco bolsillos que etiquetó para los diferentes tipos de recibos. Puso este dispositivo de almacenamiento en el asiento de al lado (o en la guantera si llevaba a un pasajero), y pegó una nota adhesiva en el salpicadero del coche para que le recordara que debía clasificar el recibo inmediatamente. En su teléfono estableció un recordatorio de voz semanal para trasladar los recibos desde el archivador del coche a su carpeta de trabajo. Para tratar de ordenar los otros documentos de trabajo que se amontonaban, Robin contó con el apoyo de un compañero, que era muy organizado, para ayudarla a decidir qué otras categorías de archivos necesitaba para despejar los papeles sobre los que no podían tomar una decisión en ese momento.

En casa, Robin le pidió a su esposo que la ayudara a establecer un sistema de almacenamiento con categorías para las «cosas» que se acumulaban en las superficies. Él le sugirió que podrían tener una base de referencia sobre la cantidad de categorías diferentes que necesitarían quitando todas las cosas de encima de las diversas superficies de la casa y organizándolas por categorías. Eso ayudó a decidir qué tipo y qué sistemas diferentes de almacenamiento necesitaban. Robin, que operaba desde un punto de vista tipo «el trabajo pesado ama la compañía», le preguntó a su marido si podría ayudarla a recoger dos veces por semana, y ambos se pusieron de acuerdo en un día y una hora aproximada en que se pondrían a ordenar y para ello establecieron recordatorios en sus respectivos teléfonos. Mientras su marido veía una luz al final del túnel si realmente aquel plan conducía a Robin a una mejor organización, se lo tomó con cautela por si acababa teniendo que ocuparse él solo de aquella tarea. Robin le aseguró que quería mejorar sus habilidades y no sólo cargarlo a él con todo el trabajo, y que tener compañía durante la limpieza era muy importante. Convencido y con ganas de animar a Robin, él le propuso que, si ella podía mantener aquel sistema en funcionamiento, dos veces al mes saldrían por la noche para pasar una velada especial de su elección: cenar, a ver una película o una obra de teatro…

Por qué funcionó

- **¡Era el momento adecuado!** A veces las intervenciones funcionan porque has alcanzado el punto de inflexión. El caos de Robin comenzaba a molestarla. En el pasado, se había sentido triste y un poco frustrada, pero ahora se sentía como si la golpeara en la cabeza ya desde el mismo momento en que se levantaba por la mañana. También fue el momento adecuado porque, con sus hijos fuera de casa, el problema no parecía tan enorme. El consejo que damos a los padres y a los maestros con respecto a las actividades y las tareas para los niños es que cuando el niño empieza la tarea el final debe estar a la vista. En el caso de Robin, ahora veía que organizarse era en realidad algo alcanzable. Y aquí está la buena noticia acerca de la organización. Una vez el orden se convierte en la norma, es muy difícil volver a ser desordenado de nuevo. *Habla Peg:* «Al menos ésa ha sido mi experiencia (¡lástima que tardé alrededor de 50 años en empezar a ordenar las cosas!»).

- **Robin priorizó.** En el trabajo decidió que debía comenzar desarrollando un sistema para gestionar los recibos de gastos. Esto no sólo tenía sentido porque tuviera una recompensa asociada a su continuidad (que en realidad era recibir el pago de sus gastos), sino que, como también era una fuente de enorme frustración para ella, en adelante no perdería tiempo buscando cosas ni energía emocional enojándose consigo misma por perderlas. En casa, sus archivadores y cajones de escritorio todavía podrían incomodarla un poco, pero al menos no tenía que verlos durante todo el día. Sabía que se sentiría mejor cuando despejara todas las superficies, pero implicó a su marido en el proceso, y de ese modo ambos se sentirían mejor si abordaban ese problema en primer lugar.
- **Pidió ayuda a un «experto».** En el caso de Robin, se dirigió a su marido. Algunas personas pagan por la asistencia de *coaches* de organización, pero ella sabía que su marido tenía la habilidad para ayudarla. Por otra parte, sabía cómo funcionaba su mente, lo que aumentó la probabilidad de que el sistema que se le ocurriera Robin sería capaz de llevarlo adelante a largo plazo.
- **Reunió los datos antes de diseñar el sistema.** El desorden en su trabajo podía estructurarse mejor (un problema específico con un número finito de materiales y tareas de las que realizar el seguimiento) que la desorganización de su casa. La idea del marido de Robin de clasificar el material que contribuía a la confusión fue un primer paso necesario para diseñar un esquema de organización eficaz. También convirtió el desorden en un problema a resolver, y Robin adoraba resolver problemas, por lo que se convirtió en un primer paso muy atractivo para abordarlo.
- **Creó una programación semanal para seguir e incluyó responsabilidades.** Cuando la gente toma resoluciones, a menudo establecen un horario

a seguir (por ejemplo, lunes, miércoles y viernes en el gimnasio a las 6:00). Pero si implicas a otra persona en ese horario, hay muchas más probabilidades de que sigas adelante. ¿Cuántas veces podría Robin cancelar sus horarios de limpieza con su marido antes de arriesgarse a escuchar esos comentarios burlones que había hecho en el pasado y que habían comenzado a afectarle los nervios antes de decidirse a tomar medidas? Y puesto que su marido sabía que Robin necesitaría su apoyo para hacer este trabajo, él también era reacio a cancelar sus citas.

- **Estableció una recompensa.** Curiosamente, fue el marido de Robin a quien se le ocurrió la idea de una recompensa. Al igual que con el escenario del control emocional (consulta el capítulo 10), las personas a menudo sienten que no merecen ser recompensadas por las cosas que creen que deberían hacer de todos modos. El marido de Robin sabía lo que le gustaba a ella, y a Robin le encantó la idea cuando se la sugirió. Pero no esperes a que otra persona te sugiera una recompensa, ten en cuenta que esto puede ser un componente fundamental que contribuya al éxito de la intervención.

Capítulo 15

Cumplir con la agenda
Gestión del tiempo

Qué es

La capacidad para estimar la cantidad de tiempo que uno tiene, cómo asignarlo y cómo mantenerse dentro de los plazos y fechas límite. También implica la percepción de que el tiempo es importante.

Qué sabemos de esta habilidad

El tiempo es complicado. He aquí un breve resumen de cómo desarrollamos nuestra comprensión del tiempo. Los niños muy pequeños viven «en el momento», estiman el tiempo sólo cuando se les pide que presten atención a ello y luego miden el tiempo en función de sus propias acciones (el tiempo que tardan en hacer algo). Alrededor de los 5 o 6 años, comienzan a ser capaces de equiparar un lapso de tiempo a otro (el tiempo que tardan en desayunar en comparación con el que tardan en vestirse). Su capacidad para estimar el tiempo aumenta cuando se les enseña a «contar el tiempo», aunque su recuento no se alinee exactamente con los segundos que pasan. No es hasta alrededor de los 10 años cuando los niños cuentan el tiempo por su cuenta sin preguntar a un adulto. A partir de esa capacidad de contar el tiempo viene la capacidad para estimarlo. Y la estimación del tiempo es una habilidad clave que subyace a su gestión.

Resulta que la percepción y la estimación del tiempo activan diferentes partes del cerebro, dependiendo de la longitud del intervalo de tiempo en cuestión. Si estamos hablando de milisegundos, el sistema motor, que se rige por el cerebelo, está implicado. Si hablamos de horas o días, los ritmos circadianos se hacen cargo (controlados por los núcleos supraquiasmáticos). Pero si nos referimos a segundos y minutos (requeridos para contar y calcular el tiempo), es la corteza prefrontal la que entra en juego, es decir, las habilidades ejecutivas.

Otras capacidades que influyen en la gestión del tiempo son varias de las habilidades ejecutivas de las que ya hemos hablado: la iniciación de tareas, la atención sostenida y la planificación son fundamentales para la gestión del tiempo. Esto sugiere que si un individuo es débil en cualquiera de estas habilidades existen muchas probabilidades de que también lo sea en la gestión del tiempo. Asimismo ocurre que las emociones afectan a la percepción del tiempo. El miedo lo distorsiona y lleva a la gente a percibir que los acontecimientos terribles duran más de lo que duran realmente. Y las personas que padecen depresión crónica tienden a percibir el tiempo como más lento de lo que es. Por otro lado, quienes experimentan fuertes emociones positivas, como ocurre en las primeras etapas del enamoramiento, tienden a sentir que el tiempo vuela más rápido de lo que realmente pasa.

Hay un hecho divertido sobre el tiempo: la dopamina es el principal neurotransmisor involucrado en el procesamiento de tiempo. Esto significa que si sus niveles son bajos (como es el caso en los individuos con TDAH), aparecen distorsiones en la percepción del tiempo. Expertos en TDAH como Russ Barkley mantienen que un trastorno de la atención, en el fondo, implica distorsiones de tiempo, lo cual es uno de los motivos por los que las personas con TDAH llegan siempre tarde, pierden la noción del tiempo o subestiman cuánto tardarán en hacer las cosas. La relación entre la dopamina y la percepción del tiempo probablemente ayuda a explicar esto.

Qué podemos hacer al respecto

En primer lugar, debido a que otras habilidades ejecutivas están involucradas en la gestión del tiempo, asegúrate de que ésta es la habilidad que deseas trabajar. Cuando hablamos acerca de las debilidades en la gestión del tiempo, generalmente nos concentramos en las personas que tienen dificultades con la estimación del tiempo o que pierden su noción. Algunas personas con esta habilidad ejecutiva débil están tan atrapadas en lo que están haciendo en un momento determinado que no se dan cuenta de que se han quedado sin tiempo y que deberían estar en otro lugar o haciendo otra cosa. Otras sólo tienen una vaga noción de cuánto tiempo se tarda en completar una tarea o llegar a alguna parte, y llegan siempre tarde. Es concebible que algunas personas que no pueden estimar el tiempo hagan las tareas más rápido de lo que pensaban o lleguen temprano a las citas, pero en general esto no es visto como un problema ni por ellos mismos ni por las personas con las que viven o trabajan. Y luego hay algunas con una combinación de ambos problemas. Estas personas a menudo insisten en que tienen tiempo para hacer una cosa más antes de tener que salir o llegar al siguiente evento programado.

Cómo modificar el ambiente para hacer más fácil la gestión del tiempo

(Para obtener información detallada acerca de las modificaciones del entorno, consulta el capítulo 3).

- **Modifica el entorno físico o social.** Conocemos a personas que adelantan todos los relojes de su casa y de su automóvil de diez a quince minutos para ayudarles a compensar el retraso crónico. (Puedes pensar que esto no es efectivo porque saben que adelantaron sus relojes, pero la mayoría de nosotros dependemos tanto de las miradas rápidas a nuestro reloj o teléfono que lo olvidamos fácilmente. Vale la pena intentarlo). Conocemos amigos y miembros de la familia de personas con gestión de tiempo débil que logran el mismo fin diciéndoles deliberadamente una hora equivocada (adelantada) para el inicio de un evento (como una cena o una fiesta familiar). Otra estrategia es establecer alarmas para que suenen entre diez y quince minutos antes de que comience una actividad programada. Ten en cuenta que, si configuras la alarma con demasiada anticipación, una vez más puedes perder la noción del punto de transición porque vuelves a estar completamente involucrado en lo que estás haciendo en ese momento.
- **Modifica la tarea.** Te recomendamos que hagas esto por primera vez estableciendo una agenda diaria. No tienes que planificar el día entero, de hecho, te aconsejamos que no lo hagas, ya que las personas con deficiencias

de gestión del tiempo tienden a encontrar esto aversivo. Anota las cosas que tienes que hacer durante el día y, al lado de cada una, escribe cuándo esperas iniciar la tarea. Luego estima cuánto tiempo crees que tardarás en llevarla a cabo (creemos que la estimación del tiempo se puede mejorar mediante la práctica). Más tarde, cuando ya la hayas hecho, anota el inicio y el final reales. Por último, compara tu estimación con el tiempo real. Te mostramos un gráfico de ejemplo de programación en la página siguiente que también está disponible para la descarga y la impresión en www.guilford.com/dawson7-forms. Si mantener un gráfico te parece desalentador, elige una tarea un día, pruébalo y a ver cómo te va. Si tu hora de inicio real es mucho más tarde que la que planeaste, es posible que desees leer más sobre la iniciación de tareas en el capítulo 11 y quieras comenzar con esa habilidad. Si con frecuencia no puedes terminar la tarea a pesar de iniciarla a tiempo, es posible que desees leer más sobre la atención sostenida en el capítulo 12. Y si mientras haces eso te das cuenta de que interfiere en ello una mala planificación o priorización, échale un vistazo al capítulo 13.

- **Solicita la ayuda de otras personas.** Pídele a alguien que te eche una mano. Por supuesto, en vez de eso puedes utilizar la tecnología, pero si crees que podrías responder mejor a una persona que a una alarma de tu teléfono inteligente, pídele a tu cónyuge o a tu pareja o a un compañero de trabajo que revise contigo cómo vas a administrar el horario. Una vez trabajamos con un médico cuya dificultad para mantener un horario establecido ponía en riesgo su trabajo (¡los peligros de administrar la atención médica!). Dispusimos que su enfermera lo interrumpiera 5 minutos antes del final programado de sus citas. Ella le daba un mensaje al azar, pero la intención de la interrupción era señalarle al médico que necesitaba concluir la visita al cabo de 5 minutos.

PLANES PARA HOY

Tarea	¿Cuánto tiempo tardaré?	¿Cuándo empezaré?	Inicio real	Final real	¿Qué margen de error tenía la estimación? (+/− minutos)

De *The Smart but Scattered Guide to Success* de Peg Dawson y Richard Guare. Copyright © 2016 The Guilford Press. Quienes compren este libro pueden fotocopiar y/o descargar versiones ampliadas de este material (*véase* el cuadro al final del índice).

Cómo mejorar tu gestión del tiempo mediante la práctica

(Para obtener información detallada acerca de las estrategias de mejora de habilidades, consulta el capítulo 4).

- **Identifica una tarea o actividad específica que refleje tu debilidad en la gestión del tiempo.** Hay varias maneras de pensar acerca de cómo identificar el momento para empezar, y tu elección puede depender de tu análisis de tu problema mayor de gestión del tiempo. La siguiente tabla del tipo «Si…, entonces» puede ayudarte a tomar la decisión:

Si…	Entonces…
Empiezas las tareas crónicamente tarde.	Céntrate en comenzar a tiempo.
Empiezas a tiempo, pero subestimas cuánto rato tardarás en completar la tarea.	Trabaja en la mejora de las habilidades de estimación del tiempo de una tarea.
Te pierdes en lo que estás haciendo y no haces a tiempo las transiciones entre las tareas.	Trabaja para terminar las tareas a tiempo.
Tienes problemas con las tres situaciones anteriores.	Elige una tarea o una actividad que se repita a diario y céntrate en las tres recomendaciones anteriores en tu diseño de intervención.

- **Establece tu meta.** En los tres escenarios de gestión del tiempo, puedes establecer tu objetivo en términos de tiempo. Ejemplos:

  — «Mi objetivo es comenzar una tarea durante los 10 minutos posteriores de mi hora de inicio planificada».
  — «Mi objetivo de estimación es acertar con un margen de 5 minutos».
  — «Mi objetivo es terminar una tarea dentro de los 10 minutos posteriores al momento de finalización previsto».

Al igual que con otras habilidades ejecutivas, siempre sugerimos que empieces a trabajar poco a poco. Elige una tarea o una actividad que desees comenzar (por ejemplo, llegar a tiempo a la reunión semanal del personal, estar en el coche listo para llevar a los niños a la escuela a las 7:30 cada mañana, llegar a casa del trabajo dentro de los 5 minutos del horario indicado 4 días de cada 5). Cuando hayas logrado un 85-95 % de éxito con tu primer objetivo, puedes pasar a otro.

- **Establece una fecha límite.** No nos referimos a un plazo para el momento en que hayas corregido todos los problemas de gestión del tiempo, sino un plazo para haber alcanzado el éxito en la primera tarea en la que has decidido trabajar en «Establece tu meta». Cuando cumplas con el primer plazo, decide cuál será el siguiente y fija un tiempo para ello.
- **Diseña un plan específico.** Utiliza el formulario de Plan de Acción que te ofrecemos en el capítulo 4 para conformar tu plan o diseña uno propio. El tiempo y la frecuencia de tu práctica dependerán de qué tarea o actividad hayas elegido para empezar. Si llegar a tiempo a la reunión semanal del personal es tu objetivo, practícalo en el día de la reunión de personal (aunque si quieres encajar alguna práctica adicional, podrías establecer las mismas indicaciones o estrategias de transición los otros 4 días de la semana laboral para acostumbrarte a lo que se siente). Para la gestión del tiempo, tal como la hemos definido, las señales que establezcas serán fundamentales para tu éxito. Configurar una alarma recurrente en tu móvil podría ser la manera más fácil de establecer las señales.
- **Externaliza el comportamiento de gestión del tiempo que estás trabajando.** Puedes crear como recordatorios señales visuales (carteles, notas, pósits) o señales auditivas (las alarmas de los móviles), pero también te recomendamos la utilización de la visualización de imágenes como estrategia de ensayo. Si está trabajando para conseguir salir por la puerta de casa a tiempo por la mañana, entonces, cuando te metas en la cama la noche anterior, visualízate a ti mismo a través del proceso: levantarte cuando suena la alarma (en lugar de apretar el botón de repetición), cumplir con las rutinas de la mañana paso a paso, comprobar el reloj de vez en cuando para determinar si vas bien de tiempo, aumentar la velocidad de las acciones si no vas bien, y encender el motor del coche y mirar el reloj del cuadro de instrumentos para ver que si ése es el momento que habías previsto.
- **Selecciona una recompensa.** Ésta podría estar vinculada al tiempo que te has ahorrado por hacer las cosas de manera eficiente. Por ejemplo, si llegas

a trabajar a tiempo, podrías recompensarte leyendo los titulares de prensa de tu sitio web de noticias favorito antes de comenzar la jornada laboral. También puedes consultar la lista de recompensas del capítulo 4.
- **Escribe dos o tres afirmaciones alentadoras.** ¿En qué estás trabajando? ¿Por qué trabajas en ello? ¿Qué beneficios obtendrás si puedes mejorar en esa habilidad? Responde a estas preguntas y refiérete a las respuestas a diario.

Soportes tecnológicos

Ya nos hemos referido a la utilización de las alarmas de los móviles, pero en la sección de productividad de tu tienda de aplicaciones puedes encontrar otras ideas. Aquí hay un par que nos gustan:

- **Pomodoro.** Ya hemos descrito esta técnica/aplicación en el capítulo 12, ya que ayuda a mantener la atención, pero vale la pena mencionarla aquí de nuevo. Dividir tu jornada de trabajo en segmentos de 25 minutos, con descansos de 5 minutos, puede ayudarte a aprender a administrar tu tiempo de manera más eficaz, especialmente si lo combinas con la práctica de estimar cuánto puedes lograr en cada segmento de 25 minutos. Échale un vistazo a la página web, pomodorotechnique.com para más información.
- **aTracker/aTracker Pro** es una aplicación para iPhone o iPad que te permite realizar un seguimiento de cómo gastas tu tiempo en función de tus propias categorías personalizadas. Es fácil de configurar, puedes establecer alarmas para que te indiquen que debes comenzar una actividad en un determinado momento, y puedes seguir fácilmente la cantidad de tiempo que inviertes en cualquier acción tocando las teclas de inicio y de final de la actividad seleccionada.
- **RescueTime** es una aplicación de escritorio que realiza un seguimiento de cómo inviertes tu tiempo a través de la jornada de trabajo. Registra los sitios web que visitas y realiza un seguimiento de cuánto tiempo pasas en cada uno durante un período de tiempo dado. Hay una versión gratuita, así como un servicio de suscripción de pago que emite informes semanales con el desglose de los períodos de tiempo. Clasifica los sitios web como productivos o despilfarradores de tiempo y te permite saber la cantidad de minutos que

pasas en cada uno. También puedes establecer metas y limitar el acceso a los sitios web despilfarradores de tiempo de acuerdo a las reglas que establezcas tú mismo.

Cómo es en la práctica: Cumplir los plazos y hacer las cosas a tiempo

Gabriel disfrutaba de su trabajo y de sus compañeros, y su empresa lo valoraba como a un analista experto. Pero en sus últimas dos evaluaciones de rendimiento habían observado que tenía problemas con la gestión del tiempo. Su jefa le dijo que estas cuestiones podrían afectar a las futuras oportunidades de ascenso ya que sus retrasos afectaban al trabajo de otras personas de su equipo. Gabriel resolvió que mejoraría sus habilidades de gestión del tiempo (¡o eso esperaba!), pero no quería hacer demasiadas cosas a la vez. Se reunió con su jefa y le preguntó qué área creía ella que debía abordar él en primer lugar. Ella le dijo que la entrega de su análisis semanal de producto y de flujo de efectivo a las 10:00 del lunes era una prioridad debido a que el resto del equipo necesitaba esta información para completar sus informes. Habitualmente Gabriel se retrasaba en la entrega de ese informe porque, aunque la información que necesitaba estaba disponible, generalmente no tenía el tiempo suficiente para completarlo porque trataba de hacer otra tarea primero («¡Sólo una cosa más y luego comenzaré!»).

Su primer paso era obtener una estimación fiable del tiempo que necesitaba para la preparación del informe. Dado que la tarea le era bastante familiar, fue capaz de establecer un rango de un mínimo de 80 minutos y un máximo de 100 minutos. Configuró recordatorios en sus dos calendarios, el del ordenador y el del móvil para el lunes a las 7:45. A continuación, estableció dos alarmas en su teléfono. La primera a las 8:00 que le avisaría de que le quedaban 15 minutos para terminar o interrumpir cualquier otro proyecto en el que estuviera trabajando. La segunda a las 8:15 que le avisaría de que debía detener inmediatamente lo que estuviera haciendo y comenzar a trabajar en el análisis. Su jefa y uno de los miembros de su equipo aceptaron ser sus «cronometradores» y darle información sobre la puntualidad de su informe. Gabriel se concentró en su plan, pero se dio cuenta de que durante las primeras 2 semanas, detenerse 5 minutos antes de que fuera el momento de comenzar el informe le hacía sentir que estaba «perdiendo el tiempo».

Su compañero de trabajo reaccionó con humor y le señaló que «ganaba» tiempo por el otro extremo, un pensamiento, curiosamente, que no se le había ocurrido a Gabriel hasta entonces.

En el hogar era una cuestión diferente. La esposa de Gabriel ya era la «cronometradora», y la débil habilidad de gestión del tiempo de su marido era una fuente de constante frustración e irritación para ella. Llegar tarde tanto a los eventos sociales como a los de ocio, además de ser algo muy frustrante, era una vergüenza y hacía que su esposa fuera reacia a hacer planes con sus amigos. Y cuando hacía planes, éstos le solían preguntar si el plan era a «tiempo real» o a «tiempo de Gabriel». Dado que a Gabriel le gustaba mucho salir con su esposa y sus amigos y se había dado cuenta de las reticencias de ella, sin duda, se sintió motivado para abordar el problema.

Gabriel le dijo a su esposa que quería trabajar para llegar a tiempo, o al menos con menos retraso que hasta entonces, a los eventos sociales, y le explicó lo que estaba haciendo en el trabajo. Ella se comprometió a ayudarlo, pero no se atrevió a confiar en sus buenas intenciones, al menos cuando el plan involucraba a otras personas. Se pusieron de acuerdo en comenzar con los eventos sociales (por ejemplo, las cenas fuera, las películas) que sólo los implicaban a ellos dos. Gabriel hizo la primera reserva para cenar y le dejó a su mujer decidir la hora en la que saldrían hacia el restaurante. Él siguió la misma estrategia que en el trabajo, estableció dos alarmas, una para 20 minutos antes de la salida para dejar lo que estuviera haciendo y otra a los 5 minutos para marcharse. Funcionó y celebraron aquel logro, por pequeño que fuera, durante la cena. En el siguiente evento, una película, a Gabriel no le fue tan bien, y llegaron tarde, por lo que se vieron obligados a ver otra película distinta que la que habían planeado.

Como los acontecimientos sociales eran para Gabriel una recompensa en sí mismos, decidió que necesitaba un incentivo adicional para llegar a tiempo a los sitios. Normalmente jugaba al golf con un grupo de cuatro personas los miércoles después de trabajar. Se comprometió con su esposa a que si por su culpa, llegaban 10 minutos tarde a cualquier evento que hubieran planeado, entonces renunciaría al golf esa semana. Su esposa se sorprendió, dada su pasión por este deporte, pero se dio cuenta de que aquello demostraba su intención de trabajar en su problema de gestión de tiempo, y demostraba también que era el incentivo que Gabriel necesitaba para sentirse motivado.

Por qué funcionó

- **Gabriel estaba dispuesto a reconocer que tenía un problema.** Algunas personas encuentran muy difícil reconocer que tienen algún tipo de carencia. Tienden a poner excusas o deciden que no es su problema porque a ellos no les molesta. Las evaluaciones de rendimiento de Gabriel le ayudaron a hacer frente a la realidad y, cuando sus amigos empezaron a hablar del «tiempo de Gabriel», aquello fue algo difícil de ignorar. Dejar a un lado la actitud defensiva es para algunos un primer paso importante para elaborar un plan con el que abordar el problema. En el caso de Gabriel, le permitió acercarse a su jefa y reclutarla para su beneficio. En casa, Gabriel estuvo dispuesto a escuchar a su esposa y a aceptar su consejo para comenzar a trabajar en eventos que sólo les involucraran a ambos en lugar de arriesgarse con eventos sociales que implicaran la compañía de sus amigos.
- **Estableció una línea de referencia.** Ése fue un componente importante de su plan de intervención porque necesitaba tener en cuenta el tiempo que tardaba en escribir el informe que eligió como primer problema de gestión del tiempo a abordar. En su caso, ya tenía mucha experiencia en aquella tarea y podría hacer una estimación bastante fiable del tiempo que tardaría en escribirlo. Si no hubiera estado seguro, podría haberlo cronometrado un par de veces para responder a esa pregunta.
- **Basó su plan en el autoconocimiento.** Gabriel sabía que las transiciones le resultaban muy difíciles, por lo que estableció dos alarmas para facilitarle la toma de decisiones. Una alarma actuaba como una advertencia, y la segunda le servía como una señal para detener lo que estuviera haciendo. Y, como sabía que la tecnología sola podía no ser suficiente, buscó la ayuda de un compañero de trabajo para proporcionarle estímulo y *feedback*.
- **Su plan para el hogar incorporó los elementos de éxito de su plan de trabajo.** Gabriel encontró que el sistema de alarmas funcionaba muy bien en la oficina, así que lo utilizó también en casa cuando llegó la hora de comenzar la intervención.
- **Revisó su plan cuando su primer esfuerzo aún no había alcanzado el 100 % de éxito.** Su plan de trabajo funcionaba bien, pero él se esforzaba un poco más en casa. Cuando falló en su segundo intento, decidió que tenía que subir su apuesta inicial.

- **Se mostró dispuesto a establecer una consecuencia negativa por no seguir su plan.** Siempre que sea posible, se recomienda utilizar las recompensas para dar forma a la conducta. Pero seamos sinceros, a veces la imposición de una consecuencia negativa funciona mejor y más rápido. Renunciar a su torneo de golf semanal era un gran problema para Gabriel. Saber que el golf pendía de un hilo lo ayudó a mantener su objetivo en mente (o en su memoria de trabajo, para ser más precisos). Cuando sonaba aquella segunda alarma, podía decirse a sí mismo: «¿Recuerdas el torneo de golf?», y eso podía ser suficiente para ayudarlo a dejar lo que estaba haciendo.
- **Estableció una responsabilidad.** Al permitir que su esposa supiera que su torneo de golf semanal corría peligro, sabía que no podía librarse con subterfugios. Esto suponía, por supuesto, que ella estaba dispuesta a hacerle rendir cuentas, probablemente una apuesta segura en este caso, ya que era evidente que había llegado a sentirse muy molesta con sus continuos retrasos.

Capítulo 16

Cambiar de marcha
Flexibilidad

Qué es

La capacidad de revisar los planes centrándose en los obstáculos, contratiempos, nuevas informaciones o errores. Se refiere a la capacidad de adaptación a las condiciones cambiantes.

Qué sabemos de esta habilidad

Desde una perspectiva evolutiva, podemos medir la flexibilidad en niños tan pequeños como de 3 o 4 años, y existen algunas evidencias que sugieren que esta habilidad ejecutiva alcanza su punto máximo a los 8 o 9 años. La buena noticia es que las personas pueden aprender a ser más flexibles, pero puede ser difícil que se den cuenta de que necesitan aprender esa habilidad, ya que un aspecto que afecta a la flexibilidad es la creencia de que sólo hay una manera de hacer algo (o una perspectiva o una respuesta correcta o una solución a un problema).

En términos neuropsicológicos, la flexibilidad es a menudo definida como «cambio de criterio», es decir, la capacidad de actualizar o cambiar las estrategias cognitivas que estamos empleando para realizar tareas en respuesta a cambios en el entorno. Si planeas ir a dar un paseo en bicicleta pero te das cuenta de que tiene una rueda desinflada, y además no puedes localizar la bomba para hincharla porque no sabes dónde está, puedes cambiar de criterio y decidir salir a pasear o a correr en su lugar, o ir rápidamente con el coche a la tienda de bicicletas para comprar una bomba nueva, o tal vez decidas cambiar el ejercicio por la limpieza del garaje en un esfuerzo para localizar la bomba que has perdido. Si tienes problemas para cambiar de criterio, es posible que no hagas ninguna de estas cosas, sino simplemente sentarte en el sofá y ponerte a ver la televisión en su lugar.

A lo largo de los años, algunos neurocientíficos han propuesto una teoría unitaria sobre las habilidades ejecutivas, sosteniendo que en realidad solamente hay una habilidad, en ocasiones llamada habilidad «ejecutiva central». Estos científicos sostienen que la variedad de funciones ejecutivas es, en realidad, una serie de reflejos de un solo mecanismo subyacente. Otros científicos, como se ha mencionado en el capítulo 2, han propuesto una mayor diversidad en las habilidades subyacentes. A veces reducen las habilidades a tres dominios primarios (algo denominado «modelo de tres factores»), de los cuales el cambio de criterio es uno. Los otros dos son la memoria de trabajo (también referida como «actualización de la información y seguimiento») y la inhibición de respuesta (más técnicamente, «inhibición de respuestas prepotentes»).

Estas tres habilidades se han combinado en una serie de estudios de investigación, tanto porque son consideradas generalmente como habilidades más circunscritas y de nivel inferior que, por ejemplo, la planificación, como porque se cree que subyacen a muchas de las tareas más complejas que se han considerado medidas de funcionamiento ejecutivo. Los defensores de este modelo han realizado un servicio útil, ya que han demostrado que, si bien todas estas habilidades tienen algo en común, no son verdaderamente habilidades ejecutivas separadas y distinguibles en lugar de una sola habilidad unitaria. Parece haber cierto consenso en que, para citar un estudio de investigación (llevado a cabo por Akira Miyake *et al.*), existe «tanto la unidad como la diversidad en las funciones ejecutivas que deben tenerse en cuenta en el desarrollo de una teoría de dichas funciones».

Sabemos que la dopamina es el neurotransmisor principal en apoyo del funcionamiento del lóbulo frontal.

Existen varias evidencias que sugieren, sin embargo, que diferentes receptores de la dopamina están implicados en diferentes habilidades ejecutivas. En ocasiones se distingue entre la memoria de trabajo y la flexibilidad. Ambas son habilidades de una importancia fundamental. Una permite recurrir a la experiencia pasada (la memoria de trabajo), mientras que la otra permite utilizar esa experiencia para tomar mejores decisiones acerca de cómo se optará por actuar en el momento.

La poca flexibilidad se relaciona con una serie de trastornos psicológicos, como la depresión, el trastorno obsesivo-compulsivo y, como es lógico, los trastornos como la anorexia nerviosa. La inflexibilidad cognitiva es también una debilidad clave en individuos con trastornos del espectro autista.

Hemos encontrado, sin embargo, que, al igual que con todas las demás habilidades ejecutivas, la flexibilidad existe a lo largo de un continuo, y muchas personas que entran en el rango de lo normal, sin embargo, tienen dificultades para lidiar con la flexibilidad.

Qué podemos hacer al respecto

Las personas que tienen dificultades con la flexibilidad a menudo también tienen un control emocional débil. Si bien son una superposición de habilidades ejecutivas, las vemos como algo distinto. La inflexibilidad es una causa común de reacciones emocionales desagradables, por lo que si piensas que tu principal habilidad ejecutiva débil es el control emocional, es posible que desees ver la inflexibilidad omo un factor contribuyente y considerar la orientación de esta habilidad para una intervención.

Otra habilidad ejecutiva que se superpone a la flexibilidad es la metacognición. Ciertamente hay un elemento de cambio de criterio en la metacognición. Desde nuestro punto de vista, sin embargo, las personas con una metacognición débil no necesariamente son inflexibles; más bien, no pueden considerar alternativas u otros puntos de vista, ya que no se les ocurre pensar en ello. Las personas inflexibles pueden no ser buenas considerando alternativas, pero cuando les sugieres que podrían hacerlo, tienden a poner trabas. Mientras que algunas personas inflexibles entran en la categoría de mentalidad tipo «o a mi manera o nada», otras son menos dogmáticas al respecto y pueden reaccionar a eventos inesperados o cambios propuestos al decir: «¿Sabes qué? Ésta es la manera en que siempre lo he hecho y siempre me ha funcionado, así que ¿por qué debería probar otra cosa?».

Si al rellenar nuestro Cuestionario de Habilidades Ejecutivas (consulta el capítulo 2), has descubierto que tiendes a ser inflexible y crees que puedes obtener beneficios de ser más flexible, sigue leyendo.

Cómo modificar el entorno para minimizar el impacto de la falta de flexibilidad

(Para obtener información detallada acerca de las modificaciones del entorno, consulta el capítulo 3).

- **Modifica el entorno físico o social.** Al igual que con el control emocional, la manera más sencilla de modificar el entorno es evitar situaciones que requieran flexibilidad. Por ejemplo, si tienes la opción de elegir con quién te irás de vacaciones, escoge a personas a las que les guste planificarlas con antelación y evita a aquellas que resuelven las situaciones a medida que se presentan en lugar de actuar de acuerdo con planes realizados anteriormente. Piensa en esos entornos sociales en los que te desenvuelves mejor y búscalos. Tal vez te cueste mantener una conversación casual porque no puedes tomar decisiones o responder con rapidez. Las situaciones sociales que pueden funcionar mejor para ti son las que se centran en una actividad, como ir a ver una película, o un partido de fútbol, o practicar un deporte. Después, piensa en los entornos sociales en los que te sientes incómodo –un cóctel con una gran cantidad de personas que no conoces bien, por ejemplo–, y evítalos.
- **Modifica la tarea o la situación.** Existen dos grandes categorías de medidas que puedes tomar para modificar una tarea o una situación. En primer lugar, puedes dar una serie de pasos para prevenir situaciones en las que se requiere flexibilidad por tu parte. Si tienes que ir a ese cóctel de todos modos, planifica con antelación para saber cómo sobrevivir al evento. Pídele a tu cónyuge o a tu pareja o al amigo o amiga que te acompaña que no se aleje de ti y te deje a solas con algún desconocido. Si conoces al anfitrión de la fiesta, pregúntale si puedes ayudar a servir los aperitivos o las bebidas, así tendrás algo que hacer y algo de qué hablar. Ensaya algunas preguntas o temas de conversación que puedas utilizar en el momento en que te quedes en blanco cuando quien te acompaña cometa el error de dejarte a solas con un completo extraño.

En segundo lugar, puedes identificar algunas estrategias de supervivencia para utilizarlas en el momento de gestionar el malestar. *Habla Peg:* «Con los años he aprendido que cuando siento que voy a ponerme inflexible (por lo general se presenta como una opresión en el pecho), sé que necesito hacer una pausa antes de responder, hago cinco respiraciones profundas, me voy y vuelvo, o incluso le digo a cualquier otro que esté involucrado en la situación: "Está bien, veo que mi inflexibilidad empieza a dar la cara, necesito algo de tiempo para pensar en eso". Mi marido ha aprendido a esperar esto de mí, así que cuando me hace una sugerencia que implica un cambio en los planes, simplemente lo pone sobre la mesa y lo deja reposar allí. Ya se ha acostumbrado a que mi primera decisión en cuanto a una sugerencia para hacer algo diferente no es necesariamente mi última decisión».

- **Solicita la ayuda de otras personas.** Sé claro con los demás acerca de los tipos de situaciones con las que te cuesta lidiar por culpa de tu inflexibilidad. *Habla Peg:* «Mi marido aprendió en algún momento durante el primer año de nuestro matrimonio que traer a casa por sorpresa a un invitado a cenar no era una buena idea. Cuanto más entiendan los que te rodean que tú tienes problemas para hacer frente a los acontecimientos inesperados, a los cambios en los planes o a cualquier tipo de sorpresa, más probabilidades tendrás de que ellos eviten ponerte en ese tipo de situaciones, o que te lo expliquen con tacto cuando no se pueda evitar ese tipo de escenarios».

Cómo mejorar tu flexibilidad mediante la práctica

(Para obtener información detallada acerca de las estrategias de mejora de habilidades, consulta el capítulo 4).

- **Identifica una tarea o situación específica en la que te cueste ser flexible.** La característica clave de nuestra definición de flexibilidad es la «capacidad de revisar los planes», por lo que es posible que desees pensar en una situación recurrente donde se te pide que te ajustes a un cambio inesperado. Tal vez algún miembro de la familia altera tus planes de fin de semana con mucha frecuencia, o tu jefe te pide muy a menudo que hagas algo nuevo o que cambies tu horario del día. Como hemos dicho antes, elige algo que te ocurra con relativa frecuencia, de esa manera tendrás muchas más oportunidades de practicar.

- **Establecer tu objetivo.** Debido a que la flexibilidad es difícil para ti, es poco probable que hayas establecido como un objetivo «ser capaz de aceptar el cambio de todo corazón», porque sabes que eso es exagerar demasiado. Así que el objetivo podría ser algo así:

    — Responder al cambio sin quejarse.
    — Utilizar una estrategia de supervivencia (por ejemplo, irte y volver) cuando te enfrentas a un cambio incómodo.
    — Demostrar preocupaciones u objeciones al cambio sin parecer enojado o molesto.
    — Reducir la cantidad de tiempo que tardas en recuperarte de un cambio de planes inesperado.

- **Establece una fecha límite.** Como sugerimos cuando hablábamos de la habilidad del control emocional, es posible que desees trabajar en la mejora una vez por semana hasta llegar a un nivel en el que estés satisfecho con los resultados. Podrías utilizar una escala de 5 puntos (consulta el capítulo 10 para ver un ejemplo de esto), o al final de cada día podrías reflexionar y evaluar cómo te ha ido la jornada en cuanto a la práctica de la habilidad y el cumplimiento de tu objetivo. Incluso un simple sistema del tipo + o − te dará buenos datos con los que trabajar. En este caso, + podría significar: «Lo he hecho bien/Lo he hecho mejor que ayer», «Lo he hecho correctamente/Lo he hecho igual que ayer», y − podría significar: «No lo he hecho bien/Lo he hecho peor que ayer».
- **Diseña un plan específico.** Ésta es otra situación en la que una planificación del tipo «Si…, entonces…» funcionaría a la perfección. Por ejemplo, «Si mi jefe me pide que deje lo que estoy haciendo y cambie mis planes de la jornada, estaré de acuerdo en hacer lo que me pida o aclararé con él cuáles eran mis planes y me aseguraré de que quiere que los cambie».

    Dado que las personas inflexibles a menudo se sienten bastante cómodas participando en las mismas rutinas todos los días (algunas podrían decir que están «atrapadas en una rutina»), es posible que desees hacer algunos ejercicios de práctica como calentamiento. Cambia tus rutinas cotidianas, cambia lo que sueles tomar para desayunar, conduce a casa desde el trabajo por una ruta diferente. Todas estas acciones son inconsecuentes e implican cambios

de bajo estrés, por lo que podrías conseguir acostumbrarte a la idea de cambiar tus patrones de comportamiento. A continuación, puedes pasar a las situaciones que has establecido en tu objetivo.
- **Externaliza el comportamiento con el que estás trabajando.** Escribe palabras de inspiración en un pósit y pégalo en un lugar muy destacado. Escribe «¡Sorpresa!» en el buscador de Google para encontrar más sugerencias. Éstas son dos de mis favoritas, ambas extraídas de libros de Jarod Kintz (que se encuentran en www.goodreads.com):

— «No pongo ni mi nombre ni mi dirección en la sección del remite de los sobres. Simplemente escribo "¡Sorpresa!"».
— «Pedí su mano en matrimonio, pero en cambio recibí todo el cuerpo. ¡El amor es una caja de sorpresas!».

Y luego está esa historia de Bob Hope: Cuando se le preguntó si quería ser enterrado o incinerado después de la muerte, dijo «¡Sorprendedme!».

- **Pase lo que pase, al menos lleva a cabo una parte del plan.** Date unas palmaditas en la espalda por una mejora cuando el éxito te eluda. Y si es demasiado difícil, haz algunos de esos ejercicios prácticos descritos anteriormente.
- **Establece una recompensa.** Ser capaz de manejar eventos inesperados y sin tensión excesiva puede ser ya una buena recompensa. Pero si eso no es suficiente, establece algo extra para celebrar tu éxito (consulta la lista de recompensas del capítulo 4). Y si tu objetivo implica enfrentarte a situaciones generadas por alguien en particular (tu cónyuge, tu pareja, tu jefe, tu supervisor, tus padres…), es posible que desees incluir a esa persona en la recompensa (como alternativa, ¡la recompensa podría ser la oportunidad de escapar de esas personas por un tiempo!).
- **Escribe dos o tres afirmaciones alentadoras.** ¿En qué estás trabajando? ¿Por qué trabajas en ello? ¿Qué beneficios obtendrás si puedes mejorar en esta habilidad? Responde a estas preguntas y refiérete a ellas a diario.

Soportes tecnológicos

He aquí algunas ideas:

- Las investigaciones sugieren que la meditación puede aumentar la flexibilidad (junto con varias habilidades ejecutivas más). Hemos descrito aplicaciones para la meditación en el capítulo 10.
- Aquí hay una aplicación divertida para que te acostumbres a las sorpresas o al cambio de planes. Se llama Make Dice, y se pueden etiquetar las caras de un dado con diferentes tareas (tareas o cosas divertidas que hacer) y luego tirarlo para ver qué sale primero. Esto podría ser una aplicación especialmente divertida para las familias con niños, como una manera de dividir las tareas domésticas entre varios miembros de la familia. Cada miembro puede tirar el dado para ver qué tarea tiene que hacer ese día.
- Hay evidencias que sugieren que la flexibilidad cognitiva se puede aumentar jugando a videojuegos de estrategia en tiempo real. Uno de los mayores argumentos en contra de los juegos de entrenamiento cerebral es que si suponen algún beneficio es que el jugador tiene más probabilidades de obtener un mejor rendimiento en el propio juego, pero eso no se extiende ni se aplica al entorno del mundo real. Un estudio reciente realizado con alumnos universitarios encontró que los estudiantes que jugaban a StarCraft durante 40 horas mejoraron en otras pruebas de flexibilidad cognitiva. Es cierto que estas pruebas eran de laboratorio, tales como el Stroop, que requiere que el sujeto lea palabras de colores lo más rápidamente posible cuando los colores y las palabras no coinciden, y el color de la palabra que se ha impreso tiene que ser ignorado para leerla correctamente. Sin embargo, son bastante diferentes del videojuego al que jugaban los estudiantes y generalmente se consideran buenas medidas para la flexibilidad cognitiva por cuanto requieren que quien efectúa la prueba debe cambiar rápidamente entre contextos. Por desgracia, la mayoría de los juegos de estrategia en tiempo real son juegos de guerra y pueden ser más atractivos para los hombres que para las mujeres. Curiosamente, no obstante, el estudio que acabamos de describir se realizó con estudiantes universitarias, ya que buscaba a alumnos sin experiencia previa en participar en este tipo de juegos.

Cómo es en la práctica: Dejarse ir y seguir la corriente (al menos un poco)

Cora era una persona muy rígida. Ésa era la mejor palabra para describirla, e incluso ella misma se veía de esa manera, pero había aceptado que era así y que el resto del mundo debía adaptarse a ella. Desempeñaba un cargo directivo en una empresa, y pensaba que los sistemas que había implementado hacían que todo funcionara sin problemas, pero la irritaba mucho que otros no apreciaran sus sistemas o que incluso trataran de evitarlos. Hasta había colocado un cartel junto a su escritorio, donde todo el mundo pudiera verlo, en el que ponía: «Tu mala planificación no constituye una emergencia por mi parte». Adoraba a su jefe, que era amable con ella y le daba responsabilidades que los jefes anteriores no le habían propuesto, pero él era uno de los que rompía las reglas, y eso estaba empezando a afectarla. De hecho, en varias ocasiones había reaccionado con irritación ante diversas acciones de sus compañeros e incluso de su jefe, y se dio cuenta de que valoraba demasiado su trabajo y especialmente a su jefe como para querer ponerlo todo en peligro.

La casa le planteaba un problema menor, porque Cora vivía sola y podía estructurar su vida de la manera que más le gustaba. Pero estaba empezando a darse cuenta de que exageraba cada vez que algo no se desarrollaba de acuerdo a su plan. Establecía una cita para cenar con una amiga y luego ésta llamaba para cancelarla en el último minuto, y Cora echaba humo durante horas. O compraba algo por Internet y, cuando el paquete llegaba y descubría que le habían enviado un artículo incorrecto o se habían olvidado de incluir una parte importante, llamaba al servicio de atención al cliente y los ponía de vuelta y media. Cora sabía que aquello no era saludable y, por si tenía alguna duda, su médico le había dicho recientemente que su presión arterial estaba empezando a elevarse a niveles peligrosos. Cora sabía que tenía que hacer algo.

Se dio cuenta, aunque ya lo había oído repetidamente en boca de otras personas, que en el mundo real no había nada seguro. No obstante, en su mundo, una vez que establecía un plan, actuaba como si fuera así (¡y francamente deseaba que funcionara de esa manera!). De hecho, como sugería el cartel colgado en la puerta de su despacho, a veces le resultaba difícil entender por qué la gente no podía ser más como ella. Pero estaba claro que aquél era su problema y que sus reacciones habían empezado a pasarle factura a su salud, así como a sus interacciones con los demás.

En el trabajo, Cora decidió encarar el problema tratando de ser más atenta y conciliadora con sus compañeros y con su jefe. Se dio cuenta de que el cartel de su escritorio no sugería conciliación, por lo que lo cambió por uno en el que ponía «Tus problemas de planificación no siempre constituyen una emergencia para mí, pero, si puedo, trataré de ayudarte». Su jefe vio el nuevo cartel e inmediatamente le preguntó por qué había cambiado el texto, y ella le dijo que estaba trabajando para ser más flexible. Él la felicitó y se ofreció a ayudarla en todo lo que pudiera, y eso en sí mismo ya era una gran recompensa para ella. Sin embargo, Cora se dio cuenta rápidamente de que las intenciones son más fáciles de decir que de hacer. Cuando otro de los directivos de la empresa le dijo que tenía que programar de nuevo una reunión que Cora había organizado, comenzó a decir: «¡Eso no es posib...!», pero se refrenó y en su lugar respondió: «Lo siento, déjame ver qué puedo hacer al respecto y te digo algo a lo largo de la mañana».

Como Cora era tan fuerte en la gestión del tiempo y en la organización como débil en la flexibilidad, planificó un nuevo horario para la reunión y se lo comunicó al otro directivo en plazo de una hora, cosa que lo impresionó muy positivamente, y se lo dijo a ella y después también a su jefe. A partir de esta situación, así como de otras dos o tres bastante similares, Cora se dio cuenta de que tenía que reprimir su inmediata irritabilidad cuando alguien necesitaba hacer un cambio, por lo que adoptaba el método, como en su primera respuesta al directivo, de «Déjame ver qué puedo hacer». Aun así, le preocupaba que sus compañeros se aprovecharan de su nuevo enfoque. Sin embargo lo que ocurrió fue que, cuando los compañeros de la oficina necesitaban hacer un cambio, no volcaban el problema en Cora, sino que aprovechaban sus excelentes habilidades de resolución de problemas para que los ayudara a realizarlo.

Los eventos sociales eran una historia diferente. A Cora le encantaban y los esperaba con muchas ganas, por lo que la rabia que sentía por un cambio se veía agravada por la decepción. Para ello, se decidió por un enfoque de dos pasos. El primero era reconocer explícitamente que el evento, ya hubiera sido planeado por ella o por un miembro de la familia o por una amiga, no se llevaría a cabo como estaba previsto. Así que cuando apuntaba en su agenda un evento social, también añadía: «Esto podría cambiar» junto al evento. El segundo paso de su estrategia era que, en el mismo momento en que se programaba el evento inicialmente, planificaba una actividad alternativa preferida que Cora haría si aquél no tenía lugar. De esta manera tenía una actividad que esperar y en la que participar en vez de un vacío de tiempo durante el cual se obsesionaría con su frustración. La primera vez que una amiga tuvo que cancelar una cita con Cora, ella todavía experimentó la punzada de la irritación, pero pudo seguir adelante y se fue de compras sola, algo que disfrutó bastante.

Aparte de eso, a Cora se le ocurrió otra idea de recompensa para sí misma que, al mismo tiempo, posiblemente incrementaría su flexibilidad. Ella no era en absoluto de ese tipo de personas que participan en una actividad no planificada y espontánea. Hizo una lista de las actividades que le gustaba hacer: ojear libros en una librería, pasear por su parque favorito, visitar un museo cercano, ir a la tienda de jardinería e invernaderos donde había comprado sus plantas, y así sucesivamente. Cuando hubo listado 10, las cortó en tiras individuales, metió los papeles doblados en una taza y resolvió que cada sábado por la tarde sacaría una actividad de la taza al azar y la haría. Con el tiempo, agregó más actividades y se encontró esperando aquellas sorpresas como recompensas por participar en acontecimientos imprevistos.

Por qué funcionó

Éstas son algunas de las estrategias que Cora utilizó para conseguir ser más flexible:

- **Replanteó el problema.** En lugar de echar humo cuando el mundo no se ajustaba a sus expectativas, decidió concentrarse en tratar de ser más conciliadora. No podía controlar el resto del mundo, pero sí encontrar la manera de trabajar en la forma en que reaccionaba a las cosas que estaban fuera de su control.
- **Estableció recordatorios verbales y visuales.** El nuevo letrero que puso en su despacho servía para ambas cosas, y añadió la nota: «Esto podría cambiar» en su calendario de eventos sociales. También adoptó una nueva respuesta automática, «Déjame ver qué puedo hacer», que utilizaba cada vez que alguien le pedía que se desviara de su plan o programa.
- **Utilizó un comportamiento de reemplazo.** A veces lo más difícil de cambiar un comportamiento es precisamente detener ese comportamiento. Esto puede resultar mucho más fácil si se identifica un comportamiento de reemplazo para usar en su lugar. Cuando Cora empezó a pronunciar la frase: «¡No, eso no es posible!», la reemplazó por: «Déjame ver qué puedo hacer».

Esta afirmación tenía una intención comunicativa, pero también le sirvió como autoafirmación. Si dices: «Déjame ver qué puedo hacer», entonces tu propia autoafirmación actúa como una señal para entrar en modo de resolución de problemas.

- **Hizo un anuncio público.** En este caso, no se fue corriendo a su jefe o a sus compañeros de trabajo para anunciarles «el nuevo yo», sino que cambió el letrero de su despacho con el mismo propósito. Eso hizo que las personas de su entorno fueran libres de comentar o no el cambio (a veces la gente tiene miedo a comentar el cambio de comportamiento propuesto por temor a intervenir negativamente en el proceso).
- **Cora fue capaz de aprovechar sus habilidades ejecutivas fuertes de nuevas maneras.** Al no rechazar las cosas inmediatamente con su mentalidad del tipo «No, eso no es posible», Cora fue capaz de darle nuevos usos a sus fortalezas en la gestión del tiempo y en la organización. Ahora se sentía bien por ser útil a su jefe de nuevas maneras, y eso le valió el aplauso de él, que reforzó esa sensación.
- **Encontró una manera de practicar la flexibilidad.** Cora reconoció que hay diferentes maneras de pensar acerca de la flexibilidad, además de abrirse a nuevas experiencias y trabajar para sentirse cómoda con la ambigüedad. También sabía que es más fácil trabajar la flexibilidad a partir de sorpresas agradables que desagradables. Sacar una actividad aleatoria de la taza la ayudó a aprender a disfrutar de los eventos no planificados. Hacer ajustes de última hora para llevar a cabo actividades que le resultaban agradables o divertidas cada fin de semana la ayudó a aplicar las mismas habilidades cuando se enfrentaba a otros cambios que podrían no ser tan divertidos.

Capítulo 17

Aprender de la experiencia
Metacognición

Qué es

La capacidad de dar un paso atrás y obtener una perspectiva general de uno mismo en una situación dada. Se trata de una capacidad para observar cómo resuelves un problema. También incluye habilidades de autocontrol y de autoevaluación (por ejemplo, preguntándote a ti mismo, «¿Cómo lo estoy haciendo?», o «¿Cómo lo hice?»).

Qué sabemos de esta habilidad

La metacognición es básicamente la capacidad de reflexionar sobre nuestros pensamientos y evaluar nuestro comportamiento o rendimiento. Y resulta que es una habilidad muy importante, porque sin ella tendemos a estar ciegos ante nuestros defectos y no podemos averiguar qué tenemos que hacer de manera diferente para alcanzar más éxito.

La metacognición es una habilidad ejecutiva de desarrollo tardío, en parte debido a la «poda». Presentada en el capítulo 2, la poda es un proceso cerebral que se produce en la adolescencia temprana y consiste en deshacerse de las conexiones neurales no usadas y que no sean necesarias. Los seres humanos nacen con más conexiones neuronales de las que nunca van a usar, y en un par de momentos del desarrollo del cerebro descarta las que no se utilizan. El efecto final de este proceso es que las conexiones neuronales que permanecen funcionan mucho mejor, transmiten grandes cantidades de información más rápido y se comunican más fácilmente con regiones distantes del cerebro. Y en cierto sentido, la metacognición se basa en hacer conexiones, tanto figurativa como literalmente.

Los neurocientíficos tardaron un tiempo en encontrar la manera de estudiar la metacognición y diseñar el mapa de las regiones cerebrales clave de esta habilidad. No hay indicadores claros para la metacognición, pero los investigadores se dieron cuenta de que podían evaluarla dando a las personas una tarea a realizar y luego pidiéndoles que juzgaran lo bien o mal que la habían llevado a cabo. Algunas personas eran bastante precisas en su autoevaluación y otras no, y se determinó que era la metacognición la que distinguía a los dos grupos. Después se localizó esta habilidad en la parte anterior de los lóbulos frontales (técnicamente, en la corteza prefrontal anterior). Mediante la realización de estudios en los que los sujetos debían evaluar lo bien que llevaban a cabo una serie de tareas, los investigadores constataron que aquellos que tenían buenas habilidades metacognitivas no sólo tenían más materia gris en la corteza prefrontal anterior, sino que también tenían más materia blanca: la parte de las células nerviosas que transmite impulsos eléctricos a las neuronas de otras partes del cerebro (las «conexiones» mencionadas anteriormente).

Qué podemos hacer al respecto

Debido a que las personas con habilidades metacognitivas débiles tienden a no ser conscientes de ello, es una habilidad difícil de mejorar. Es posible que hayas tomado conciencia de tu propia debilidad mediante el Cuestionario de Habilidades Ejecutivas (consulta el capítulo 2). También es posible que hayas llegado a esa conclusión a través de un conjunto acumulativo de experiencias personales. Estas experiencias a menudo tienen que ver con los problemas que surgen debido a un error de lectura de la situación justo en el momento o en la anticipación de las consecuencias. Por ejemplo, conocemos a una persona que dejó que el permiso de circulación de su coche caducara porque vivía en una ciudad y siempre tomaba el transporte público para ir a trabajar. En una ocasión, dejó el coche aparcado en una zona prohibida porque no había plazas de aparcamiento fácilmente disponibles, y las multas de estacionamiento comenzaron a acumularse. Pero no podía mover su coche del lugar porque su permiso de circulación había caducado. Mientras tanto, decidió que no necesitaba más su permiso de conducir porque ya no conducía, olvidando que el carné era también una forma de identificación, sin la cual tendría problemas para demostrar quién era cuando quisiera votar o para aceptar las transferencias electrónicas de dinero de sus padres. El efecto acumulativo de estas experiencias la hizo sentirse mal consigo misma, pero también plantó una semilla: tal vez tenía que empezar a ver las cosas con una perspectiva más amplia.

Estrategias para mejorar la metacognición

Cuando hemos hablado de otras habilidades ejecutivas, hemos dividido nuestras sugerencias en dos grandes categorías: las modificaciones del entorno y el desarrollo de habilidades. Pero no estamos seguros de que esto tenga sentido para la metacognición. Como la metacognición implica ser capaz de pensar sobre el pensamiento, nos gustaría sugerir algunas cosas que podrías hacer para mejorar en eso. Aquí hay dos maneras de estar más atento y de aumentar la capacidad de resolución de problemas. Ambas se pueden incorporar a la manera de aumentar las habilidades, descritas a continuación.

Desarrolla un sistema para aprender de los propios errores

Si tienes habilidades metacognitivas débiles, en realidad, tienes una gran fuente de material propio del que aprender. Cada vez que algo no te salga bien, puedes utilizar esa experiencia como materia prima para la mejora de tu metacognición. Hazte varias preguntas:

- «¿Cuál era la tarea o situación?».
- «¿Qué salió mal?».
- «¿Cómo puedo manejar la situación?».
- «¿Qué señales no he visto?».
- «¿Qué puedo hacer diferente la próxima vez que se produzca esta situación?».

Podrías poner estas preguntas en un cuadro como el de la página siguiente para ayudarte a organizar tus experiencias (el formulario se puede descargar e imprimir en www.guilford.com/dawson7-forms).

Le sigue un ejemplo de tabla que se rellenó con un par de situaciones con las que las personas con habilidades metacognitivas débiles podrían encontrarse.

Si completas este cuadro para registrar este tipo de experiencias durante varias semanas, podrás empezar a ver patrones. Tal vez los problemas se deban a que no lees bien las expresiones faciales, o tal vez surgen debido a que no te cercioras por adelantado de lo que se supone que deberías hacer, o no revisas tu trabajo. Tal vez haces suposiciones erróneas acerca de lo que las personas con las que vives o trabajas quieren que hagas, malinterpretas lo que esas personas te dicen. Tal vez juzgas mal lo bien o mal que haces una tarea o una asignación en el trabajo.

APRENDER DE LOS ERRORES

Tarea o situación	¿Qué ha salido mal?	¿Qué he hecho?	¿Qué señales no he visto?	La próxima vez, haré...

De *The Smart but Scattered Guide to Success* de Peg Dawson y Richard Guare. Copyright © 2016 The Guilford Press. Quienes compren este libro pueden fotocopiar y/o descargar versiones ampliadas de este material (*véase* el cuadro al final del índice).

Puede que encuentres muy desalentador este tipo de ejercicio, sobre todo cuando veas la cantidad de incidentes. ¡No lo hagas! Considera estas experiencias como una fuente de material del que puedes aprender. Si los problemas se producen sólo ocasionalmente, o con una persona en particular, entonces tal vez tus habilidades metacognitivas estén bien, pero hay algo acerca de esa otra persona en particular que afecta a tu metacognición. *Habla Peg:* «Mi marido, por ejemplo, sostiene que mis habilidades para resolver problemas disminuyen cuando él está cerca porque sé que puedo confiar en sus habilidades metacognitivas más fuertes. Pero si encuentras que los problemas surgen en una variedad de entornos y con una variedad de personas, debes ser capaz de reunir una gran cantidad de datos con bastante rapidez, y cuantos más datos recopiles, más probabilidades tendrás de ver los patrones de comportamiento que puedes comenzar a tratar».

APRENDER DE LOS ERRORES: EJEMPLO

Tarea o situación	¿Qué ha salido mal?	¿Qué he hecho?	¿Qué señales no he visto?	La próxima vez, haré…
Cita con mi novia	Fuimos a un bar; vi un partido mientras cenábamos.	No hablé con mi novia; la ignoré.	Expresión facial de enojo; irritación en su voz.	Llevarla a un restaurante que no tenga televisión.
Nueva responsabilidad en el trabajo.	Yo pensaba que entendía lo que tenía que hacer, pero no era así.	Hice mal la tarea; dejé de lado partes importantes.	El producto final no cumplía las especificaciones y yo no pudo verlo.	Revisar las instrucciones de la tarea antes de empezar; asegurarme de que entiendo lo que debo hacer; comprobar mi trabajo con las instrucciones cuando he terminado.

De *The Smart but Scattered Guide to Success* de Peg Dawson y Richard Guare. Copyright © 2016 The Guilford Press. Quienes compren este libro pueden fotocopiar y/o descargar versiones ampliadas de este material (*véase* el cuadro al final del índice).

Muchas situaciones problemáticas que surgen como resultado de la metacognición débil pueden abordarse con una estrategia: consultar con la persona con la que estás viviendo o trabajando para asegurarte de que ambos veis las cosas de la misma manera. Podría ser de la siguiente forma:

- «Déjame asegurarme de que he entendido lo que estás tratando de hacer…».
- «Déjame asegurarme de que he entendido lo que acabas de decir…».
- «Tu tono de voz suena enojado/irritado/frustrado/molesto, ¿estoy en lo cierto acerca de eso?».
- «Tú pareces enojado/irritado/frustrado/molesto, ¿estoy en lo cierto acerca de eso?».
- «Creo que acabo de hacer/decir algo equivocado. ¿Puedes ayudarme a entenderlo?».
- «¿Puedes dar algún *feedback* acerca de…?».

Desarrollar un sistema de resolución de problemas que se pueda aplicar en el momento

El objetivo a largo plazo, sin embargo, es ser capaz de ver los problemas en el momento en que son posibles problemas y poner en marcha una estrategia para evitarlos. Esto significa detenerse a analizar la situación en tiempo real y generar posibles soluciones que se pueden poner en marcha en el momento. En situaciones parecidas, éstos son los tipos de preguntas que debes hacerte:

- «¿Cuál es el problema?».
- «¿Qué podría resolverlo?».
- «¿Qué voy a probar primero?».
- «Si eso no funciona, ¿cuál es la otra opción (plan B)?».

Pero el análisis no debe detenerse aquí, porque después de probar tu solución, es necesario que reflexiones sobre cómo ha ido:

- «¿Cómo ha salido? Mi solución, ¿ha funcionado?».
- «¿Qué podría hacer diferente la próxima vez?».

Vamos a convertir esto en un gráfico que organiza esas preguntas, como se muestra en la página siguiente (o visita www.guilford.com/dawson7-forms y descarga una copia para imprimir y utilizar).

Cómo mejorar tu metacognición través de la práctica

(Para obtener información detallada acerca de las estrategias de mejora de habilidades, consulta el capítulo 4).

- **Identifica una tarea o actividad específica que refleje tu debilidad en la metacognición.** Si has hecho un seguimiento de tus situaciones problemáticas durante un tiempo, sospechamos que las tendencias surgirán en forma de problemas recurrentes. Selecciona uno o dos para trabajar en ellos, tal vez uno relacionado con una situación en el trabajo y el otro con una situación en casa.
- **Establecer tu meta.** La manera más fácil de configurar tu objetivo es trabajar para reducir el número de situaciones problemáticas. Por ejemplo, si tu esposa o novia te dice todos los días que la has entendido mal al menos una vez, entonces tu objetivo podría ser el de pasar de una situación diaria a sólo dos veces a la semana. O si obtienes una respuesta negativa de tu jefe que implica metacognición débil en situaciones de gestión de proyectos dos o tres veces a la semana, entonces tu objetivo podría ser reducir esa respuesta negativa a una vez por semana o a una cada dos semanas.
- **Establece una fecha límite.** Como hemos apuntado cuando hablábamos de otras habilidades ejecutivas, debes establecer plazos para los objetivos individuales. A medida que alcances cada objetivo, selecciona otra situación-objetivo y establece un nuevo plazo de tiempo para gestionarlo con éxito.
- **Haz una planificación específica.** Utiliza el formulario del Plan de Acción que te ofrecemos en el capítulo 4 para hacer tu plan o diseña uno propio. El tiempo y la frecuencia de tu práctica dependerán de qué tareas o situaciones hayas elegido para empezar. Dado que la práctica regular es importante, sin embargo, la elección de una situación que se produce con bastante frecuencia es el mejor principio.

  También te sugerimos que parte de tu práctica incluya el ensayo cognitivo. Con esto queremos decir que debes pensar en los tipos de situaciones hacia las que diriges tus acciones e imaginar un seguimiento de tu estrategia, tener todo el escenario en la cabeza para asegurarte de que conoces tu rutina. Si esa rutina implica una conversación con otra persona (jefe, compañero, cónyuge o pareja), entonces interpreta también esa conversación en tu cabeza. Dado que las personas con metacognición débil a menudo no reconocen las señales hasta después del hecho, imaginar en tu mente las señales que pueden alertarte de que debes utilizar tu estrategia puede ayudarte a ver esas señales cuando se producen en las situaciones reales.

SISTEMA DE RESOLUCIÓN DE PROBLEMAS

¿Cuál es el problema?

¿Qué posibles cosas podría tratar de hacer para resolverlo?

¿Qué voy a probar primero?

Si eso no funciona, ¿cuál es la otra opción (plan B)?

¿Cómo ha salido? Mi solución, ¿ha funcionado?

¿Qué podría hacer diferente la próxima vez?

De *The Smart but Scattered Guide to Success* de Peg Dawson y Richard Guare. Copyright © 2016 The Guilford Press. Quienes compren este libro pueden fotocopiar y/o descargar versiones ampliadas de este material (*véase* el cuadro al final del índice).

- **Externaliza el comportamiento que estás trabajando.** El aumento de la metacognición, por lo general, implica el incremento de la vigilancia a fin de reconocer las situaciones problemáticas que puedan surgir. Sin recordatorios diarios, se puede perder esa vigilancia. Si pasas algún tiempo frente a un ordenador todos los días, usa un pósit en el escritorio para recordar que debes estar alerta a las situaciones que has seleccionado para la práctica.
- **Establece una recompensa.** Reducir el impacto negativo de la metacognición débil es una recompensa en sí misma, pero es posible que desees seleccionar una recompensa extrínseca, como otra manera de darte una palmadita en la espalda por el duro trabajo que estás llevando a cabo para mejorar esta habilidad (consulta la lista de recompensas del capítulo 4).
- **Escribe dos o tres afirmaciones alentadoras.** ¿En qué estás trabajando? ¿Por qué trabajas en ello? ¿Qué beneficios obtendrás si puedes mejorar en esta habilidad? Responde a estas preguntas y refiérete a ellas a diario.

Soportes tecnológicos

Si bien no hay soportes tecnológicos desarrollados específicamente para esta habilidad, las personas que son débiles en la metacognición pueden hacer uso de todo lo que Internet tiene para ofrecer en términos de asesoramiento y consejos. Como verás, con el ejemplo que viene a continuación, Jake fue capaz de encontrar material en Internet que podría mejorar su autoconciencia y desarrollar un plan de ataque.

Cómo es en la práctica: Aprender a tomar la iniciativa

Jake era bastante despistado. Eso daba lugar a problemas en su lugar de trabajo, así como en su vida personal. Recientemente había perdido su tercer puesto de trabajo, esta vez como recepcionista de noche y realizando el mantenimiento de un hotel. Aunque en esta ocasión había sido despedido, abandonó uno de sus trabajos anteriores cuando empezaron a reducirle las horas, y en el otro se le dio la opción de marcharse porque «no tenía la cualificación adecuada» para el trabajo. En esta ocasión el problema que le costó el despido fue que pasó por alto cosas que tenía que hacer, pero también que «no tomaba la iniciativa». Cuando el sistema informático se caía y no podía entrar en los registros del día, no se le ocurría que al menos podría organizarlos de manera manual para ponérselo más fácil a la recepcionista del turno de la mañana. O cuando la fotocopiadora dejó de funcionar no se molestó en tratar de averiguar lo que había sucedido; simplemente dejó de hacer fotocopias. Él era bastante agradable, podía mantener conversaciones amistosas con el personal y con los huéspedes, y su manera de responder a las llamadas telefónicas estaba bien, pero si alguien le hacía una pregunta que no podía responder, él simplemente decía: «Me informaré de eso y después lo llamaré», pero luego no hacía ningún esfuerzo para averiguar la respuesta a la pregunta y devolver la llamada telefónica. También hacía el resto de las cosas siguiendo la ley del mínimo esfuerzo. Si algún aspecto de su trabajo no le parecía importante, hacía lo mínimo o se lo saltaba. Cuando fue despedido, el director de Recursos Humanos le mostró su evaluación de rendimiento, le dio una copia y le explicó con voz tranquila las causas de su despido. Cuando hubo terminado, Jake le hizo una pregunta: «Entonces, ¿me dará una carta de recomendación?».

En su vida personal, Jake había pasado por una serie de relaciones sin entender nunca por qué las chicas siempre lo abandonaban al cabo de un tiempo. Ellas le decían cosas como: «No comprendes mis sentimientos» o «Nunca te ofreces para ayudarme» o, algo mucho más desconcertante, «¡No te das cuenta de las cosas!». Él les decía: «¡Entonces explícamelas!», pero parecía querer estar más atento y tomar medidas sin necesidad de recibir instrucciones explícitas. Su actual novia parecía ser un poco más tolerante, pero tenía miedo de que esa relación se acabara de la misma manera que las anteriores.

Cuando Jake llegó a casa después de ser despedido, se dio cuenta de que había algo en su comportamiento que estaba mal, porque aquélla era la tercera vez que se quedaba sin trabajo. Y a la luz de lo que había sucedido en esta ocasión, supuso que en los trabajos anteriores su actuación, o la falta de ella, también podía haber sido el problema principal. Sin embargo, saberlo no significaba que supiera qué hacer. Decidió que la copia de la evaluación de rendimiento podría darle algunas ideas. El informe calificaba sus habilidades interpersonales de satisfactorias a buenas. Por el contrario, sus calificaciones más bajas e insatisfactorias estaban directamente relacionadas con «tomar la iniciativa». En aquella reunión con el director de Recursos Humanos, éste le había dado algunos ejemplos específicos de los problemas con los que se había encontrado, pero para los que no había hecho ningún esfuerzo real para resolver. Aun así, no sabía cómo hacer frente a esa situación, especialmente porque ya no tenía el trabajo y le daba vergüenza llamar a su novia para contárselo.

Sin nada que perder, buscó la expresión «tomar la iniciativa» en Internet y se sorprendió por la cantidad de información disponible y los recursos relacionados con el tema. Jake se dio cuenta de que al menos había dos cuestiones comunes en todos los sitios web que visitó. Uno era el consenso de que la iniciativa es una habilidad que puede ser mejorada, el otro, que ser consciente de uno mismo es un paso clave si una persona quiere desarrollar la iniciativa. Eso lo tocó de cerca, porque en un par de sus relaciones pasadas, en los momentos de frustración, sus parejas le habían dicho que era un inútil. La buena noticia era que varios de los sitios web ofrecían herramientas para aumentar la conciencia de uno mismo y mejorar la iniciativa.

Jake aprovechó tres de las herramientas de autoevaluación recomendadas en uno de los sitios web que más le habían gustado. A partir de sus respuestas, fue descrito como una persona pasiva, que tendía a estar satisfecha con el *statu quo* y que, o bien no se daba cuenta de los problemas o bien no actuaba cuando éstos surgían. Pensando en su último trabajo, reconocía cosas como el mal funcionamiento de la fotocopiadora y del ordenador; simplemente no trataba de hacer nada al respecto, ni tampoco intentaba encontrar respuestas a preguntas que le hacían los clientes.

Con esta información, la baja puntuación en la «toma de iniciativas» tenía más sentido porque en el material que leyó, las personas que toman la iniciativa se describían como proactivas y solucionadoras de problemas. Mientras Jake iniciaba una nueva búsqueda de empleo, continuó trabajando en los diversos ejercicios de práctica sugeridos en las webs para ayudar a mejorar su autoconciencia y la iniciativa porque había leído que la mejora y el mantenimiento de estas habilidades requerían de una práctica continua.

Afortunadamente para Jake, los puestos de trabajo que solicitó abundaban, ya que no estaban bien remunerados o no tenían una gran demanda. Tenía un par de entrevistas dentro de unas pocas semanas. No creía que pudiera conseguir uno de los trabajos, pero el otro era muy similar a lo que había estado haciendo, y le gustaba ser recepcionista de hotel. Sin embargo, la directora quería tener información sobre su último trabajo, y Jake, como parte de su objetivo de mejorar su capacidad de iniciativa, le dijo exactamente lo que había sucedido y lo que estaba haciendo para trabajar en el problema.

La directora, un tanto sorprendida por su sinceridad, decidió darle una oportunidad. Para ir un paso más allá, Jake le pidió que le dijera, lo más explícitamente posible, qué quería ver en un empleado. Jake tomó notas y también le preguntó si podía reunirse con ella unos minutos cada semana para que le diera su *feedback* sobre su rendimiento y para hacerle saber de inmediato si había un problema. Ella tenía algunas sugerencias para que mejorase, pero después del período de seis semanas de prueba le comunicó que estaba muy satisfecha con su rendimiento y redujeron sus reuniones informales a cada dos semanas y luego mensualmente. Tras seis meses en el puesto, Jake consiguió su primer aumento de sueldo y algunas responsabilidades adicionales.

Con su novia, se acercó a la situación de una manera similar, de frente. Empezó por explicarle lo que había sucedido en el trabajo anterior, lo que había aprendido y lo que estaba tratando de cambiar. En primer lugar, le dijo que su relación era importante para él, que no era fácil, porque este tipo de conversación no era un territorio familiar para él. Siguió diciendo que probablemente a veces parecía despistado sobre los sentimientos de ella o sobre los problemas que surgían y que quería cambiar, pero necesitaba su ayuda. Le pidió que hablaran acerca de los problemas que habían surgido entre ellos y que creía que él no había sabido gestionar. Ella le habló de algunas situaciones, pero no quería herir sus sentimientos.

Para tratar de entenderla mejor, él le preguntó acerca de las cosas (por ejemplo, personas, lugares, ropa, alimentos) que le gustaban y las que no.

De vez en cuando la sorprendía con algo que le gustaba a ella, y ella pensaba que aquello era muy bonito. Al igual que con su directora, le pidió que de vez en cuando hablaran de cómo lo estaba haciendo y de si había algo que le gustara y algo que encontraba molesto.

Por qué funcionó

- **Jake reconoció que tenía un problema.** En el caso de la metacognición, esto es de gran importancia. Muchas personas débiles en esta habilidad no pueden conectar los puntos y ver el papel que desempeñan en sus propios infortunios. Culpan a los demás o se lo atribuyen a la mala suerte. En el caso de Jake, tuvieron que acumularse varias evidencias a lo largo de bastante tiempo (tres puestos de trabajo perdidos, parejas siempre infelices) antes de que se hiciera visible para él. Hay que decir en su descargo que al menos no culpó a su más reciente empleador ni se puso a la defensiva con su novia.

- **Investigó el problema.** Jake lo hizo en tres etapas. Utilizó el *feedback* que le proporcionó su anterior empleador («No tomas la iniciativa»), y consultó en Internet para aprender más sobre el tema. Eso lo llevó a una serie de sitios web útiles, así como a algunas autoevaluaciones que le dieron más información acerca de sí mismo. En segundo lugar, encontró algunos ejercicios prácticos que podrían ayudarlo a trabajar en las habilidades en las que había visto que era débil. Y en tercer lugar estableció reuniones semanales para obtener *feedbacks* con su nueva empleadora, tanto para poder seguir mejorando en el trabajo como para identificar y corregir los problemas a tiempo.

- **Pudo ser sincero en su entrevista de trabajo y con su novia.** Cuando la gente ha tenido una serie de experiencias de fracaso, por lo general desea ocultarlas. Ya se sienten suficientemente mal consigo mismos y les preocupa que compartir esas experiencias los convertirá en el centro de más críticas. Esto a veces puede suceder, por supuesto, pero Jake sintió que tenía que trazar un nuevo recorrido en el siguiente trabajo, y estaba dispuesto a arriesgarse a las consecuencias de poner todas las cartas sobre la mesa. Cuando tiene lugar ese tipo de conversaciones de una manera abierta y directa, los empleadores aprecian la sinceridad, sobre todo cuando la persona dice: «Mira, sé que he cometido errores en mi último trabajo y que eso llevó a mi jefe a pedirme que lo dejara. Desde entonces, he aprendido todo lo que he podido acerca de mí y de lo que salió mal, y estoy decidido a comportarme mejor en mi siguiente trabajo». Cuando ese enfoque se convirtió en el motivo de que le dieran el trabajo, Jake pensó que valía la pena intentarlo también con su novia.

- **Siguió su plan de automejora.** Al seguir cualquier plan de automejora, la tendencia es aflojar cuando las cosas van bien; de ahí la expresión: «No hay noticias, entonces son buenas noticias». Jake reconoció que necesitaba mantener el plan en marcha, en parte porque, debido a los problemas que había tenido en el pasado, no confiaba en su capacidad para evaluar con precisión su rendimiento en el trabajo.

- **Fue recompensado por sus esfuerzos.** Como ya sabes, recomendamos establecer recompensas siempre que sea posible. En este caso, aunque las reuniones semanales con su jefa se habían establecido para identificar y corregir los problemas, terminaron siendo una oportunidad para Jake de obtener una respuesta positiva sobre una base regular. ¡Y al cabo de seis meses recibió una recompensa económica! Las recompensas también jugaron un papel en el caso de la relación con su novia. Los regalos sorpresa que le hizo fueron recompensados con una novia agradecida que vio que él se preocupaba y hacía un esfuerzo para entenderla.

Capítulo 18

Llegar a la meta
Persistencia dirigida a un objetivo

Qué es

La capacidad de tener un objetivo, continuar a través de su consecución y de no desanimarse o distraerse por los intereses en competencia.

Qué sabemos acerca de esta habilidad

En cierto modo, ésta es la culminación de todas las demás habilidades ejecutivas. Cuando trabajamos con jóvenes con habilidades ejecutivas débiles, siempre que podemos nos centramos en ésta. De hecho, hemos desarrollado un programa de entrenamiento que fue diseñado básicamente para ayudar a los niños a desarrollar la persistencia dirigida a un objetivo. ¿Por qué nos centramos en esto? Porque si tienes esta habilidad, puedes utilizarla para compensar tus debilidades en otras habilidades ejecutivas. Puedes ser pésimo en la iniciación de tareas, pero si el objetivo es lo suficientemente importante para ti, podrás empezar a trabajar. Y puede que te cueste muchísimo terminar las cosas, pero si el objetivo es lo suficientemente importante para ti, encontrarás una manera de mantener la atención.

Hemos dicho antes que los lóbulos frontales actúan como una «central de comunicaciones ejecutivas» con otras regiones del cerebro para ejecutar tareas. En el caso de la persistencia dirigida a un objetivo, esta comunicación que cruza regiones del cerebro es una característica fundamental de la habilidad. Los neurocientíficos (que suelen obsesionarse bastante con los detalles) trabajan mucho para analizar exactamente qué regiones del cerebro están involucradas en las diferentes actividades. Y su trabajo en la persistencia dirigida a un objetivo es un gran ejemplo de esto. Señalan que seleccionar y llevar a cabo un objetivo es un proceso complejo, de múltiples etapas. Por lo visto, en la superficie parece bastante sencillo: *1)* pensar en las metas a tu disposición en un momento dado, *2)* decidir cuál es la mejor, *3)* hacer un plan para lograr ese objetivo y *4)* seguir el plan hasta el final. Sin embargo, resulta que en cada paso del camino debe ser sopesada una gran cantidad de información. A partir de esto: si tienes múltiples objetivos posibles, ¿cómo elegir el mejor? Tienes que considerar el valor relativo de cada meta posible, la probabilidad de que seas capaz de lograr ese objetivo y lo mucho o poco que deberás trabajar para lograrlo. Y entonces, cuando lleves a cabo la planificación para alcanzarlo, tendrás que considerar múltiples rutas, teniendo en cuenta, por ejemplo, la probabilidad de encontrar obstáculos que interfieran en tu capacidad para lograrlo.

El investigador John P. O'Dougherty planteó un interesante escenario que incorpora estos elementos. Imagina que tienes la opción de almorzar en tres restaurantes (chino, italiano o francés). Tu cerebro debe procesar los méritos relativos de cada uno de ellos y cuadrarlos unos con otros para permitir una comparación. Todo esto se lleva a cabo antes de tomar una decisión y, luego, con los méritos relativos identificados, haces una elección. Toda esta toma de decisiones se desarrolla en la corteza prefrontal. Sin embargo, una vez que realices la elección y empieces a desarrollar tu plan, se activan otras regiones, principalmente las asociadas a los movimientos motores.

Hay una razón sencilla para esto en el ejemplo del restaurante. Tal vez elijas el restaurante chino, pero en la planificación de la consecución de objetivos, como el autor señala: «No hay ningún punto en seleccionar la opción de este restaurante, a pesar de que la suya es mi comida preferida, si las únicas acciones disponibles para seleccionar ese objetivo implican una traicionera caminata de cinco kilómetros por un recorrido accidentado con un riesgo sustancial de caer en un bache». Así que te imaginas la caminata (y resulta que cuando te imaginas una actividad motora se activa la misma parte del cerebro que se activaría si empezaras a caminar de verdad) y tomas una decisión acerca de si es factible o no.

Cada vez que nos implicamos en el comportamiento dirigido a un objetivo, comenzamos en la corteza prefrontal (técnicamente, la corteza prefrontal ventromedial), desde la que hacemos la selección del objetivo. Para llevarlo a cabo, reclutamos a otras partes del cerebro (por ejemplo, partes de la corteza parietal, el estriado dorsal, el telencéfalo) para ayudar a calcular el valor de las acciones a fin de generar un plan que tenga alguna posibilidad de éxito. Curiosamente, a pesar de que pensamos de nosotros mismos que somos bastante cerebrales, cuando pensamos, el sistema motor de nuestro cerebro es el que se pone a trabajar. La teoría de la *cognición encarnada*, que es la idea de que, según nos dice la Wikipedia, «la naturaleza de la mente humana está determinada en gran medida por el cuerpo humano», es un cruce fascinante entre psicología, filosofía y neurociencia que se ocupa de este problema, simplemente de cómo tomamos decisiones y actuamos a partir de ellas. Los lectores interesados pueden querer explorar esto más a fondo.

Dado que el comportamiento dirigido a un objetivo es fundamental para la experiencia humana, los investigadores de las ciencias sociales han dedicado un gran esfuerzo a dilucidar cómo las personas seleccionan y logran objetivos y lo que diferencia a las que son eficaces en esto y las que no lo son. Si no te importa navegar a través de miles de artículos académicos, es una lectura fascinante. En nuestra búsqueda, hemos entresacado algunos de los estudios más interesantes y que resumen los hallazgos que más relevantes para ayudar a las personas a mejorar la persistencia dirigida a un objetivo. Este resumen aparece en el cuadro de las páginas 297-302.

Qué podemos hacer al respecto

En primer lugar, es importante diferenciar la persistencia dirigida a un objetivo de otras habilidades ejecutivas. Esto es complicado debido a que otras habilidades ejecutivas están implicadas en ésta. Para tener persistencia dirigida a un objetivo no sólo hay que seleccionarlo, sino también:

1. Mantener el objetivo en mente a medida que se persigue, lo que requiere memoria de trabajo (capítulo 9).
2. Decidir qué pasos se deben dar para alcanzar el objetivo, lo que requiere planificación y priorización (capítulo 13).
3. Dar el primer paso, lo que requiere iniciación de tareas (capítulo 11).
4. Gestionar las emociones negativas que puedan surgir, como la decepción o la frustración, asociadas a la autoprivación involucrada en la elección de un

objetivo a largo plazo frente a los placeres inmediatos, lo que implica el control emocional (capítulo 10).
5. Volver a diseñar el plan si aparecen obstáculos en el camino, lo que requiere flexibilidad (capítulo 16).
6. Seguir con el plan, incluyendo todos los pasos, el tiempo suficiente como para lograr que se cumpla, lo que requiere tanto inhibición de respuesta como atención sostenida (capítulos 8 y 12, respectivamente).

Es posible que desees valorar las demás habilidades ejecutivas involucradas en la persistencia dirigida a un objetivo y decidir si en alguna de ellas eres lo suficientemente débil como para que eso influya en tu capacidad de aumentar tu persistencia dirigida a un objetivo.

Si es así, en primer lugar, lee el capítulo dedicado a cada habilidad e infórmate bien. Las estrategias que se describen a continuación parten de la base de que tus otras habilidades ejecutivas están bastante intactas, pero por alguna razón te resulta difícil pasar de desempeñarte de manera suficientemente adecuada en el día a día a poder trabajar hacia algo más grande que requiere de más tiempo para lograrlo.

Cómo modificar el entorno para mejorar la persistencia hacia un objetivo

(Para obtener información detallada acerca de las modificaciones del entorno, consulta el capítulo 3).

- **Modifica el entorno físico o social.** Mira a tu alrededor y decide si hay algo en tu entorno físico o social que puede interponerse en el camino de la consecución de tus objetivos a largo plazo. Asegúrate de si puedes reducir las molestias que te ocasiona (o deshacerte de ellas por completo). Si tienes problemas para ahorrar dinero, deshazte del exceso de tarjetas de crédito. Si pierdes el tiempo en actividades triviales (como jugar a videojuegos), deshazte de esos estímulos o restringe tu acceso a ellos (por ejemplo, asignando períodos estrictos de tiempo para el uso del ordenador o de la consola). Si tu objetivo a largo plazo es perder una cantidad significativa de peso, no lleves alimentos tentadores a tu casa.

- **Modifica la tarea.** Cuando se piensa en la modificación de tareas y en la persistencia dirigida a un objetivo, cuanto más se pueda evitar tener que tomar ninguna decisión con respecto al objetivo a largo plazo, más fácil será llegar a él. Si tiendes a gastarte el dinero tan pronto como lo consigues, por ejemplo, y tu objetivo es comenzar a ahorrar para la jubilación, lo ideal sería iniciar una transferencia mensual automática de parte de tu sueldo para depositarla directamente en un plan de pensiones o en algún otro tipo de cuenta de inversión.

Otra manera de modificar la tarea es establecer automaticidad a través de la formación de hábitos. Digamos que tu objetivo es ponerte en forma. Si puedes establecer una rutina diaria por la que comienzas el día (o cada dos días) con una visita al gimnasio, entonces al final ni siquiera tendrás que pensar en ello o hacer una elección: te levantarás por la mañana, te pondrás la ropa deportiva y te irás al gimnasio tan sólo por el hábito. Otras modificaciones de la tarea: establecer señales visuales (dejar preparada la ropa de gimnasia la noche anterior), utilizar la visualización de imágenes (cuando estés acostado por la noche, imagina que te levantas, que te vistes, recoges la bolsa y te vas al gimnasio), el uso de indicaciones verbales y recompensas (si comienzas a sentir cierta resistencia antes de ir, simplemente hazlo, ves y, después de ese viaje con éxito al gimnasio, lo habrás conseguido, ¡bien por ti!).

- **Solicita la ayuda de otras personas.** Ésta es una habilidad ejecutiva en la que trabajar con un *coach* podría ser particularmente beneficioso, ya que un éste puede ayudarte a pensar en todos los pasos necesarios para la consecución de un objetivo a largo plazo. Esta habilidad se presta a lo que llamamos un modelo de entrenamiento recíproco: encuentra a un amigo o familiar que también quiera trabajar hacia un objetivo a largo plazo, pero que aún no ha tenido demasiado éxito. Ayudaos el uno al otro a través del proceso de planificación y comunicaos a diario para ver si estáis cumpliendo vuestros respectivos planes.

Cómo mejorar tu persistencia hacia un objetivo a través de la práctica

(Para obtener información detallada acerca de las estrategias de mejora de habilidades, consulta el capítulo 4).

- **Establece tu meta.** Si has leído los otros capítulos, te habrás dado cuenta de que por lo general las personas seleccionan una actividad específica para comenzar y determinan un objetivo en torno a eso. Estamos tomando un rumbo ligeramente diferente con esta habilidad porque el objetivo de fortalecerla consiste en aumentar nuestra capacidad para lograr objetivos a largo plazo. Así pues, en este caso, tiene sentido identificar el objetivo a largo plazo en el que en última instancia desees trabajar. Todavía puedes dar pequeños pasos para llegar ahí, pero empieza por pensar en cuál será ese objetivo a largo plazo. Los comportamientos que se prestan a la fijación de estos objetivos incluyen:

  — Perder peso.
  — Ponerse en forma.
  — Ahorrar dinero.
  — Volver a estudiar.
  — Buscar un trabajo más satisfactorio.
  — Aprender una nueva habilidad (por ejemplo, tocar la guitarra, pintar).
  — Buscar un sueño (por ejemplo, escribir una gran novela, hacer un viaje alrededor del mundo, subir todos los picos más altos de tu país).

- **Identifica un momento para empezar.** Si has intentado establecer objetivos a largo plazo en el pasado y nunca has durado más de un par de semanas o un mes en su búsqueda, entonces elige objetivos a corto plazo con fechas límite cercanas. Empieza de manera menos ambiciosa que en el pasado y da pasos más pequeños. En el libro *Un pequeño paso puede cambiar tu vida*, de Robert Maurer, mencionado en el capítulo 5, se dan muy buenos consejos y se muestra que empezar poco a poco puede ayudarte a alcanzar tus objetivos.

- **Establece una fecha límite.** Aquí estamos hablando de plazos múltiples. Establece plazos intermedios para esos pequeños objetivos que te has fijado para la práctica. Pero fija también un plazo para el objetivo a largo plazo. Cuando leas acerca de las personas que han alcanzado sus sueños, te darás cuenta de que tener una fecha límite para la que estás trabajando siempre es una parte importante de tu éxito. El recordatorio de que tienes una fecha de finalización te ayudará a mantenerte en el buen camino.

PLANIFICAR UN OBJETIVO A LARGO PLAZO

Objetivo a largo plazo:	Fecha límite para alcanzar el objetivo:
Posibles obstáculos para el logro del objetivo	**Maneras de superar los obstáculos**

Plan de acción: enumera los pasos, adjunta a cada uno de ellos la fecha límite provisional y cómo vas a premiarte por cada paso finalizado.

Pasos	Fecha límite	Recompensa

De *The Smart but Scattered Guide to Success* de Peg Dawson y Richard Guare. Copyright © 2016 The Guilford Press. Quienes compren este libro pueden fotocopiar y/o descargar versiones ampliadas de este material (*véase* el cuadro al final del índice).

- **Diseña una planificación específica.** Tanto el formulario de Plan de Acción del capítulo 4 como la Plantilla de Planificación del capítulo 13 pueden ser aplicables aquí. Otro formulario de planificación que podría resultarte útil aparece en la página siguiente (y está disponible para descargar e imprimir en www.guilford.com/dawson7-forms).
- **Externaliza el comportamiento de inicio de tareas en el que estás trabajando.** Esto es fácil. Toma una fotografía que represente tu objetivo a largo plazo. Colócala en un lugar destacado o haz varias copias y ponlas por todas partes; algo que te recuerde en qué estás trabajando.

Una vez trabajamos con un niño cuyos padres le habían prometido un nuevo móvil si obtenía unas calificaciones altas a lo largo de un período de tiempo. Podía ganar puntos mediante la adopción de conductas que llevaran al éxito escolar (entregar los deberes a tiempo, anotar las tareas, hacer trabajos de calidad, sacar notables o mejores notas en las pruebas, con más puntos para las notas más altas). Le dijimos que al llegar a 500 puntos sus padres le regalarían el móvil. El sistema de puntos ayudó, pero también el hecho de que él ya tenía un teléfono que no funcionaba bien. La mitad del tiempo, cuando enviaba mensajes de texto a sus amigos, la pantalla no funcionaba, así que ni siquiera podía leer lo que les enviaba. ¿Cómo ayudó eso? ¡Cada vez que sacaba su teléfono para mandar mensajes a sus amigos se acordaba de lo mucho que deseaba tener uno nuevo!

- **Hagas lo que hagas, cumple al menos con una parte del plan.** Digámoslo de nuevo: si nunca has sido capaz de lograr la consecución de un objetivo a largo plazo, deberás practicar durante mucho tiempo. Establece metas más pequeñas que puedas alcanzar con bastante rapidez. Establece varias y haz que cada una sea un poco más difícil que la anterior. Cuando hayas tenido éxito con éstas, pasa a tu objetivo original a largo plazo.
- **Establece una recompensa.** La consecución del objetivo a largo plazo será en sí misma una recompensa enorme. Sin embargo, para mantenerte por el buen camino, tendrás que darte recompensas durante el recorrido. Esto puede influir mucho en el resultado de tus esfuerzos, por eso hemos incluido una columna en el formulario de planificación en la página anterior que incluye ese concepto. ¡No escatimes en recompensarte por tu progreso! (Consulta el menú de recompensas del capítulo 4 para encontrar sugerencias al respecto).

- **Escribe dos o tres afirmaciones alentadoras.** Éstas deben reflejar la tarea en la que estás trabajando, cuál será el beneficio específico y que has seguido adelante con tu plan cuando has completado la práctica. Una vez las hayas escrito, créate una imagen mental específica que refleje que inicias la tarea en el lugar y en el momento que hayas elegido, que trabajas en la tarea y que terminas la práctica. Utiliza las dos primeras afirmaciones justo antes de crearte la imagen, cuando aparezca y en el momento de finalizarla, dite a ti mismo que has seguido el plan y obtén la recompensa.

Soportes tecnológicos

Hay un sinnúmero de aplicaciones para la fijación de objetivos, la planificación y la realización de tareas. No podemos recomendarte ninguna en especial, pero sí que leas los comentarios de los usuarios antes de descargarte o de comprar cualquier cosa. A nuestros ojos, muchas, si no la mayoría, parecen muy complicadas y casi diseñadas para animarte a establecer más objetivos de los que es muy probable que alcances con éxito (dado lo que hemos aprendido acerca de los peligros de establecer demasiados objetivos).

Además de investigar opciones al examinar la categoría de productividad en cualquier tienda de aplicaciones que frecuentes, es posible que desees evaluar los programas que te ayudan a diseñar un diagrama de Gantt. Si no estás familiarizado con este término, te diremos que es un gráfico de barras superpuestas en un calendario que te permite realizar un seguimiento de un programa del proyecto, dividiéndolo en subtareas con líneas de tiempo asociadas a cada una. Éstos, también, tienden a ser más complicados de lo necesario, pero puedes encontrar alguno que se adapte a tus necesidades.

Cómo es en la práctica: Ahorrar dinero para lograr un objetivo a largo plazo

Aziza tenía un problema: siempre se gastaba el dinero en cuanto cobraba su sueldo. En la escuela secundaria, tenía un trabajo a tiempo parcial y el dinero que ganaba desaparecía rápidamente en aquellos *mochaccinos* que compraba en su camino a casa desde la escuela. En la universidad, era una presa fácil de las tarjetas de crédito pensadas para los estudiantes y, antes de que se diera cuenta, ya tenía varios miles de dólares en números rojos. Sus padres la ayudaban con ese problema, pero una vez que se graduó y consiguió un trabajo decente, ella siguió acumulando deudas, y sus padres, naturalmente, dejaron de acudir al rescate.

Ahora, con poco más de 30 años, Aziza tenía un trabajo muy bien remunerado y finalmente había conseguido tener bajo control las deudas de sus tarjetas de crédito (se había quedado sólo con una, y siempre pagaba la deuda en su totalidad a final de mes). Pero tenía sueños más grandes que implicaban más dinero, y seguía quedándose corta. Sus sueños variaban entre el deseo de ahorrar el dinero suficiente para el pago inicial de una casa y poder dejar su trabajo y viajar por todo el mundo durante un año. Pero, cuando era sincera consigo misma, admitía que «dejar mi trabajo y explorar el mundo» era sólo eso, un sueño, una fantasía, y que, de hecho, lo que realmente quería era un lugar que pudiera llamar suyo. En cualquier caso, fuera cual fuera el sueño real, no importaba en ese momento porque al final de cada mes descubría que el dinero que le quedaba en la cuenta sólo era suficiente para mantener el saldo mínimo más unos pocos dólares.

Todos los meses, cuando ya había pagado el alquiler, los plazos del coche, las facturas de servicios y la cuenta de la tarjeta de crédito, suspiraba con amargura. Una vez más, sólo llegaba a los mínimos. ¿Cómo podría ser capaz de seguir sus sueños?

Como disponer de una casa propia era el deseo más realista, se decidió ponerse ese objetivo. Aziza se dio cuenta muy pronto de que era un objetivo general, demasiado. No tenía ni idea de qué podía permitirse, qué casa podría pagar, cuánto podría necesitar para el pago inicial y la línea de tiempo que debía planear. Sabía desde hacía tiempo que aquello implicaría ahorrar mucho dinero y que tendría que hacer un presupuesto, pero sin una cifra aproximada no creía que pudiera pensar siquiera en un presupuesto todavía.

Para empezar, Aziza decidió poner todas sus fuerzas en la planificación. Estableció que ser propietaria de una casa sería su objetivo a largo plazo y retrocedió de ese punto para reunir la información que necesitaba, creando una serie de pasos que tenían sentido y que podrían convertirse en miniobjetivos. Éstos eran los siguientes:

- Saber qué podía permitirse con su salario.
- Crear una lista de deseos de lo que le gustaría (¡idealmente!).

- Informarse de las casas asequibles que estaban a la venta en la zona que le gustaba.
- Decidir qué estaba dispuesta a quitar de su lista de deseos.
- Determinar el pago inicial necesario.
- Establecer una línea de tiempo para alcanzar el objetivo del pago inicial.
- Crear un presupuesto que llevara hasta allí.
- ¡Ahorrar!

Con sólo hacer eso, Aziza descubrió que el objetivo parecía más real y motivador y le dio una dirección a seguir. Cumplió los primeros seis pasos de su lista de miniobjetivos, invirtiendo un total de 2 horas al día, durante 4 días, a lo largo de 2 semanas para completarlos. En Internet encontró una gran cantidad de sitios web de servicios financieros en los que a partir de introducir el total de su salario y los gastos actuales obtenía una estimación de lo que podía permitirse. Lo hizo utilizando algunas herramientas diferentes y se fijó en la gama baja de la estimación para asegurarse de que tenía más oportunidades de llegar a su objetivo. A continuación, buscó en Google «mejor servicio inmobiliario on-line» y eligió uno de los cinco primeros en las calificaciones de los usuarios para buscar casas en su rango de precio y ubicación geográfica preferida. En su búsqueda inicial, se dio cuenta de que su lista de deseos era más extravagante de lo que podía permitirse, por lo que hizo una lista de aquéllas «en las que podría ser muy feliz». Encontró cuatro que se ajustaban perfectamente y que le gustaban, así que imprimió imágenes cada una y las pegó en los muebles de la cocina y del dormitorio como recordatorios de su objetivo. Aziza, en realidad, quería ver una casa, pero sabía que, si lo hacía, querría tenerla de inmediato y, como eso no era posible, no quería que su frustración al respecto socavara su determinación.

Entonces llegó la primera dificultad seria para Aziza, el presupuesto (la segunda dificultad era conseguir ahorrar). Sabía que si quería alcanzar su objetivo tendría que ser sincera consigo misma y hacer un seguimiento de todos sus gastos para decidir qué necesitaba y qué no. De nuevo navegando por Internet, Aziza encontró una web sobre presupuestos bien recomendada llamada Mint.com (www.mint.com) que ofrecía el análisis y el asesoramiento gratuito de presupuestos.

Comprobó la seguridad de los diferentes sitios web y eligió aquél porque era el más seguro que pudo encontrar. Pero más que eso, lo eligió porque requería que ella introdujera en los formularios toda su información financiera (por ejemplo, cuentas bancarias, tarjetas de crédito/débito) y, por lo tanto, podría hacer un seguimiento del gasto, del ahorro, y así sucesivamente, en tiempo real. Pensó que estaba preparada para empezar, pero se dio cuenta de que, en realidad, no sabía lo mucho que iba a gastar semanalmente en extras. Como se lo gastaba todo, se imaginó que probablemente necesitaría la mayor parte o el total, pero en verdad nunca había consultado al detalle sus gastos. Así, durante 2 semanas no cambió ninguno de sus hábitos de consumo y, al cabo de ese tiempo, utilizando los datos de Mint, tenía una referencia de sus gastos.

¡Vaya, aquello resultó ser una llamada de atención! En el café y el burrito del desayuno por la mañana y la ensalada y el té helado o el refresco light del almuerzo, Aziza se gastaba alrededor de 50 euros por semana. Y no contaba las cenas y las bebidas con los amigos después del trabajo el viernes o el sábado por la noche. Pagaba la suscripción del paquete de televisión por cable y el paquete de datos máximo en su línea telefónica (Si no, ¿cómo iba a interaccionar). Y luego estaba el pelo y el maquillaje. Aziza, en realidad, no tenía ningún artículo de precio alto entre sus gastos, excepto el paquete de una semana de estancia con forfait de esquí incluido.

Con esta información y mucha determinación, se embarcó en su planificación del presupuesto. Comenzó con la idea de cambiar su costumbre de desayunar y almorzar fuera, de espaciar las citas con su peluquero, y de búsqueda de opciones menos costosas de maquillaje. Sustituyó su suscripción al paquete de televisión por cable por una a películas online, y llamó a su compañía de telefonía para pasarse a una tarifa de datos menos costosa. Canceló el viaje de vacaciones de ese año y propuso rotar los encuentros de vino y quesos con los amigos después del trabajo. Con estos ajustes, Aziza calculó que podría ahorrar más de 500 euros al mes sin convertirse en una ermitaña o en una marginada social en el proceso. Mediante la cancelación de las vacaciones añadió inmediatamente casi 1700 euros al ahorro para la casa.

Con este plan en mente, Aziza llamó a su madre, que era buena asesorando financieramente, y le preguntó qué pensaba al respecto. Su madre le sugirió que hiciera transferencias automáticas a una cuenta de ahorro para eliminar el impulso de gastarse el dinero en cuanto lo tenía. También le sugirió que metiera su dinero en un fondo financiero conservador en el que al menos pudiera ganar algo. Su madre le explicó el riesgo, pero le ofreció a su asesor financiero para que éste le hiciera sugerencias sobre el tema; Aziza decidió aceptar su ofrecimiento.

Todavía estaba preocupada por las tentaciones que suponían las compras cotidianas. Como había decidido de antemano en qué y en dónde gastar su dinero (¡y en qué y en dónde no!), decidió visualizar lo que haría ahora cada vez que saliera y estuviera en un lugar donde antes había gastado su dinero rutinariamente, y continuó visualizando después que estaba en su nuevo apartamento. Además, cuando se presentaba una de esas situaciones, repetía su mantra: «No necesito…», que encontró sorprendentemente útil. Como era una persona social, hizo publicó su plan y su objetivo en Facebook para que sus amigos y familiares pudieran verlo, e incluyo un gráfico mensual cuyas columnas debía ir coloreando según alcanzara sus metas de ahorro parciales. Aunque sabía que su objetivo era a largo plazo, gestionar los avances semana a semana le resultaba mucho más factible. Con el aliento constante de sus amigos y familiares para cumplir con sus metas semanales, en poco más de un año tenía suficiente dinero para el pago inicial y los costos de contrato. Sus padres, impresionados con su compromiso y disciplina, la sorprendieron con un regalo bastante sustancial para que pudiera comenzar en serio la búsqueda de un apartamento.

Por qué funcionó

Aquí están las estrategias que contribuyeron al éxito de Aziza:

- **Diseñó un plan.** Cada vez que puedes utilizar una habilidad ejecutiva fuerte para ayudar a reforzar una debilidad, se incrementan tus posibilidades de éxito. Aziza era, en realidad, bastante buena en la planificación e hizo muy buen uso de esta habilidad. Pensó metódicamente en el problema al que se enfrentaba, hizo una investigación exhaustiva y recogió importante información acerca de sus hábitos de consumo actuales. Lo bueno de invertir tiempo en la planificación es que no sólo se puede adquirir una comprensión más profunda del problema, sino que también es una manera legítima de facilitar tu objetivo a largo plazo.

  Hay un concepto en la investigación del comportamiento llamado «predisposición para el cambio» que sugiere que hay una serie de etapas que uno atraviesa cuando toma la decisión de cambiar un comportamiento preocupante. La etapa 1 es la precontemplación. En esta etapa eres feliz contigo mismo tal como eres y no tienen intención alguna de cambiar. En la etapa 2, la contemplación, reconoces que tienes un problema, pero no estás muy dispuesto a considerar el cambio. La etapa 3 es la de preparación: ahora te has comprometido a cambiar, pero debes prepararte para ello. Ésta fue la etapa en la que estaba Aziza cuando empezó a investigar lo que tendría que hacer para comprarse un apartamento. La cantidad de investigación que tenía que hacer, incluido revisar sus propios hábitos de consumo y averiguar qué era susceptible al cambio, era bastante abundante, teniendo en cuenta el objetivo a largo plazo que había seleccionado. No todos los objetivos a largo plazo requerirían esta cantidad de planificación o preparación, pero te animamos a no escatimar en esta etapa. Parte de lo que hizo Aziza fue identificar obstáculos (tales como las cosas en las que se gastaba una buena cantidad de dinero) y encontrar alternativas. En la medida de lo posible, hacer esto de entrada significa que esos obstáculos no aparecerán como sorpresas una vez que el plan esté en marcha y funcionando. Por cierto, las otras tres etapas de preparación para el cambio son actuar (poner el plan en marcha), mantener (consolidar los avances y la prevención de recaídas) y terminar (cumplir el objetivo y «salir del programa»).

- **En las primeras etapas de la planificación, creó una serie de subobjetivos discretos y desarrolló plazos para llevarlos a cabo.** La investigación citada en la página siguiente sugiere que la consecución de objetivos a largo plazo es más fácil si el trabajo se puede dividir en una serie de tareas discretas porque cumplir pequeños subobjetivos en el camino hacia una meta mayor actúa como un motivador para ayudar a persistir al individuo.

- **Utilizó señales para mantenerse consciente de su objetivo.** Usó fotografías de las casas para las que quería ahorrar, pero también hizo uso de visualizaciones y de ensayos o contrastes mentales para ayudarse a resistir las tentaciones. En cierto sentido, creó un plan «Si..., entonces...» para evitar caer en la tentación (consulta el cuadro de más adelante para obtener mayor información sobre estas estrategias).

- **Aceptó hacer sacrificios a corto plazo para obtener beneficios a largo plazo.** Esto siempre le había resultado difícil en el pasado, pero llevar a cabo estos sacrificios (como las alternativas a salir a comer o a las costosas facturas de la televisión por cable) hizo que los beneficios de esas privaciones fueran mucho más claros para ella.

- **Hizo públicos sus objetivos.** Para algunos esto puede parecer un truco, pero no podemos hacer suficiente hincapié en lo valiosa que es esta estrategia. De hecho, si resulta que te resistes a hacer públicos tus objetivos, eso puede destapar alguna ambivalencia subyacente acerca de tus esfuerzos. Si piensas que si le dices a alguien a quien aprecias cuál es tu objetivo y luego te vas a sentir fatal cuando no puedas llevarlo a cabo, es posible que desees empezar por algo más pequeño o practicar la consecución del objetivo durante un tiempo para construirte un cojín de éxito antes de «decirlo en público».

INTENCIONES DE IMPLEMENTACIÓN Y OTRAS ESTRATEGIAS BASADAS EN LA INVESTIGACIÓN PARA PROMOVER LA PERSISTENCIA DIRIGIDA A UN OBJETIVO

Se han llevado a cabo muchas investigaciones sobre el comportamiento dirigido a un objetivo (o el logro de metas o la persistencia dirigida a un objetivo, ya que se emplean diversos términos), gran parte de las cuales se ha dedicado a la comprensión de los factores que facilitan el logro de metas y los factores que lo impiden. He aquí una pequeña muestra de los resultados.

Gran parte de la investigación sobre la persistencia dirigida a un objetivo se ha centrado en algo que se llama «intenciones de implementación». Las personas que se fijan metas a realizar rinden más que las personas que no lo hacen, pero el logro de un objetivo es más probable que se alcance si la persona en cuestión también desarrolla intenciones de implementación. Esto se refiere a la creación de un plan específico que describe cómo lograr el objetivo. Por lo general, consiste en hacer una declaración como «Voy a hacer X en el momento Y en el lugar Z» (por ejemplo, «Los lunes, miércoles y viernes iré al gimnasio para hacer ejercicio durante 45 minutos inmediatamente después de levantarme por la mañana»). Otro enfoque de las intenciones de implementación es hacer planes del tipo «Si..., entonces...» de acuerdo con la siguiente fórmula: si se produce la situación Y, a continuación, voy a hacer Z (por ejemplo, «Si la camarera pregunta si quiero ver el menú de postres le diré "No gracias, sólo café"»). Los estudios de investigación han examinado el impacto de las intenciones de implementación en una amplia gama de comportamientos, incluyendo los hábitos de estudio en los estudiantes, el ejercicio, el consumo de alimentos saludables, el uso de hilo dental, perder peso y dejar de fumar, por nombrar sólo unos pocos. Inevitablemente, estos estudios muestran la superioridad de las intenciones de implementación frente a las afirmaciones de objetivos imprecisos o frente a no tomar ninguna medida específica para facilitar el cambio de comportamiento. Si decides tratar de mejorar tu persistencia dirigida a un objetivo, te recomendamos encarecidamente que acompañes tu objetivo con intenciones de implementación precisas.

Sin embargo, los investigadores han trabajado para refinar su comprensión de esta estrategia e identificar características que podrían hacerla más o menos eficaz. Las siguientes son descripciones de lo que se ha aprendido de sus intentos:

- Se han realizado un par de metaanálisis que evalúan el impacto de las intenciones de implementación como una estrategia para aumentar los comportamientos saludables y la actividad física. El metaanálisis utiliza un procedimiento estadístico para reducir un gran número de estudios sobre un mismo tema a un solo número llamado «tamaño del efecto» que permite sacar conclusiones acerca de la eficacia de una estrategia. Un estudio realizado por Peter M. Gollwitzer y Pascual Sheeran agrupó una serie de comportamientos saludables y encontró el tamaño del efecto de medio a grande que mostraba el beneficio de la estrategia. Un segundo metaanálisis, este realizado por Ariane Bélanger-Gravel *et al.*, agrupó estudios centrados exclusivamente en el ejercicio físico y encontró un tamaño del efecto de pequeño a mediano. Sin embargo, este estudio de investigación tomó nota de algunas conclusiones adicionales. En primer lugar, los beneficios fueron de larga duración. En una serie de estudios, los investigadores los retomaron mucho después de completar el estudio para ver si las personas todavía estaban comprometidas con su programa de ejercicios, y comprobaron que ése era el caso. Otro hallazgo: los estudios en los que las personas consideraron posibles obstáculos para la implementación y propusieron estrategias para sortear esas barreras tenían probabilidades de llegar a un mayor éxito en el mantenimiento de los programas de ejercicio.

- **El desarrollo de intenciones de implementación mejora la capacidad de utilizar la *memoria* prospectiva para ayudar a las personas a mantener la persistencia dirigida a un objetivo.** Esto significa que somos más propensos a recordar lo que dijimos que íbamos a hacer y usar ese recuerdo para llevar a cabo el comportamiento prometido. Esto es particularmente apto si la forma de la intención de implementación es un plan «Si…, entonces…», puesto que la parte «Si» de esa declaración actúa como una señal para dar entrada al comportamiento asociado a la parte «entonces» de la declaración.

- **Cuanto más completo sea el plan de implementación, más probable es que se siga.** Esto incluye no sólo el establecimiento de una intención de participar en un cierto comportamiento bajo ciertas condiciones (por ejemplo, tiempo y lugar), sino también la identificación de estrategias de afrontamiento de situaciones de alto riesgo. Por ejemplo, si has hecho un plan para dejar de fumar, te ayudará mucho identificar lo que harás en situaciones en las que tengas más probabilidades de tener la tentación de fumar (por ejemplo, si alguien te ofrece un cigarrillo o cuando te sientes estresado o cuando estás comprometido en una rutina diaria que en el pasado incluía fumarte un cigarrillo). Por ejemplo, puede decidir que si alguien te ofrece un cigarrillo le dirás que has dejado de fumar y le pedirás que no te lo ofrezca. Aquí ponemos el ejemplo de dejar de fumar, pero debes identificar situaciones específicas de alto riesgo que puedan impedir tu logro de objetivos en lo que hayas decidido trabajar.

- **Las intenciones de implementación pueden ser más eficaces cuando incorporan un ejercicio de contraste mental.** El contrastante mental significa hacer esto: piensa en el objetivo que deseas alcanzar o en el comportamiento que te gustaría cambiar e imagina el futuro positivo en el que derivará si tienes éxito. Luego piensa en los obstáculos que podrían interponerse en el camino del éxito. Decide si son superables y luego imagina de qué manera se pueden superar dichos obstáculos. Así harás una fuerte asociación entre el futuro positivo que estás imaginando y los pasos que vas a dar para superar los obstáculos que se interpongan. Esta práctica aumenta la probabilidad de que logres tu objetivo a largo plazo.

    Otra manera de aumentar el éxito es completar un Balance de Decisiones en el momento de crear tu intención de implementación. Esto implica pensar y registrar todas las ganancias y pérdidas esperadas asociadas a la realización de tu plan. Es posible, por ejemplo, como se hizo en un estudio sobre el ejercicio dirigido por Andrew Prestwich *et al.*, crear un gráfico y registrar las ganancias y las pérdidas propias, las ganancias y las pérdidas de otros, la aprobación y la desaprobación de otros, la autoaprobación, la autodesaprobación, y cualesquiera otros. En este estudio en particular, los participantes leyeron en voz alta todas sus respuestas a un entrevistador en respuesta en una sesión de *feedback* alentador. Si has decidido que quieres probar esto, podrías utilizar a un amigo, al cónyuge, a la pareja, a un terapeuta o a un *coach*.

- **El éxito de las intenciones de implementación puede mejorarse mediante el establecimiento de planes de refuerzo.** *Dar los primeros pasos* hacia los objetivos a largo plazo puede ser un reto, pero persistir es particularmente difícil para muchas personas. Las intenciones de implementación funcionan mejor en el extremo frontal, pero tu capacidad de persistir puede ser potenciada escribiendo periódicamente nuevas intenciones de implementación. Un estudio llevado a cabo por Janine Chapman y Christopher J. Armitage incluyó a estudiantes universitarios para conseguir que aumentasen su consumo de frutas y verduras. Al final de los 3 meses de duración, los que habían hecho las intenciones de implementación aumentaron su ingesta en comparación con un grupo de control. A continuación, a la mitad del grupo experimental se le propuso hacer una segunda intención de implementación. Al final de los 6 meses de duración, la ingesta de frutas y verduras del grupo que había hecho una sola intención de implementación al inicio del estudio había disminuido. Por el contrario, la ingesta de frutas y verduras del segundo grupo (el que había hecho otra intención de implementación a los 3 meses) no sólo no había disminuido su consumo de frutas y verduras, sino que en realidad éste había aumentado durante los segundos 3 meses. Esto sugiere que repetir periódicamente las intenciones de implementación es muy importante para alcanzar los objetivos cuyo plazo de consecución es de 3 meses o más.

- **Hay algunas situaciones en las que las intenciones de implementación son más eficaces que en otras.** Algunos estudios han analizado si trabajar en múltiples objetivos y hacer intenciones de implementación para cada uno de ellos resultará en una mejora de la capacidad para lograr múltiples objetivos simultáneamente. Los resultados sugieren que la respuesta puede ser negativa. Lo mejor es centrarse en un solo objetivo a la vez. Las intenciones de implementación también pueden ser menos efectivas cuando uno está trabajando en objetivos difíciles. Sin embargo, un estudio llevado a cabo por Siegfried Dewitte *et al.* encontró que esto ofrecía una calificación. *Si deseas trabajar hacia un objetivo difícil, es mejor que construyas tu intención de implementación en torno a tus acciones en lugar de en torno al objetivo.* En lugar de decidir que al final de los 6 meses podrás correr media maratón, es posible que desees establecer una intención de implementación que especifique cuántos días y kilómetros correrás cada semana. Y, por último, *las intenciones de implementación son más efectivas si los objetivos por los que estás trabajando son autoconcordantes,* en otras palabras, cuando las metas son coherentes con tu manera de pensar y lo que quieres para ti (en oposición, tal vez, a lo que otra persona podría querer para ti). Para usar este conocimiento, además de crear un plan que especifique qué y cuándo tienes la intención de participar en un determinado comportamiento, pasa un tiempo pensando en por qué deseas participar en él. Explícalo, escríbelo y recuérdate a ti mismo por qué cada vez que llegue el momento de participar en el comportamiento dirigido al objetivo.

Aquí te ofrecemos algunas estrategias basadas en la investigación para que valores si estás tratando de mejorar la persistencia dirigida a un objetivo:

- **Si estás marcando tu progreso hacia el logro de metas (y siempre que sea posible, esto es una buena idea), concéntrate en el «área pequeña».** Si estás en las primeras etapas del proceso para alcanzar tu objetivo, concéntrate en cuánto has logrado. Si estás llegando al final, concéntrate en cuánto te queda por hacer. Por lo tanto, al principio dite a ti mismo: «He completado el 20 % de mi objetivo», en lugar de decir: «Me queda el 80 %». Sin embargo, cuando te acerques al final, dite a ti mismo: «Me queda un 20 %», en lugar de: «He terminado el 80 %». Centrarse en el área pequeña crea una ilusión de progreso rápido, lo que aumentará tu motivación para persistir.

- **Las pequeñas victorias pueden traducirse en grandes logros de objetivos.** Resulta que completar tareas parciales discretas también motiva a continuar trabajando hacia el objetivo a largo plazo. Esto fue demostrado en un estudio que observó los esfuerzos de las personas para saldar sus deudas. Se compararon dos estrategias comunes para la reducción de la deuda: pedir un préstamo de consolidación y utilizarlo para pagar otros préstamos, deudas más pequeñas en comparación con préstamos de consolidación, que por lo general implica la creación de un plan de gestión de la deuda en la que el deudor paga una cierta cuota mensual al asesor crediticio, que desembolsa el dinero a los diversos acreedores involucrados. Los autores de este estudio, David Gal y Blakeley McShane, encontraron que los deudores que se centraron en la tarea de pago de préstamos individuales tuvieron más éxito a largo plazo que los que se centraron en pagar la deuda grande. En otras palabras, si dos deudores tenían la misma cantidad de deuda y el mismo número de acreedores, el que pagó al mayor número de deudores al final de un período de tiempo establecido era más probable que liquidara la deuda a largo plazo que el otro, incluso si éste había pagado más por la deuda total. Los autores de este estudio concluyeron que marcar el progreso a través de pasos pequeños era el motivador que mantuvo en el camino con éxito a los deudores hacia la consecución final. Esto argumenta a favor de desglosar las metas a largo plazo en submetas o subtareas discretas y manejables como una manera de construir marcadores de progreso.

- **El autodiálogo puede ser una estrategia eficaz para apoyar el comportamiento dirigido a un objetivo.** Ya hemos hablado del autodiálogo, de la autoafirmación, con más detalle en el capítulo 10, pero también es relevante para la persistencia dirigida a un objetivo. Y como ya hemos señalado, cómo te hables a ti mismo puede marcar la diferencia. Encontramos una interesante investigación que utilizó a estudiantes universitarios que querían mejorar sus hábitos alimenticios. Una vez que los autores, Vanessa Patrick y Henrik Hagtvedt, determinaron que estaban trabajando con un grupo motivado, enseñaron a la mitad de los sujetos a decirse a sí mismos: *«No puedo comer alimentos poco saludables»* como una forma de protección para no ceder a la tentación. A la otra mitad se les enseñó a decir: *«No comeré alimentos poco saludables»*. Se llevaron a cabo varios estudios relacionados con la exploración de los beneficios de una forma de autodiálogo frente a la otra, y los resultados fueron coherentes y bastante impresionantes. ¿Qué grupo crees que se resistió mejor a los alimentos poco saludables? El grupo que dijo: *«No comeré...»*. Apuesto a que lo has adivinado y a que sabes por qué. Decir: *«No comeré»* es empoderador, es básicamente lo mismo que decir: «Yo no soy el tipo de persona que come alimentos poco saludables, ése es un comportamiento que puedo controlar». Decir: *«No puedo...»* suena más bien como que te estás privando de algo que te gustaría hacer, tal vez debido a una regla arbitraria que ves como si te la impusiera otra persona.

- **Los contratos de comportamiento también pueden ser eficaces.** Ésta es una variación de las intenciones de implementación. Haz un contrato de comportamiento con otra persona para la conducta en la que planeas participar. Dos instructores de la Academia de la Fuerza Aérea de Estados Unidos utilizaron este enfoque con los estudiantes de sus clases cuyo progreso de rendimiento disminuyó después del primer examen del trimestre. La participación fue voluntaria y se estableció un grupo de control de estudiantes que realizaron las mismas acciones, pero sin que se les ofreciera el contrato de comportamiento. El contrato tenía tres componentes: **1)** los estudiantes reconocían que su rendimiento en clase era malo; **2)** los estudiantes accedían a participar en comportamientos específicos para mejorar el rendimiento (hacer todas las lecturas del curso, pedir ayuda si era necesario y reunirse con el profesor en su despacho de acuerdo con un calendario acordado), y **3)** los estudiantes entendieron que el contrato expiraría cuando se cumplieran dos condiciones: que alcanzaran la calificación en el próximo examen para el que habían contratado trabajar explícitamente, y que informaran al profesor de que les gustaría terminar el contrato. Cada contrato de aprendizaje fue personalizado para cada estudiante individual. Los resultados mostraron que los estudiantes con contratos de aprendizaje mejoraron el rendimiento del curso más que el grupo de control.

Este enfoque, escribir un contrato de comportamiento, se podría considerar otra variante de las intenciones de implementación. Aunque las estrategias que hemos descrito en este capítulo van destinadas principalmente a las personas que quieren mejorar esta habilidad, esta estrategia bien puede ser adecuada para su uso por un empleador, un director o un supervisor que quiere ayudar a un empleado a mejorar su rendimiento laboral.

Capítulo 19

Lidiar con las situaciones difíciles
Tolerancia al estrés

Qué es

La capacidad de prosperar en situaciones de estrés y hacer frente a la incertidumbre, el cambio y las demandas de rendimiento.

Qué sabemos de esta habilidad

En primer lugar, es importante establecer la terminología relacionada. Cuando usamos el término *tolerancia al estrés*, nos estamos refiriendo no sólo a las personas que pueden desenvolverse bien en situaciones de estrés, sino también a aquellas que en realidad pueden buscar el tipo de estimulación que las situaciones estresantes a menudo proporcionan. Hay varios términos diferentes que describen a estos grupos: los buscadores de sensaciones, los buscadores de estímulos y los buscadores de novedades son los más comunes. La manera en que están redactadas las entradas de nuestro Cuestionario de Habilidades Ejecutivas (consulta el capítulo 2) atrae particularmente a las personas que entran en una de estas categorías. Esto ha sido una decisión consciente por nuestra parte. Descubrimos que las personas que buscan estímulos tienden a funcionar de manera óptima en un entorno muy diferente al de las personas con poca o ninguna tendencia a la búsqueda de estímulos. Comprender dónde te encuentras en el continuo que va desde la baja búsqueda de sensaciones a la alta no sólo te ayudará a comprender en qué tipo de entorno prosperas, sino que también puede ayudarte a comprender mejor a los que te rodean si resulta que su perfil es muy diferente al tuyo. Si estás buscando sensaciones, pasar el viernes por la noche en la ciudad o pasar el fin de semana de escalada en la montaña o volando en ala delta puede sonarte como una excelente manera de pasar el tiempo. Para las personas que tienen poca tendencia a la búsqueda de sensaciones, cualquiera de estas actividades le parecerá una idea terrible, mientras que acurrucarse frente a la chimenea con un buen libro o una comedia romántica puede ser lo más satisfactorio.

Cuando tomas una decisión sobre cómo pasar el tiempo, el lóbulo frontal juega un papel fundamental. Pero también resulta que los niveles de dopamina pueden predecir qué actividades te gustan más, así como tu manera de responder a la estimulación. Y parece que hay claras diferencias en las respuestas de la dopamina entre aquellos que son buscadores de sensaciones y los que son propensos a la ansiedad o responden al estrés de manera física (por ejemplo, con dolores de estómago, de cabeza, presión arterial alta...). Sin embargo, la respuesta al estrés y a la estimulación son procesos muy complicados, con implicaciones para otras regiones del cerebro, además de la corteza prefrontal, tales como la región de lucha o huida (la amígdala), el centro de recompensa (el núcleo accumbens) y la parte del cerebro donde se almacena la memoria a largo plazo (el hipocampo).

Además de a la dopamina, la respuesta al estrés y a la estimulación implica hormonas como el cortisol. Las personas que viven con estrés crónico también tienen niveles crónicamente elevados de cortisol, que se asocia a una serie de dolencias físicas, incluida la destrucción de músculos y huesos sanos, la ralentización de la curación y de la regeneración de las células, y también perjudica la digestión y la función mental, y debilita el sistema inmunológico. Los niveles altos de cortisol significan un riesgo no sólo porque se asocian a la ansiedad y la depresión, sino también a enfermedades del corazón, al aumento de peso, a los problemas de sueño y a los trastornos digestivos. Ésta es una de las razones de que los médicos presten especial atención a los niveles de estrés cuando revisan el estado de salud de sus pacientes.

Para resumir, hay variaciones individuales en respuesta tanto al estrés como a la búsqueda de sensaciones que tienen tanto un componente genético como experimental. Con el tiempo, vivir en circunstancias estresantes, por ejemplo, puede cambiar tanto la estructura cerebral como la conectividad de una manera que es perjudicial para la salud mental. El estrés a largo plazo parece aumentar la materia blanca (axones nerviosos y la vaina de mielina que los rodea). La materia blanca y la mielinización son generalmente buenas (ya que permiten que se formen buenos hábitos a través de la práctica), pero en el caso del estrés, esta mielinización excesiva sirve para mejorar la conectividad entre la amígdala y el hipocampo, lo que significa que todos los días interpretamos pequeños estresores como grandes amenazas para el sistema que nos obligan a luchar o a huir cuando ésta no es una respuesta útil.

Sin embargo, las personas interpretan las situaciones de manera diferente y, si tú tienes una alta tolerancia al estrés, entonces los eventos que pueden desencadenar niveles elevados de cortisol en aquellas personas con baja tolerancia al estrés no tienen el mismo efecto en ti.

Qué podemos hacer al respecto

La tolerancia al estrés se superpone a, o se ve afectada por, una serie de otras habilidades ejecutivas. Las personas con baja tolerancia al estrés a menudo también tienen poca flexibilidad. Si éste es tu caso, puedes consultar el capítulo 16 para obtener algunas ideas para abordar este aspecto de tus problemas relacionados con el estrés. La impulsividad se superpone a la tolerancia al estrés en el sentido de que algunas personas con alta tolerancia al estrés también tienden a ser bastante impulsivas (hacen las cosas sin pensar porque les parecen emocionantes en ese momento). Si tienes una alta tolerancia al estrés, es posible que ni siquiera estés leyendo este capítulo, pero si lo haces, y reconoces que la impulsividad es una parte de tu búsqueda de sensaciones que a veces te mete en problemas, puedes consultar el capítulo 8 para obtener ideas sobre cómo controlarla. Finalmente, existe cierta superposición entre la tolerancia al estrés y el control emocional. Las personas que son débiles en una habilidad tienden a ser débiles en la otra, y te recomendamos que consultes el capítulo 10 para obtener ideas y estrategias adicionales.

Cómo modificar el entorno para minimizar el impacto de la baja tolerancia al estrés

(Para obtener información detallada acerca de las modificaciones del entorno, consulta el capítulo 3).

- **Modifica el entorno físico o social.** La manera más directa de reducir al mínimo el impacto de la baja tolerancia al estrés es evitar ambientes estresantes siempre que se pueda. Quizá es más fácil decirlo que hacerlo, pero es posible que desees mirar de cerca la coincidencia entre tu entorno de trabajo y tu nivel de tolerancia al estrés para ver si tienes un trabajo que puede ser poco adecuado para ti. *Habla Peg:* «Como ya mencioné en el capítulo 5, no empecé a informarme acerca de las habilidades ejecutivas y del perfil de las mías hasta después de dejar de trabajar en la educación pública. Una vez empecé ese camino y llegué a la conclusión de que la tolerancia al estrés es una de mis habilidades ejecutivas más débiles, entendí por qué ya no trabajaba en la educación pública, un ambiente de trabajo muy estresante, especialmente si trabajas como psicóloga escolar y se espera de ti que gestiones cada crisis de salud mental que surge en ese entorno».

    Si no te es posible cambiar de trabajo para crear una mejor coincidencia, es probable que desees evaluar aquellos aspectos de tu trabajo que se pueden cambiar para reducir el estrés. *Habla Peg:* «Yo empiezo mi jornada de trabajo realizando veinte minutos de meditación consciente. También he diseñado mi despacho de un modo atractivo y cómodo para que me sirva como refugio si necesito alejarme del bullicio del centro de salud mental en el que trabajo. Y en casa me encanta ocuparme de la crianza de mis dos hijos, pero tengo que admitir que estoy feliz de estar en esta etapa de mi vida, ahora que puedo volver del trabajo a la tranquilidad de mi hogar, donde mi introvertido marido y yo coexistimos felizmente».

- **Modifica la tarea.** Evalúa las tareas que debes realizar en el trabajo o que se espera que lleves a cabo en casa y comprueba si puedes alterar de alguna manera los factores desencadenantes del estrés. Aprender a decir que no cuando alguien te pide que hagas algo que sabes que es estresante para ti puede ayudarte. Pero si ésa no es una opción, entonces aquí te ofrecemos algunas opciones de modificación de tareas:

    — Encuentra a alguien más para hacer la tarea, tal vez podéis intercambiar tareas y tú puedes realizar una suya que sea una mejor opción para ti.
    — Prepárate de antemano para la tarea estresante (ensayando mentalmente para que sepas qué esperar y cómo vas a gestionar lo que pase, o utilizando el diálogo interno para alentarte a ti mismo a superarla).

— Divídela en partes muy pequeñas, de manera que te desconectes de la tarea estresante mayor, puedas enfrentarte a algo más fácil para ti y no tengas que invertir mucho tiempo de una vez en la tarea estresante.
— Establece un tiempo de recuperación, para que puedas tomarte un descanso y recuperar energías antes de pasar a la siguiente tarea.

- **Solicita la ayuda de otras personas.** Antes te hemos mostrado la opción de buscar a alguien más para realizar una tarea estresante. Eso, por supuesto, no siempre (o puede que incluso no muy a menudo) es posible. Puede que te resulte útil informar a un compañero de trabajo y/o supervisor que algunas tareas te exigen mucho trabajo, y esto puede generar cierta simpatía, especialmente si se lo dices de tal manera que quede claro que no le estás pidiendo que te libere de la tarea, sólo comprensión y apoyo. Incluso pueden ofrecerte palabras de aliento antes de comenzar la tarea y una palmada en la espalda después de completarla.

Cómo mejorar tu tolerancia al estrés mediante la práctica

(Para obtener información detallada acerca de las estrategias de mejora de habilidades, consulta el capítulo 4).

Un enfoque para ayudar a las personas a gestionar el estrés que es congruente con nuestra metodología es la «terapia de inoculación de estrés», desarrollada inicialmente por Donald Meichenbaum, un psicólogo cognitivo-conductual. Los terapeutas que utilizan este enfoque ayudan a sus clientes a prepararse de antemano para enfrentar situaciones de estrés y así minimizar los efectos de los factores estresantes.

Las tres fases son:

1. Educar a los clientes sobre el estrés y sus efectos en general y ayudarles a identificar los factores de estrés específicos que están experimentando.
2. Enseñarles estrategias de afrontamiento y hacer que las ensayen.
3. Practicar las habilidades, usando una variedad de métodos de simulación.

MentalHelp.net (www.mentalhelp.net/articles/developing-a-personalized-stress-prevention-plan/) ha creado un enfoque paso a paso para que las personas lo utilicen por su cuenta para crear un «plan personalizado de prevención del estrés». Ahora vamos a ver los pasos que recomiendan Harry Mills *et al.*, que son bastante similares al enfoque que describimos en el capítulo 4.

- **Paso 1: Desafío.** El objetivo de esta etapa es crearte la motivación para que tomes medidas para reducir el impacto del estrés en tu vida. Piensa en las experiencias estresantes, en el impacto que han tenido en tu bienestar personal y acepta el desafío de tomar medidas para mejorar tu respuesta al estrés.
- **Paso 2: Conciencia.** Aprende lo que puedas acerca de la gestión del estrés, y para ello haz búsquedas en Internet, lee libros y artículos e inscríbete a cursos, seminarios y conferencias. Te recomendamos que visites Amazon.com y escribas «La gestión del estrés» en el buscador, y que leas los comentarios de los lectores de los libros ofrecidos, ya que hay un buen número de títulos que han sido muy recomendados.
- **Paso 3: Preparación.** En esta etapa, organiza lo que has reunido sobre la gestión del estrés y selecciona las estrategias que deseas aprender. Enumera los métodos que deseas usar y cualquier equipo o material que puedas necesitar (por ejemplo, DVD con ejercicios de relajación guiados, etc.). Las estrategias que podrías considerar incluyen: la relajación, el ejercicio, la meditación y la visualización guiada. En el cuadro de las páginas 317 y 318, enumeramos una variedad de técnicas de gestión del estrés. Si te atraen, puede investigarlas más a fondo haciendo una búsqueda en Internet.

El paso 3 también implica la realización de un plan detallado. A este respecto, el formulario del Plan de Acción del capítulo 4 te será útil. No obstante, queremos sugerirte una variación. Mientras que nuestro plan requiere la identificación de una actividad o situación específica para la que se quiere desarrollar una respuesta que se pueda practicar, en el caso de la gestión del estrés puede ser más beneficioso identificar una estrategia de afrontamiento particular que se practique para hacer frente a una serie de diferentes situaciones o acontecimientos estresantes. Si eliges esta ruta, modifica la plantilla como se muestra en las páginas 310 y 311 (también disponible para descargar e imprimir en www.guilford.com/dawson7-forms).

- **Paso 4: Acción.** Ahora pon en marcha tu plan. Mantener un registro de tus actividades te servirá como una manera de documentar el progreso y de recordarte a ti mismo que participes en la práctica. La plantilla de la página 312 podría serte útil en este caso (hay un formulario disponible en www.guilford.com/dawson7-forms que puedes descargar e imprimir).
- **Paso 5: Mantenimiento.** Ahora ya has incorporado tus estrategias a la vida cotidiana, por lo que en esta etapa simplemente te aseguras de continuar utilizando las estrategias que sabes que te resultan útiles. Si cambian algunos aspectos de tu vida, puede que tengas que volver al paso 4, aumentando la intensidad de la práctica para que se adapte al aumento del estrés.

Soportes tecnológicos

Consulta el capítulo 10 para obtener una lista de sugerencias.

Cómo es en la práctica: Tratar con en el estrés en el hogar y en el trabajo

Gwen tiene que lidiar con el estrés tanto en el hogar como en el ambiente laboral, y sabe que no lo gestiona bien. Vuelve a tener dificultades con el estrés; era una de esas estudiantes que sufrían de ansiedad ante los exámenes en la escuela secundaria, y ella misma recuerda que se encerraba en su habitación cuando sus dos hermanos más jóvenes se peleaban y sus padres comenzaban a gritarles para que parasen. Y ahora, apenas cumplidos los 40 años, siente que se está enfrentando a la tormenta perfecta. En su vida personal trata de atender a un hijo de 10 años con necesidades especiales y a una madre enferma, que es incapaz de reconocer que su deterioro cognitivo significa que ya no puede vivir con seguridad por sí misma. Desde la escuela la llaman a menudo para hablar de la última crisis de su hijo en el aula, y los vecinos de su madre la llaman continuamente para explicarle lo último que ésta se ha olvidado de hacer. En el ambiente laboral –es enfermera en el ala de cuidados intensivos– se enfrenta a situaciones extremas a diario. El hospital está corto de personal, y su supervisor no para de cambiarle los horarios y de añadirle horas extras y turnos dobles en el último minuto. Su marido trabaja fuera de casa, cosa que ayuda, pero al menos una vez al mes tiene que ir a su oficina, que está en otra ciudad, y está fuera durante toda una semana.

PLAN DE ACCIÓN PARA CONTROLAR EL ESTRÉS

¿Cuál es tu plan?

- ¿Qué vas a practicar?

- ¿Cuándo va a practicar? (Sé específico: ¿Qué día de la semana y a qué hora del día? Usa el espacio siguiente si eso te resulta útil).

Lunes:	Martes:	Miércoles:	Jueves:	Viernes:	Sábado:	Domingo:

- ¿Cuánto tiempo durará la sesión de práctica? (Recuerda: al principio realiza sesiones breves).

¿Cuál es tu hora de inicio?   Fecha: Hora:

Fecha de reserva: Hora:

¿Qué señales vas a utilizar para recordar que debes seguir tu plan?

PLAN DE ACCIÓN PARA CONTROLAR EL ESTRÉS (continuación)

Autoafirmaciones positivas para apoyar tu plan. Describe brevemente lo siguiente:
- ¿En qué estás trabajando?

- ¿Por qué trabajas en ello?

- ¿Qué beneficios recibirás?

- ¿Cuáles serán tus sentimientos si completas tu plan con éxito?

¿Qué puedes utilizar como motivador para recompensarte por seguir tu plan?)

REGISTRO DE LA GESTIÓN DEL ESTRÉS

Fecha	Hora	Estrategia practicada	Comentarios (por ejemplo: ¿Cómo se ha desarrollado la práctica? ¿Ha afectado a tu reacción a un factor estresante de la vida real? ¿Necesitas probar una estrategia diferente?).

De *The Smart but Scattered Guide to Success* de Peg Dawson y Richard Guare. Copyright © 2016 The Guilford Press. Quienes compren este libro pueden fotocopiar y/o descargar versiones ampliadas de este material (*véase* el cuadro al final del índice).

Gwen conocía el impacto del estrés en la salud física: se estaba tratando la presión arterial alta y tenía problemas de espalda. También estaba empezando a afectarle al sueño, y sabía que cuando no dormía lo suficiente era más propensa a cometer errores en un trabajo donde un error puede significar la diferencia entre la vida y la muerte.

Gwen era consciente de que había basado su vida personal y profesional en el cuidado de los demás: su hijo, su madre, sus pacientes... En tiempos difíciles, como en ese momento, eso podía ser una fuente importante de estrés, pero para Gwen también era la fuente de su valor personal y de su autoestima. Ahora, sin embargo, pensaba que podía estar defraudando a las personas que se preocupaban por ella, porque no podía gestionar fácilmente todas las exigencias del día a día. Y no estaba segura de qué hacer al respecto.

Un día, al comenzar su turno de trabajo se encontraba en la sala de enfermería y vio en el tablón de anuncios uno que probablemente había estado allí tanto tiempo como ella; sólo que nunca se había fijado en él. Aquel gran hospital urbano donde trabajaba ofrecía un Programa de Asistencia al Empleado. Gwen siempre asociaba estos programas a los funcionarios que tenían problemas de abuso de sustancias o de pareja que interferían en su trabajo. Pero en su descanso navegó por la página web del centro de salud y vio que ofrecían recursos para la conciliación del trabajo y la vida y para el cuidado de ancianos, entre una multitud de servicios. Como en el hospital había un despacho dedicado exclusivamente a esos servicios y se ofrece asesoramiento día y noche, pidió cita para informarse al final de su turno del día siguiente.

Gwen se reunió con una consejera y se cayeron bien inmediatamente. Gwen le describió su situación con todo lujo de detalles, centrándose en particular en su problema con la gestión del estrés. Al final de su relato, la consejera sonrió un poco irónicamente y le señaló que en esas circunstancias la mayoría de las personas probablemente a duras penas eran capaces de lidiar con la gestión del estrés. Aquello fue como una especie de llamada de atención para Gwen, que nunca había se había parado a pensar en ello, pero, aunque ése fuera su caso, no resolvía el problema. Afortunadamente, la siguiente pregunta de la consejera, «¿Quién puede ayudarte?», le brindó una dirección a seguir.

Esta dirección, sin embargo, a Gwen no le resultaba cómoda, y le preguntó a la consejera por qué estaba bien volcar sus responsabilidades en los demás. La consejera discrepó ante la idea de Gwen que lo que significaba «volcar» sus responsabilidades. En el transcurso de la discusión, ella y Gwen replantearon la idea de responsabilidad compartida como rol de un miembro de la familia y como estrategia de gestión del estrés. Antes de finalizar la reunión, Gwen se comprometió a seguir dos planes. Hablaría con su esposo sobre la necesidad de que la ayudara a gestionar los problemas escolares de su hijo, lo que implicaba convertirlo en la primera persona de contacto cuando les llamaran de la escuela. Para el problema de su madre, la consejera le dio el nombre del especialista en cuidado de ancianos del Programa de Asistencia al Empleado, y Gwen decidió llamar a sus hermanos para que los tres se reunieran con esa persona y hablarán de las posibles opciones. Gwen programó una visita de seguimiento con la consejera para informarle sobre su propio progreso.

Jack, el marido de Gwen, se comprometió a ocuparse del tema de la escuela, lo que resultó ser una buena decisión. Con bastante rapidez se empezó a impacientar con las llamadas de la escuela, investigó un poco y descubrió que la escuela tenía la responsabilidad de hacer lo que se llama una «evaluación de comportamiento funcional». Esto significa que era la encargada de determinar las razones de las crisis de comportamiento de los alumnos y luego de desarrollar un plan que se implementara en la escuela para resolver esos problemas. Jack se reunió con el equipo de la escuela y puso en marcha ese plan.

Los hermanos de Gwen, sin embargo, se hicieron los remolones y adujeron varias excusas para no reunirse. Gwen decidió enfocar el asunto por la puerta trasera porque tenía una buena relación con sus dos cuñadas. Así, tras la insistencia de sus respectivas parejas, los hermanos cedieron. Ellos y Gwen se reunieron con el especialista y, después de considerar las opciones, decidieron que un servicio de vivienda asistida podría ser el camino a seguir. Esta opción proporcionaba independencia a su madre, lo que ella valoraba mucho, al mismo tiempo que ofrecía apoyo, vigilancia y la estancia en una comunidad de iguales. Si juntaban su pensión de jubilación y de viudedad, más la eventual venta de su casa, podían pagar esta opción.

Convencer a su madre de aquel plan, sin embargo, podría ser un problema, pero ella disfrutaba de la compañía de los demás y en la actualidad, la mayoría de las veces, se encontraba aislada y sola. El especialista en el cuidado de ancianos se comprometió a trabajar con ellos y con su madre para dar con maneras positivas de abordar este problema. No sólo Gwen sintió que se quitaba un gran peso de los hombros, sino que tener también a los miembros de su familia interesados e involucrados en el cuidado de su madre le proporcionó una fuente continua de apoyo.

El trabajo era una cuestión diferente, en parte porque el cuidado de pacientes en estado crítico, inevitablemente, implicaba un cierto grado de estrés. Sin embargo, con mucha confianza y con más energías por haber adoptado un plan de acción contra sus otros factores estresantes, Gwen decidió abordar este tema de frente. Llevaba ejerciendo de enfermera en aquella unidad desde hacía tres años, nunca había cogido la baja por enfermedad, y nunca se había quejado por nada. Como había señalado su marido en muchas ocasiones, era la empleada ideal, y eso le había convertido en la enfermera idónea para relevar a las demás, hacer horas extraordinarias, someterse a cambios inesperados de horarios, y así sucesivamente.

En cuanto a su fiabilidad y rendimiento, Gwen decidió que había acumulado algo de saldo y podía permitirse el lujo de utilizarlo. Se reunió con su supervisor, hizo un repaso de las circunstancias de su vida actual y le dijo qué podía y qué no podía hacer con respecto a las horas extra y a la programación de los horarios. En su mayor parte, su supervisor respetó sus deseos, pero unas semanas más tarde, cuando le dijo a Gwen que cubriera el turno de una compañera de trabajo, Gwen le dijo que no podía. El supervisor le mostró cierta irritabilidad, pero aceptó su decisión. Por su parte, Gwen admitió que aquello le provocó ansiedad, pero al mismo tiempo se sintió fortalecida al establecer un límite en su trabajo, ya que era la primera vez.

Durante su reunión de seguimiento con la consejera, ésta la felicitó por las medidas que había tomado para gestionar el estrés y su voluntad de involucrar a otras personas como recursos. También le mencionó que el estrés es un problema crónico y significativo para las enfermeras de cuidados intensivos. Al darse cuenta de que esto no era sólo un problema para ella, Gwen le preguntó acerca de los recursos disponibles, y la consejera le señaló que existía un estudio que demostraba que la meditación *mindfulness*, la meditación consciente, disponible a través del Programa de Asistencia al Empleado, había demostrado beneficios para el alivio del estrés en los profesionales de la salud. Gwen habló del tema con algunas de sus colegas de la unidad y, con su estímulo, se acercó a su supervisor y le contó los posibles beneficios para el personal y los pacientes. Su supervisor se mostró de acuerdo en implementar un programa piloto de 3 meses para el personal. Gwen se encargó de contratar a un entrenador para que viniera una vez por semana al final del turno.

Por qué funcionó

- **Gwen estaba dispuesta a buscar ayuda.** Dado lo abrumada que estaba, la probabilidad de que Gwen pudiera diseñar un plan o pensar en una solución por sí sola era bastante mínima (recuerda, en situaciones de estrés, las habilidades ejecutivas en general tienden a degradarse). Es por eso que algunas personas eligen consultar con un terapeuta o un consejero de salud mental, pero Gwen tuvo la suerte de trabajar en un entorno que tenía un Programa de Asistencia al Empleado al que podía recurrir. Como la consejera trabajaba en el mismo entorno, podía entender fácilmente con qué estaba tratando Gwen, y existía la posibilidad de que ayudara a otras personas a lidiar con el estrés derivado de los mismos problemas.

- **Ella fue capaz de comprender cómo influía su constitución psicológica.** Gwen reconoció que los problemas que tenía surgían en gran parte porque era una cuidadora por naturaleza. Se dio cuenta de que se trataba de una espada de doble filo: explicaba por qué el trabajo que hacía era tan satisfactorio para ella, pero también veía que el mismo rasgo la llevaba a asumir más de lo que era capaz de resistir. Ése pudo ser el punto de inflexión: a menos que se cuidara más, no podría ayudar a los demás como quería. Esta comprensión le dio el coraje suficiente para hablar con su supervisor y obtener el apoyo de los miembros de la familia de una manera que nunca antes había tenido.

- **Gwen dividió el problema en partes más manejables.** Para cada fuente de estrés, creó un plan de acción individualizado. Tal vez todas las ideas fueran suyas, pero tener a una tercera persona imparcial para cuestionar las ideas probablemente la ayudó mucho. A veces las personas se resisten a contratar a un consejero porque no ven cómo otra persona puede resolver sus problemas por ellos. En ocasiones, la mejor ayuda que un consejero puede proporcionar es dar la oportunidad de resolver el problema y pensarlo lógicamente.

- **Buscó la ayuda de otras personas.** Gwen accedió a una red de apoyo que incluía profesionales (el consejero del Programa de Asistencia al Empleado y el especialista en atención de ancianos), así como miembros de la familia. Puede haber pensado que ella era la única que podía manejar los problemas de su hijo en la escuela, pero resultó que su esposo era bastante bueno en eso. Claramente tenía un perfil de habilidades ejecutivas diferente. Es posible que Gwen hubiera visto su impaciencia como una debilidad, pero se sorprendió gratamente al ver que tenía su utilidad para obtener la ayuda que su hijo necesitaba.

- **Identificó una estrategia de supervivencia a largo plazo y creó el espacio para practicarla.** Siempre que sea posible, al diseñar intervenciones para mejorar las habilidades ejecutivas, sugerimos que las personas primero vean en su entorno inmediato las cosas que pueden cambiar para reducir el impacto negativo de sus habilidades ejecutivas débiles. Y luego recomendamos que busquen maneras de mejorar dichas habilidades. Gwen hizo ambas cosas: abordó los problemas cotidianos que eran la fuente de su estrés, pero también reconoció que necesitaba hacer algo que la ayudara a lidiar con el estrés de manera más efectiva. Se decidió por la meditación consciente. En las sesiones semanales disponibles en su trabajo aprendió con bastante rapidez las técnicas que luego pudo utilizar sola entre sesiones. Los beneficios a corto plazo fueron inmediatos: Gwen terminaba cada sesión de meditación sintiéndose más tranquila y preparada para enfrentarse a cualquier cosa que ocurriera en su hogar o en su lugar de trabajo. Con una práctica constante a lo largo del tiempo, vio que los beneficios se expandían: podría gestionar el estrés en el momento de manera más efectiva, y acceder «a demanda» a los mismos sentimientos tranquilos y relajados que al principio sólo eran evidentes al final de cada sesión de meditación consciente.

TÉCNICAS DE GESTIÓN DEL ESTRÉS

He aquí una lista de opciones a considerar para la gestión del estrés.

- **Establecer un tiempo de inactividad y hacer algo relajante.** Cualquiera de estas propuestas podría funcionar: salir a pasear al aire libre o pasar tiempo en la naturaleza, leer un libro o escuchar música, cuidar el jardín, escribir un diario, reunirte con un amigo que te hace sentir bien. Lo importante es establecer un período de tiempo sobre una base regular para participar en cualquiera de estas actividades.
- **Crear «zonas de estabilidad».** Basadas en una idea presentada por primera vez por Alvin Toffler en su libro *Future Shock*, las zonas de estabilidad son lugares en tu vida donde te sientes seguro y relajado, amortiguadores para el mundo estresante en el que vives. Las zonas de estabilidad pueden ser lugares, personas con las que te gusta estar, actividades con las que disfrutas o incluso objetos favoritos.
- **Hacer ejercicio regularmente.** Idealmente, tres veces a la semana durante 30 minutos en una actividad de la que disfrutes. Y si tienes problemas para obligarte a hacerlo, mira tu serie de televisión favorita mientras practicas ejercicio o escuchas un audiolibro (Audible.com tiene miles para elegir).
- **Reducir la cafeína y el azúcar y evitar el alcohol, los cigarrillos y las drogas.** Todo esto puede proporcionarte subidones temporales o escapadas momentáneas, pero no resuelve el problema del exceso de estrés.

- **Aprender y practicar técnicas de reducción del estrés,** como *tai-chi,* yoga, respiración abdominal, meditación de atención plena, visualización guiada, relajación muscular progresiva u otras técnicas de relajación. WebMD enumera 10 técnicas de relajación que incluyen las anteriores mencionadas, así como otras como descomprimir (colocar una envoltura de calor caliente alrededor del cuello y hombros durante 10 minutos), reír a carcajadas y mantener un diario de gratitud para ayudarte a recordar los aspectos positivos de tu vida. HelpGuide.org describe con cierto detalle una serie de técnicas de relajación para reducir el estrés.
- **Utilizar la reestructuración cognitiva.** Éste es un enfoque cognitivo-conductual en el que trabajas para comprender qué está causando tu estrés, identificando cualquier «creencia automática», como los pensamientos irracionales, que podrían subyacer al estrés, y luego desafiándolos mediante la búsqueda de evidencias que los respalden, así como de evidencias que los refuten, y a partir de esos dos conjuntos de evidencias obtener una visión más «justa y equilibrada».

CUARTA PARTE

Mirar hacia el futuro

Capítulo 20

Envejecer sin perder las ventajas
Una receta para preservar las habilidades ejecutivas

La neuroplasticidad, en el mundo de la neurociencia, es un concepto muy reciente. A lo largo de la mayor parte del siglo XX, la creencia común era que a medida que el cerebro envejece el número de neuronas se reduce y ya no se crean otras nuevas. De hecho, se consideraba que la neurogénesis (el nacimiento de nuevas neuronas) era imposible una vez que llegábamos a la edad adulta. La creencia estaba tan firmemente arraigada que cuando la revista *Science* publicó una serie de artículos en la década de 1970 que pretendían demostrar la neurogénesis en mamíferos adultos, los resultados fueron ignorados o criticados. Dado que la crítica fue realizada por investigadores de gran prestigio, pasaron más de veinte años antes de que empezaran a aparecer nuevos artículos que demostraban que la neurogénesis se producía en humanos adultos.

Ahora sabemos que lo hace, y desde los albores del siglo XXI el campo de estudio del envejecimiento se ha disparado con investigaciones que han arrojado luz sobre la manera en que envejece el cerebro, qué habilidades tienden a disminuir con la edad y cuáles se conservan, y qué mecanismos biológicos subyacen al proceso de envejecimiento. Estas investigaciones han sido posibles con el desarrollo de las técnicas de imagen cerebral más sofisticadas, incluida, en particular, la resonancia magnética funcional (fMRI), que permitió estudiar lo que sucede en el cerebro cuando una persona se dedica a una actividad y, más recientemente, el tensor de difusión (DTI), un proceso que permite estudiar el flujo de moléculas de agua en los axones que forman la materia blanca. Esto nos ayuda a entender cómo afecta el envejecimiento a la mielina, la vaina grasa que se envuelve alrededor de los axones y acelera la transmisión de los impulsos nerviosos.

Si estás leyendo este libro y eres un adulto joven, o incluso un adulto de mediana edad, es posible que pienses que puedes saltarte este capítulo, pero valdrá la pena que inviertas unos minutos para aprender cómo el cerebro puede cambiar con la edad y cuáles son los factores de protección que podrían ayudarte a mantener un buen funcionamiento cognitivo hasta una edad avanzada. Resulta que, cuando nos fijamos en los adultos que envejecen con éxito, nos encontramos con que hay actividades y comportamientos que estos adultos pusieron en marcha cuando eran más jóvenes como una especie de receta para la preservación de las habilidades ejecutivas. ¿Por qué no aprovecharlas?

¿Qué es lo que sabemos acerca cómo cambia el cerebro con la edad?

Primero, una advertencia: esta investigación está avanzando rápidamente. El material presentado aquí se ha extraído principalmente de fuentes publicadas en 2012 o más adelante, pero, para cuando este libro se publique, es posible que haya nueva información que probablemente se agregará a la que hemos documentado y puede variarla. Gran parte de lo que se resume proviene de un excelente libro, *Nurturing the Older Brain and Mind*, de Pamela Greenwood y Raja Parasuraman, y de un artículo teórico de Patricia A. Reuter-Lorenz y Denise C. Park publicado en *Neuropsychology Review* en 2014.

- **El volumen cerebral disminuye con la edad.** La poda explica esto en la infancia y en la adolescencia, pero se estima que entre los 30 y los 90 años el cerebro pierde del 12 al 14% de su materia gris y del 23 al 26% de la materia blanca. La disminución cerebral es particularmente evidente en las regiones prefrontal y parietal; así, el impacto en las habilidades ejecutivas puede ser particularmente pronunciado. Sin embargo, la disminución cerebral no se ha relacionado de manera consistente con la pérdida cognitiva, por lo que la implicación de este cambio cerebral en el envejecimiento saludable no está claro.
- **Los adultos mayores usan su cerebro de manera diferente que los adultos más jóvenes.** Algunos estudios intrigantes muestran que cuando se les

pide a los adultos mayores que participen en una variedad de tareas cognitivas, sus cortezas prefrontales participan bilateralmente en lugar de unilateralmente, como es el caso de los adultos más jóvenes. En otras palabras, están utilizando los hemisferios derecho e izquierdo para trabajar en tareas cognitivas que los adultos más jóvenes pueden realizar utilizando sólo un hemisferio. Esto sugiere que los adultos mayores han desarrollado una estrategia compensatoria que implica un mayor uso de las habilidades ejecutivas, tal vez para compensar la disminución de otras habilidades, por ejemplo, usando estrategias de ensayo más activas para recordar información porque el hipocampo, la parte del cerebro asociada a los recuerdos a largo plazo, generalmente se encoge a medida que envejecemos.

- **Con la edad se da un adelgazamiento cortical y se producen cambios en la integridad de la materia blanca.** El grosor de la materia gris disminuye con la edad, un fenómeno que se observa sobre todo en la corteza prefrontal. Además, puede haber una pérdida de integridad de la materia blanca con la edad. Dado que la materia blanca gobierna la comunicación entre diferentes regiones del cerebro, esto puede afectar a la capacidad del cerebro para procesar la información de manera eficiente. La buena noticia es que el entrenamiento cognitivo y motor puede tener un impacto positivo en estos procesos.

- **La disminución de la dopamina es una función del proceso de envejecimiento.** Como hemos señalado anteriormente, la dopamina no sólo afecta al funcionamiento del lóbulo frontal, sino que también juega un papel clave en otras regiones del cerebro, especialmente en el centro de recompensa cerebral. La disminución de los niveles de dopamina con la edad ha sido bien documentada, y estudios actuales están dando cuenta del impacto de esta pérdida. Un estudio sugirió que la pérdida de dopamina puede contribuir al hecho de que tendamos a ser más conservadores con la edad. Los niveles bajos de dopamina se asocian a una preferencia por evitar resultados negativos, mientras que los más altos se asocian a la búsqueda de resultados positivos. En otras palabras, los niveles bajos están asociados a una tendencia a evitar la toma de riesgos.

- **La regulación de la glucosa puede ser problemática en algunos adultos mayores.** La glucosa es el combustible que alimenta el cerebro, y si está desregulada, como ocurre con las personas que son diabéticas o tienen síndrome metabólico, puede tener un impacto particular en el hipocampo y, más específicamente, en una región llamada circunvolución dentada, que es la responsable de la formación de nuevos recuerdos. Es esta parte del cerebro la que se ve afectada desde el principio en las personas que desarrollan la enfermedad de Alzheimer. La buena noticia es que los estudios que han llevado a las personas a pasar varias semanas de entrenamiento aeróbico (por ejemplo, ciclismo, correr en cinta, caminar con entrenador elíptico) han demostrado un aumento del flujo sanguíneo cerebral en el hipocampo y en la circunvolución dentada.

- **Los cambios a nivel neuronal no están asociados al envejecimiento cognitivo normal.** Aunque durante mucho tiempo se creyó que el cerebro sufría una significativa pérdida de neuronas con la edad, esta creencia se basó principalmente en un estudio defectuoso realizado con monos viejos. Una metodología de investigación más precisa ha concluido que la pérdida de neuronas no es inevitable con la edad, ni hay evidencia de una reducción de la complejidad de las neuronas (como una pérdida de ramificación dendrítica o anormalidades sinápticas). Esto puede ocurrir, pero no es parte del proceso normal de envejecimiento.

El papel de los procesos compensatorios en el envejecimiento cognitivo

A medida que envejece, el cerebro se adapta. Lo bien o mal que se adapte depende de una serie de factores, incluyendo nuestra salud física, factores genéticos y nuestra exposición a las experiencias de la vida. En 2009 Reuter-Lorenz y Park desarrollaron una teoría que llamaron «del andamiaje del envejecimiento y de la cognición» para dar cuenta de estas diversas influencias, construida en torno a la idea de que el cerebro desarrolla un «andamiaje compensatorio» para contrarrestar los efectos negativos del envejecimiento. Más recientemente, los autores revisaron esta teoría para incorporar «variables del ciclo de la vida», que definen como «la acumulación de experiencias y estados que un individuo ha experimentado de la vida a la muerte», y que sería algo así:

- A medida que envejecemos, hay un curso normal de envejecimiento biológico que puede afectar la estructura y función del cerebro. Pero nuestras experiencias de vida también afectan a este proceso, y el impacto puede ser positivo y conducir al enriquecimiento de los recursos neuronales (por ejemplo, estado físico, educación, compromiso intelectual) o negativo y conducir al agotamiento de los recursos neuronales (por ejemplo, estrés, depresión, traumas).

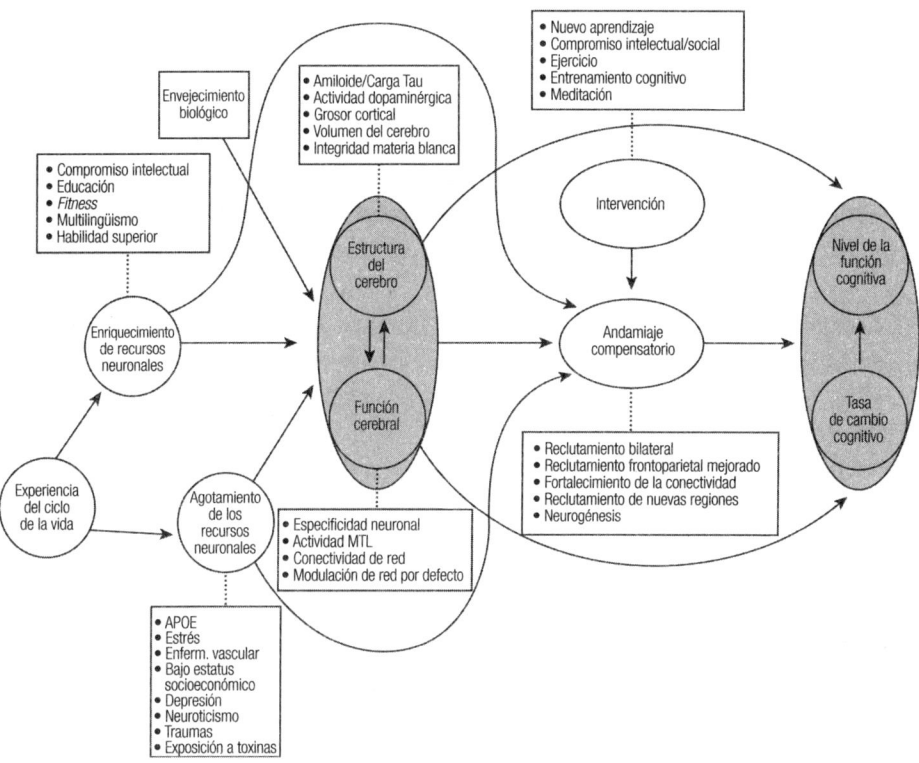

«Un modelo de ciclo de vida de la teoría del andamiaje del envejecimiento y de la cognición (STAC-R)». Tomado de Reuter-Lorenz y Park (2014), un artículo de libre acceso.

- Como resultado de los cambios en la estructura y función del cerebro, éste desarrolla un andamiaje compensatorio, como el reclutamiento bilateral, una mayor actividad en las regiones cerebrales frontal y parietal, y la neurogénesis.

- Las intervenciones en esta etapa, como un nuevo aprendizaje, el ejercicio y el compromiso social/intelectual, también pueden incluir en el andamiaje compensatorio.
- Todo esto afecta al máximo nivel de funcionamiento cognitivo, así como a la tasa de cambio cognitivo.

La figura de la página 325 describe esta teoría revisada. Sabemos que parece abrumador y confuso al principio, pero si efectúas un par de respiraciones profundas y lo miras con calma (de izquierda a derecha), el significado se hará evidente.

Tiene sentido, ¿verdad?

Entonces, ¿qué es lo que funciona para preservar el cerebro y las habilidades ejecutivas a medida que envejecemos?

Este modelo sugiere, y se está compilando investigación para respaldarlo, que el ciclo del desarrollo del cerebro en la vejez se ve afectado por la experiencia de la vida, los factores genéticos y las influencias ambientales, todo lo cual puede mejorar o disminuir los recursos del cerebro. No invertiremos mucho tiempo en las influencias negativas, aquellas que conducen a la disminución de los recursos neuronales. Éstas incluyen cosas sobre las que uno no tiene control (como un gen particular que está altamente asociado a la enfermedad de Alzheimer), así como factores de riesgo vascular, como fumar, la obesidad y la diabetes. Otros factores negativos incluyen las enfermedades del corazón, el estrés y la depresión crónica.

Vamos a centrarnos, en cambio, en las actividades y las experiencias que conducen al enriquecimiento de los recursos neuronales. Se está acumulando evidencia de que la participación en estas actividades de los adultos jóvenes o de mediana edad puede aumentar la probabilidad de que el cerebro siga funcionando de manera óptima hasta una edad avanzada.

El ejercicio físico

La orientación sobre cuánto y qué tipo de ejercicio físico hay que realizar parece cambiar constantemente (este mismo fin de semana hemos leído un estudio que sugiere que trotar a un ritmo relativamente lento puede estar asociado a una vida útil más larga que el ejercicio aeróbico más intenso), pero lo que es coherente es que las personas que realizan ejercicio aeróbico de manera continua tienen un mejor funcionamiento cognitivo a medida que envejecen que las personas que no lo hacen. Un metaanálisis analizó el impacto del ejercicio en cuatro aspectos del envejecimiento cognitivo y descubrió que los mayores beneficios se dirigían a las habilidades ejecutivas, en particular la planificación, la inhibición y la memoria de trabajo. El ejercicio mejora la neurogénesis, la plasticidad sináptica y el flujo sanguíneo cerebral, así como también conduce a un aumento de las neurotrofinas (proteínas secretadas de origen natural que sirven como factores de crecimiento).

Los factores dietéticos

Éste es un tema complicado (y además está en un estado continuo de estudio), pero existen evidencias de que la restricción dietética (reducción de calorías) mejora la salud cardiovascular, aunque su impacto en la cognición aún se cuestiona. Reemplazar las grasas saturadas por ácidos grasos poliinsaturados mejora la salud cardiovascular y tiene un impacto positivo en la cognición, al igual que comer alimentos que contienen resveratrol (un ingrediente natural que se encuentra en las uvas y en las pieles de uva, y en el vino tinto). También hay evidencia de los beneficios de los antioxidantes en la dieta, pero hay pocas o inconclusas evidencias de los beneficios de los suplementos de vitamina B u otros alimentos, especias o hierbas específicos.

La estimulación cognitiva

Las fuentes para la estimulación cognitiva son muchas y variadas y pueden tener un impacto significativo en el envejecimiento del cerebro. Continuar trabajando puede tener un impacto positivo (dependiendo del trabajo, obviamente). Un estudio multinacional que analizó el rendimiento de la memoria en adultos mayores en países donde la edad de jubilación varía, encontró que los estadounidenses, que tienen una edad de jubilación alta (65-70), superaron a las personas de países con una edad de jubilación baja. Otras formas de estimulación cognitiva asociadas a un mejor funcionamiento cognitivo incluyen tocar instrumentos musicales y el bilingüismo y el multilingüismo. Aprender un nuevo idioma de adulto mayor también puede ser beneficioso. Lamentablemente, hay pocas evidencias de algún beneficio particular en hacer crucigramas o sudokus, ya que estas actividades tienden a no extender particularmente nuestras habilidades de pensamiento (especialmente una vez que hemos dominado las instrucciones). El compromiso social también ha demostrado ser un factor protector.

La meditación

Ya hemos hablado de la meditación en el capítulo 10, pero entre los estudios realizados sobre el impacto de la meditación en el funcionamiento del cerebro se encuentran aquellos que han intentado medir su influencia en el envejecimiento. Un estudio publicado en *Frontiers in Psychology* por Eileen Luders *et al.* comparó recientemente la atrofia de la materia gris en sujetos de entre 24 y 77 años que habían meditado durante muchos años con sujetos que nunca habían meditado. Aunque el estudio es correlacional (lo que significa que otros factores, como otras opciones de estilo de vida, no pueden descartarse como contribuyentes al resultado), encontró disminuciones relacionadas con la edad en la materia gris en ambos grupos, pero una disminución significativamente menor en el grupo que había meditado a lo largo de su vida.

El entrenamiento cognitivo

Esto se pone complicado. Si nos centramos sólo en una definición limitada del entrenamiento cognitivo, a saber, el software de entrenamiento cognitivo basado en ordenadores o los juegos mentales, entonces la conclusión es que participar en estos juegos no mejora las capacidades cognitivas generales. Consulta el cuadro del capítulo 9 para obtener más información al respecto.

Sin embargo, una gran cantidad de estudios se han dedicado a formas más complejas de entrenamiento cognitivo, y los resultados de éstos son un poco menos directos. Para intentar hacer un breve resumen, diremos que la investigación ha analizado tres áreas: **1)** los cambios en la estructura y actividad cerebral como resultado del entrenamiento cognitivo, **2)** los cambios en el rendimiento de las tareas cognitivas (principalmente en pruebas de laboratorio) y **3)** los cambios en los resultados funcionales (como la mejora en las actividades de la vida diaria).

Con respecto a los cambios cerebrales como resultado del entrenamiento cognitivo, los estudios han demostrado que se dan aumentos en el volumen neuronal en regiones como el hipocampo y el núcleo accumbens después del entrenamiento cognitivo (por ejemplo, enseñar a los adultos mayores a hacer malabarismos). También se han demostrado cambios en la actividad neuronal en la activación de regiones cerebrales específicas. Un estudio de 2009 realizado por Carlson *et al.* hizo que adultos mayores se ofrecieran como voluntarios durante 6 meses en escuelas primarias para apoyar actividades de alfabetización y de biblioteca para niños, así como para enseñar resolución de conflictos a través de juegos en un formato de recreo supervisado. Los investigadores encontraron un aumento en la actividad cerebral en la corteza prefrontal izquierda y en la corteza cingulada anterior (una parte del cerebro involucrada en la toma de decisiones, la empatía y el control de los impulsos, entre otras cosas). También constataron que se producían mejoras en las medidas realizadas en laboratorio de las habilidades ejecutivas. Esto es muy prometedor, pero plantea la cuestión de si estos cambios estructurales resultan en una mejora en el funcionamiento en el mundo real.

Con respecto al impacto del entrenamiento cognitivo en los resultados conductuales, esto es lo que muestra la investigación: en general, se ha demostrado que el entrenamiento cognitivo mejora la capacidad de las personas para realizar las tareas en las que fueron capacitadas, y también hay abundantes evidencias que sugieren que pueden mejorar tareas similares o relacionadas. Asimismo, hay alguna evidencia de que el entrenamiento puede tener una influencia positiva en habilidades más amplias, como el razonamiento fluido (la capacidad de resolver nuevos problemas independientemente del conocimiento previamente adquirido).

Sin embargo, de manera más consistente, los estudios demuestran que, si se aprenden estrategias para aumentar la velocidad de procesamiento en tareas de laboratorio, por ejemplo, se puede generalizar esa habilidad a tareas de laboratorio similares (pero no idénticas) de velocidad de procesamiento. O si se aprenden algunas estrategias para recordar ciertos tipos de información (como listas de palabras), se pueden mejorar las tareas relacionadas con la memoria (como aprender secuencias de números). Sin embargo, hay muy poca evidencia que sugiera que la habilidad aprendida se traducirá en tareas cotidianas (técnicamente, en las actividades de la vida diaria o ADL, por sus siglas en inglés, en el vocabulario de la comunidad geriátrica) que requieren memoria o velocidad de procesamiento (como recordar detalles de medicamentos recetados o poder pagar las facturas más rápido).

Uno de los estudios más frecuentemente citados sobre el impacto a largo plazo del entrenamiento cognitivo fue completado en 2002 por Bell *et al.* Éste fue un estudio multicéntrico que involucró a casi 3000 individuos entre los 65 y los 94 años de edad que fueron asignados aleatoriamente a uno de los tres grupos de intervención o a un grupo de control sin intervención. Las intervenciones tuvieron lugar en diez sesiones grupales y consistieron en:

1. **Entrenamiento de la memoria.** A los participantes se les enseñaron estrategias para recordar listas de palabras, secuencias de objetos, material de texto y detalles e ideas principales de historias, así como las tareas de memoria de uso diario tales como recordar una lista de compras.
2. **Entrenamiento del razonamiento.** A los participantes se les enseñaron estrategias para resolver problemas relacionados con patrones de series, incluyendo tanto tareas de razonamiento abstracto como problemas relacionados con las actividades de la vida cotidiana.
3. **Entrenamiento de velocidad de procesamiento.** Éste enfatizó la enseñanza de estrategias de búsqueda visual para permitir a las personas identificar y localizar información rápidamente en una tarea de atención dividida.

Después de 11 meses, el 60 % de cada grupo de intervención recibió la formación de «refuerzo» (4 sesiones repartidas en 2-3 semanas).

Las medidas de los resultados incluyeron evaluar la capacidad de los participantes para realizar tareas similares a las que habían recibido capacitación (llamados «resultados proximales»), así como medidas funcionales asociadas a las actividades de la vida diaria (tanto medidas de rendimiento como autoinformadas). Estos resultados se evaluaron dos años después del entrenamiento inicial. ¿Los resultados? Citamos las palabras de los investigadores:

En general, este estudio a gran escala demostró que las intervenciones cognitivas ayudaron a las personas mayores normales a desempeñarse mejor en múltiples medidas de la capacidad cognitiva específica para la que fueron entrenadas. *Sin embargo, no demostró la generalización de tales intervenciones al desempeño diario* [énfasis agregado], al menos en los dos años iniciales.

Ahora, debe tenerse en cuenta que, cuando se realizó un seguimiento de 5 años, los participantes que habían formado parte del grupo de entrenamiento de razonamiento informaron de menos disminución en las actividades autoevaluadas de habilidades de la vida cotidiana que el grupo de control. Pero la medida de los resultados fue limitada y sólo uno de los tres grupos mostró una mejoría significativa.

El problema con el entrenamiento cognitivo, tal como está diseñado actualmente, es que debido a que se lleva a cabo en un laboratorio, las tareas con las que se entrena a las personas no se acercan a la complejidad de las demandas del mundo real en cuanto a memoria, razonamiento o velocidad de procesamiento. Por esta razón, no es sorprendente que, aunque podamos lograr una «transferencia cercana» (la mejora en tareas de laboratorio similares), todavía tenemos que demostrar de manera fiable la «transferencia lejana» (la mejora en las habilidades en el mundo real).

Entonces, ¿qué extraemos de todo esto?

La buena noticia es que disponemos de abundantes estudios para demostrar los beneficios de las cosas que puedes hacer, a partir de ahora, para mejorar tus las habilidades ejecutivas en la vejez. Y es aún mejor noticia que la mayoría de estas actividades son cosas que puedes incorporar a tu vida cotidiana sin tener que comprar costosos equipos o depender de tecnologías punteras. El ejercicio aeróbico, la meditación y la estimulación cognitiva en forma de aprendizaje de nuevas habilidades se pueden realizar a bajo costo o sin costo alguno, y los beneficios pueden ser profundos a largo plazo.

Lo que está claro para nosotros es que cuanto más hagas para fortalecer y preservar tus habilidades ejecutivas, más probabilidades tendrás de envejecer bien. Si esto no te motiva para redoblar los esfuerzos y realizar incluso pequeñas mejoras en tus habilidades ejecutivas débiles, no estamos seguros de qué podría motivarte (¡aunque ambos tenemos ya más de sesenta años, por lo que eso puede influir en el sentido de urgencia que experimentamos al respecto!). Y piénsalo de esta manera: no sólo obtendrás beneficios a corto plazo, sino que las ganancias también pueden acumularse a largo plazo.

Vuelve atrás y revisa los capítulos que se dirigen a tus áreas particulares de desafío. Si el primer intento de una intervención no funcionó, retrocede, comienza con menos ambición, y construye una rampa que se incline de manera más gradual. Piensa en ello como si le hicieras un regalo a tu yo del futuro.

De hecho, haz que sea un mantra para animarte a seguir trabajando: «Lo hago como un regalo a mi yo del futuro».

¡Que tengas la mejor de las suertes!

Recursos

BIBLIOGRAFÍA

ALADINA, S.: *The mindful way through stress: The proven 8-week path to health, happiness, and well-being*. Guilford Press, Nueva York, 2015.

No todos tienen la oportunidad de ir a un retiro de *mindfulness* para aprender este tipo de meditación. Este libro te da la oportunidad de aprender meditación *mindfulness* en casa, después de un programa paso a paso de ocho semanas de duración que es, en realidad, dos programas: un minicurso para personas para quienes el tiempo es un bien escaso y un programa más completo para aquellas que tienen tiempo de ahondar más en la práctica. El libro también incluye meditaciones descargables.

BARKLEY, R. A.: *ADHD and the nature of self-control*. Guilford Press, Nueva York, 1997.

—: *Executive functions: What they are, how they work, and why they evolved*. Guilford Press, Nueva York, 2012.

Aunque técnicos, estos dos libros ayudan al lector a comprender las habilidades ejecutivas, así como el TDAH. Escrito por un experto en el tema, Barkley defiende en el primer libro que el TDAH es un trastorno que involucra a las habilidades ejecutivas, mientras que en el segundo ofrece una teoría completa de las habilidades ejecutivas, combinando la investigación neuropsicológica y la evolutiva.

—: *Taking charge of adult ADHD*. Guilford Press, Nueva York, 2010.

Barkley convierte su vasto conocimiento del TDAH en estrategias prácticas y cotidianas para que los adultos hagan frente a los problemas con sus habilidades ejecutivas y con las cuestiones de la vida cotidiana asociadas al TDAH.

BAUMEISTER, R. F. y TIERNEY, J.: *Willpower*. Penguin Press, Nueva York, 2011.

Escrito por un destacado investigador en el tema, este libro resume la investigación sobre el autocontrol y brinda al lector una clara instantánea no sólo de cómo los psicólogos entienden el autocontrol, sino también la manera en que se identifican las estrategias efectivas para mejorar esta habilidad fundamental.

BEGLEY, S.: *Train your mind, change your brain: How a new science reveals our extraordinary potential to transform ourselves*. Ballantine Books, Nueva York, 2007.

El autor, un conocido escritor de ciencia, informa sobre cómo la ciencia de vanguardia y la antigua sabiduría del budismo se han unido para revelar que, contrariamente a la creencia popular, tenemos el poder de cambiar literalmente el cerebro cambiando nuestras mentes. Un libro accesible que ayuda al lector a comprender la neuroplasticidad.

DAVIDSON, R. J. y BEGLEY, S.: *The emotional life of your brain: How its unique patterns affect the way you think, feel, and live – and how you can change them*. Plume Books, Nueva York. 2012.

En este libro, Begley combina fuerzas con Richard Davidson, neurocientífico pionero, centrándose en las bases neurológicas de las emociones. Describen seis patrones cerebrales distintivos asociados a diferentes estilos emocionales, haciendo referencia a la investigación del laboratorio del Dr. Davidson para apoyar su infraestructura.

GAWANDE, A.: *The Checklist Manifesto*. Holt, Nueva York, 2009.

Atul Gawande es un cirujano que escribe sobre temas médicos para un público no especializado. En este libro, describe cómo las listas de comprobación pueden ser una herramienta vital para preservar la salud y la seguridad de los consumidores (pacientes y pasajeros de líneas aéreas, entre otros). Después de leer este libro, puedes llegar a la conclusión de que las listas son una herramienta de supervivencia para la vida en el siglo XXI.

GREENWOOD, P. M. y PARASURAMAN, R.: *Nurturing the older brain and mind*. MA: MIT Press, Cambridge, 2012.

Un poco técnico, pero lleno de información. Si deseas separar los mitos de los hechos acerca de los factores que afectan al envejecimiento cognitivo, tanto positiva como negativamente, éste es tu libro. Y si quieres saber más acerca de cómo envejece el cerebro, no encontrarás otro recurso mejor.

HALLOWELL, E. M. y RATEY, J. J.: *Driven to distraction* (revisado). Anchor, Nueva York, 2011.

Un clásico, actualizado, en el campo del TDAH en adultos, que ofrece una explicación detallada, estrategias de afrontamiento y la gama de opciones de tratamiento disponibles.

Harris, D.: *10 % happier: How I tamed the voice in my head, reduced stress without losing my edge, and found self-help that actually works – a true story*. Harper Collins, Nueva York, 2014.

Si te intriga la idea de la meditación consciente, pero eres escéptico de todos modos, lee este libro. Dan Harris, corresponsal de la ABC, escribe una primera frase convincente: «De acuerdo con los datos de Nielsen, 5,019 millones de personas vieron cómo se me iba la cabeza». Después de sufrir un ataque de pánico en la televisión nacional, Dan fue en busca de ayuda. Se dirigió a la neurociencia, a la religión y a los gurús de la autoayuda para encontrar un camino a seguir, y terminó con la meditación consciente. Un divertido libro que reúne una gran cantidad de información en sus páginas.

Levitan, D. J.: *The organized mind: Thinking straight in the age of information overload*. Dutton, Nueva York, 2014.

Hacer un seguimiento de las cosas y mantenerse organizado en un mundo lleno a rebosar de información no es fácil. Otros libros de esta bibliografía remiten a la inhibición de respuesta. Éste trata de la organización, la memoria de trabajo y la gestión del tiempo. Al igual que con otros libros de esta lista, combina la neurociencia con las sugerencias prácticas.

Maurer, R.: *Un pequeño paso puede cambiar tu vida: el método Kaizén*. Urano, Barcelona, 2015.

No podemos elogiar este libro tanto como querríamos. Hemos sido fieles durante mucho tiempo al enfoque de que hay que dar «pasos de bebé» para cambiar el comportamiento. Este libro no sólo muestra por qué ése es el camino a seguir, sino que proporciona historias muy convincentes acerca de cómo funciona.

Mischel, W.: *The marshmallow test: Mastering self-control*. Little, Brown, Nueva York, 2014.

La prueba de malvavisco es el estudio de investigación más conocido que muestra el impacto del autocontrol en el comportamiento, a partir de la edad preescolar y a lo largo de toda la vida. Mischel defiende que ésta es una habilidad que puede ser modificada a través del uso de estrategias cognitivas, y el libro ofrece muchos ejemplos al respecto.

Perry, J.: *The art of procrastination: A guide to effective dawdling, lollygagging and postponing*. Workman, Nueva York, 2012.

Trata con un tono humorístico la procrastinación. Escrito por un profesor emérito de filosofía de la Universidad de Stanford, describe una manera productiva de que los indecisos puedan ser más eficaces en la gestión de este mal hábito mediante el uso de un método que él llama la «procrastinación productiva».

Revistas/publicaciones periódicas/*newsletters*

ADDitude

Esta revista está llena de estrategias y apoyos para las personas con habilidades ejecutivas débiles. Incluso aunque no tengas TDAH, la encontrarás útil (un número reciente llevaba en portada un artículo titulado «47 aplicaciones que debes tener: pon tu vida en orden ahora»). También tienen un sitio web muy útil: www.ADDitudeMagazine.com

Attention

Ésta es la publicación oficial de Children and Adults with Attention-Deficit/Hyperactivity Disorder (CHADD). También ofrece estrategias y recursos prácticos para el manejo de los síntomas del TDAH. El sitio web de CHADD es www.chadd.org

Brain in the News

Boletín mensual gratuito editado por la Fundación Dana, cuya misión es avanzar en el estudio del cerebro y educar al público responsablemente en los avances de la ciencia del cerebro. Visita su página web (que también proporciona enlaces a otros excelentes sitios web) y regístrate para recibir su *newsletter* en www.dana.org

Scientific American Mind

Revista bimensual de ciencia popular que traduce la investigación sobre el cerebro y la ciencia cognitiva a artículos accesibles y a lecturas sobre temas que los lectores puedan aplicar a su vida cotidiana. Su sitio web es www.scientificamerican.com/magazine/mind

Páginas web útiles

Además de los mencionadas anteriormente, aquí hay algunos otros sitios web útiles o informativos:

Headspace
www.headspace.com

Ofrece una gran cantidad de recursos disponibles para las personas que quieren seguir la meditación *mindfulness*. Esta web es una de nuestras favoritas. Desarrollada por Andy Puddicombe, un exsacerdote budista con sede en el Reino Unido, ofrece una serie de meditaciones guiadas utilizando varias técnicas diferentes. Hay que suscribirse, pero los primeros diez días son gratuitos, así que échale primero un vistazo. Como hemos explorado los recursos de la meditación *mindfulness*, hemos descubierto que la voz que te guía a través de una práctica de meditación es muy importante. A nosotros nos gusta la voz de Andy, pero escúchala tú mismo.

ISHA Foundation
www.ishafoundation.org

Otro sitio web que ofrece meditaciones guiadas, así como vídeos sobre la meditación. Este sitio ofrece materiales gratuitos.

Medscape
www.medscape.com

Este otro sitio web presenta noticias sobre la salud, en particular aquellas útiles para realizar un seguimiento de la investigación sobre el envejecimiento, así como las prácticas actuales en el tratamiento de problemas de salud mental como el TDAH, la ansiedad y la depresión.

Science Daily
www.sciencedaily.com

Este otro sitio web presenta noticias de última hora sobre los últimos descubrimientos en la salud y la ciencia a partir de los principales servicios de noticias y de las principales universidades, revistas científicas y organizaciones de recursos. Suscríbete a una de sus *newsletters* y la recibirás en tu bandeja de entrada.

Referencias

Capítulo 2
Dawson, P. y Guare, R.: *Smart but scattered: The revolutionary «executive skills» approach to helping kids reach their potential.* Guilford Press, Nueva York, 2009.
Guare, R., Dawson, P. y Guare, C.: *Smart but scattered teens: The «executive skills» program for helping teens reach their potential.* Guilford Press, Nueva York, 2013.

Capítulo 5
Maurer, R.: *One small step can change your life: The Kaizan way.* Workman, Nueva York, 2014.

Capítulo 6
Baumeister, R. F. y Tierney, J.: *Willpower.* Penguin Press, Nueva York, 2011.

Capítulo 7
Simsion, G.: *The Rosie Project.* Simon & Schuster, Nueva York, 2013.

Capítulo 9
Gawande, A.: *The checklist manifesto.* Holt, Nueva York, 2009.
Centro de Longevidad de Stanford, Instituto Max Planck para el Desarrollo Humano (20 de octubre de 2014). Un consenso sobre la industria de la formación del cerebro de la comunidad científica. Disponible en: http://longevity3.

stanford.edu/blog/2014/10/15/theconsensus-on-the-brain-training-industry-from-the-scientific-community

Capítulo 12

Immordino-Yang, M. H.; Christodoulou, J. A. y Singh, V.: «Rest is not idleness: Implications of the brain's default mode for human development and education». *Perspectives on Psychological Science*, 7 (4), 352-364, 2012.

Mooneyham, B. W. y Schooler, J. W.: «The costs and benefits of mindwandering: A review». *Journal of Experimental Psychology*, 67 (1), 11-18, 2013.

Raichle, M.: «The brain's dark energy». *Scientific American*, 302 (3), 44-49, 2010.

Wellcome Trust: «Brain scans show children with ADHD have faulty off-switch for mind-wandering». *Science Daily*, 10 de enero de 2011. Disponible en www.sciencedaily.com/releases/2011/01/110105094117.htm

Capítulo 13

Allen, D.: *Getting things done: The art of stress-free productivity*. Penguin Books, Nueva York, 2015.

Neubert, F. X.; Mars, R. B.; Thomas, A. G.; Sallet, J. y Rushworth, M. F. S.: «Brain area for decision-making and planning is uniquely human». *Neuron*, 81 (3), 700-713, 2014.

Capítulo 16

Miyake, A.; Friedman, N.P.; Emerson, M.J.; Witzki, A.H. y Howerter, A.: «The unity and diversity of executive functions and their contributions to complex "frontal lobe" tasks: A latent variable analysis». *Cognitive Psychology*, 41, 49-100, 2000.

Capítulo 18

Bélanger-Gravel, A.; Godin, G. y Amireault, S.: «A metaanalytic review of the effect of implementation intentions on physical activity». *Health Psychology Review*, 7 (1), 23-54, 2013.

Chapman, J. y Armitage, C.: «Evidence that boosters augment the long-term impact of implementation intentions on fruit and vegetable intake». *Psychology and Health*, 25 (3), 365-381, 2010.

Dewitte, S.; Verguts, T. y Lens, W.: «Implementation intentions do not enhance all types of goals: The moderating role of goal difficulty». *Current Psychology: Developmental, Learning, Personality, Social*, 22 (1), 73-89, 2003.

Gal, D. y McShane, B. B.: «Can small victories help win the war? Evidence from consumer debt management». *Journal of Marketing Research*, 49 (2), 487-501, 2012.

Gollwitzer, P. M. y Sheeran, P.: «Implementation intentions and goal achievement: A meta-analysis of effects and processes». *Advances in Experimental Social Psychology*, 38, 69-119, 2006.

O'Dougherty, J. P.: «Contributions of the ventromedial prefrontal cortex to goal-directed action selection». *Annals of the New York Academy of Sciences*, 1239, 118-129, 2011.

Patrick, V. M. y Hagtvedt, H.: «"I don't" versus "I can't": When empowered refusal motivates goal-directed behavior». *Journal of Consumer Research*, 39, 371-381, 2011.

Prestwich, A.; Lawton, R. y Conner, M.: «The use of implementation intentions and the decision balance sheet in promoting exercise behaviour». *Psychology and Health*, 18 (6), 707-721, 2003.

Capítulo 19

Meichenbaum, D.: *Stress inoculation training*. Pergamon Press, Nueva York, 1985.

Mills, H.; Reiss, N. y Dombeck, M.: «Developing a personalized stress prevention plan». 2008. Disponible en www.mentalhelp.net/articles/developing-a-personalized-stressprevention-plan

Toffler, A.: *Future shock*. Random House, Nueva York, 1970.

Capítulo 20

Ball, K.; Berch, D. B.; Helmers, K. F.; Jobe, J. B.; Leveck, M. D. y Marsiske, M., *et al.*: «Effects of cognitive training interventions with older adults: A randomized controlled trial». *Journal of the American Medical Association*, 288 (18), 2271-2281, 2002.

CARLSON, M. C.; ERICKSON, K. I.; KRAMER, A. F.; VOSS, M. W.; BOLEA, N. y MIELKE, M., *et al.*: «Evidence for neurocognitive plasticity in at-risk older adults: The Experience Corps Program». *Journals of Gerontology Series A: Biological Sciences and Medical Sciences*, 64A (12), 1275-1282, 2009.

LÜDERS, E.; CHERBUIN, N. y KURTH, F.: «Forever young(er): Potential age-defying effects of long-term meditation on gray matter atrophy». *Frontiers in Psychology*, 5, 1551, 2015.

REUTER-LORENZ, P. A., y PARK, D. C.: «How does it STAC up? Revisiting the scaffolding theory of aging and cognition». *Neuropsychology Review*, 24, 355-370, 2014.

Índice analítico

A

Acaparadores (Hoarders, programa televisivo) 241
Acta de los Americanos con Discapacidades (ADA) 28
adelgazamiento cortical 323
adicción 179
afirmaciones 168, 183, 193, 208, 225, 238, 252, 263, 277, 291, 297
alarmas 54, 71, 165, 166, 172, 208, 226, 237, 238, 240, 247, 251, 252, 253, 254, 255
alimentación 51, 152, 158
Allen, David 226, 340
amígdala 171, 172, 304, 305
amigos 47, 52, 55, 73, 119, 143, 153, 189, 191, 195, 196, 197, 247, 254, 255, 290, 294, 295
angustia 22
anorexia nerviosa 259
ansiedad 28, 42, 43, 94, 126, 173, 174, 179, 185, 186, 199, 228, 304, 309, 315, 337
antioxidantes 327
apoyo 42, 47, 156, 194, 218, 242, 244, 258, 307, 314, 316
aprendizaje 18, 24, 25, 26, 32, 59, 113, 155, 177, 188, 215, 302, 325, 326, 331
asesor financiero 294
atención 15, 20, 22, 28, 34, 43, 48, 51, 57, 64, 70, 80, 83, 89, 90, 95, 96, 109, 113, 116, 119, 131, 134, 135, 150, 153, 156, 164, 168, 179, 180, 182, 183, 188, 189, 192, 201, 202, 203, 204, 205, 209, 210, 211, 212, 213, 214, 215, 233, 234, 245, 246, 248, 252, 265, 283, 286, 294, 304, 313, 316, 318, 330
aTracker/aTracker Pro (aplicación) 252
audibles 71, 146
autocontrol 36, 143, 144, 145, 146, 151, 152, 153, 269, 334, 335
autoevaluación 29, 36, 74, 97, 176, 184, 186, 209, 269, 270, 279
automaticidad 287
autorregulación del afecto 171
axones 23, 24, 305, 321, 322

B

Balanced (aplicación) 180
Balance de Decisiones 299
buscadores de estímulos 303
búsqueda
    151, 156, 179, 183, 195, 197, 212, 279, 285, 288, 293, 294, 295, 303, 304, 305, 308, 318, 323, 330
    académica 151, 197
Medscape 179

C

cambios en las circunstancias 62
células nerviosas 23, 24, 270
Chillax (aplicación para tabletas y teléfonos móviles) 180
ChoreMonster (aplicación para tabletas y teléfonos móviles) 240
cognición encarnada 285

compañeros de trabajo 17, 18, 50, 52, 101, 119, 142, 148, 181, 268
complejidad 14, 16, 69, 234, 324, 331
comportamiento de reemplazo 145, 267
compromiso 56, 69, 70, 75, 85, 89, 144, 147, 148, 186, 196, 211, 295, 325, 326, 328
confianza 64, 67, 144, 184, 314
conflictos 14, 19, 40, 48, 116, 118, 125, 329
consecuencias 30, 39, 52, 96, 270, 281
contemplación 296
contraste mental 299
control
    de impulsos 28, 43, 142, 147, 150, 214
    emocional 15, 16, 17, 27, 28, 32, 33, 39, 42, 43, 48, 49, 80, 81, 82, 100, 107, 114, 118, 130, 142, 171, 172, 173, 174, 175, 176, 177, 180, 181, 244, 259, 260, 262, 286, 305
correo electrónico 189, 240
corteza prefrontal 14, 172, 217, 218, 246, 270, 284, 304, 323, 329
cortisol 304, 305
Cozi Family Organizer (aplicación para tabletas y teléfonos móviles) 240
crianza de los hijos 113
Cuestionario de Habilidades Ejecutivas 17, 25, 30, 44, 55, 67, 80, 81, 97, 98, 101, 133, 134, 135, 187, 259, 270, 303

D

déficit de atención 48, 131, 153
dendritas 23
depresión 22, 28, 94, 116, 179, 202, 246, 259, 304, 325, 326, 337
desarrollo de habilidades 24, 67, 271
desorden 35, 42, 50, 51, 108, 119, 129, 182, 204, 233, 235, 239, 240, 241, 243
dieta 327
discapacidad 28, 116
disminución cerebral 322
disparadores 145

distracciones 34, 39, 48, 49, 98, 201, 202, 203, 210, 211, 212
dopamina 174, 246, 258, 304, 323

E

ejercicio 105, 111, 130, 152, 174, 189, 191, 192, 195, 211, 213, 258, 273, 297, 298, 299, 308, 317, 326, 327, 331
ensayo mental 159
entorno 18, 21, 22, 31, 45, 47, 48, 49, 50, 52, 57, 61, 71, 99, 101, 102, 103, 104, 107, 111, 139, 142, 143, 157, 158, 171, 173, 174, 189, 194, 203, 204, 207, 219, 234, 235, 247, 257, 260, 264, 268, 271, 286, 303, 304, 305, 306, 316
entrenamiento
    cognitivo 168, 323, 328, 329, 330, 331
    de correspondencia 69, 196
envejecimiento 157, 168, 214, 321, 322, 323, 324, 325, 327, 328, 334, 337
estatus 325
estimulación cognitiva 327, 331
estrategia compensatoria 323
estrategias de afrontamiento 184, 298, 307, 335
estrés 325
estructura 102, 143, 304, 324, 325, 328
eventos inesperados 31, 99, 125, 259, 263
éxito escolar 26, 27, 290

F

factores
    adicionales 111
    ambientales 22
    de crecimiento 327
    13, 183, 186, 307
    de protección 322
    de riesgo 326
    desencadenantes 174, 306
    dietéticos 327
    genéticos 324, 326
    negativos 326
familia 11, 13, 14, 19, 38, 52, 62, 109, 116, 118, 119, 134, 142, 148, 177, 181, 182,

183, 184, 240, 247, 261, 264, 266, 313, 314, 316
fecha límite 33, 53, 69, 128, 145, 160, 176, 190, 192, 198, 204, 207, 225, 236, 241, 251, 262, 275, 288, 289
feedback 41, 122, 134, 149, 150, 184, 186, 255, 274, 280, 281, 299
Find My iPhone (aplicación para el iPhone) 163
flexibilidad 27, 41, 42, 43, 51, 55, 61, 62, 63, 67, 74, 80, 82, 83, 95, 131, 180, 257, 258, 259, 260, 261, 262, 264, 266, 267, 268, 286, 305
fomentar 152
fondo financiero 294
formulario 67, 89, 90, 114, 192, 207, 237, 251, 272, 275, 290, 308, 309
fuerza de voluntad 102, 103, 146, 151, 152
funcionamiento del cerebro 217, 328

G

Gantt, diagrama de 64, 219, 291
generalización 70, 330
gestión del tiempo 15, 16, 17, 18, 22, 28, 35, 41, 42, 61, 67, 68, 80, 81, 93, 95, 118, 119, 131, 142, 188, 218, 246, 247, 248, 250, 251, 253, 254, 255, 266, 268, 335
glucosa 323
gráfico 177, 190, 196, 197, 248, 275, 291, 295, 299
gratificación aplazada 151
grupo 15, 55, 81, 83, 101, 103, 118, 151, 152, 161, 168, 185, 186, 187, 235, 254, 299, 301, 302, 328, 330, 331

H

habilidades ejecutivas 5, 7, 14, 16, 17, 18, 19, 20, 21, 22, 23, 24, 25, 26, 27, 28, 29, 30, 40, 43, 44, 47, 48, 49, 50, 51, 52, 53, 55, 56, 59, 60, 61, 62, 64, 65, 66, 67, 69, 74, 77, 79, 80, 81, 82, 85, 93, 94, 95, 96, 97, 98, 101, 102, 103, 104, 106, 109, 111, 113, 114, 116, 118, 119, 120, 127, 128, 129, 130, 131, 133, 134, 135, 139, 140, 141, 142, 150, 156, 172, 173, 174, 175, 178, 180, 198, 203, 205, 213, 214, 218, 231, 232, 233, 234, 246, 250, 258, 259, 264, 268, 271, 275, 283, 285, 286, 305, 306, 315, 316, 317, 321, 322, 323, 326, 327, 329, 331, 333, 336
Habit Factor, The (aplicación) 194
hábito 71, 113, 165, 175, 194, 287, 336
Headspace 179, 337
hipocampo 168, 171, 304, 305, 323, 324, 329
hogar 5, 14, 15, 18, 19, 28, 38, 39, 50, 61, 79, 101, 102, 103, 104, 105, 106, 107, 108, 109, 113, 114, 116, 148, 149, 165, 182, 187, 205, 211, 219, 226, 230, 231, 232, 240, 241, 254, 255, 306, 309, 317
Hoja de Trabajo 80, 81, 85, 89, 90
Home Routines (aplicación) 240
horario 102, 109, 159, 196, 199, 207, 209, 211, 212, 224, 243, 244, 248, 251, 261, 266
horarios 59, 63, 240, 244, 309, 315

I

identificar una actividad 67
infelicidad 173
inflexibilidad
    42, 43, 63, 128, 259, 261
    cognitiva 259
    financiera 293
inhibición de respuesta 15, 28, 29, 32, 39, 43, 49, 64, 81, 100, 107, 114, 116, 127, 141, 142, 143, 144, 147, 148, 151, 152, 173, 177, 180, 258, 286, 335
inicio de tareas 111, 113, 116, 187, 189, 190, 194, 195, 197, 234, 290
Instapaper (aplicación) 162
intenciones de implementación 153, 297, 298, 299, 300, 301, 302
Interval Minder (aplicación) 209

investigación 16, 17, 23, 29, 42, 56, 63, 69, 70, 102, 103, 145, 151, 152, 153, 159, 179, 180, 185, 186, 196, 202, 211, 214, 258, 295, 296, 297, 298, 300, 301, 322, 324, 326, 328, 329, 333, 334, 335, 336, 337
ira 43, 142, 173, 176, 178
iSecretary (aplicación) 194, 195

J

juegos mentales 328

L

listas
    26, 51, 54, 83, 107, 109, 111, 157, 158, 160, 161, 162, 167, 226, 240, 329, 330, 334
    de comprobación 158, 160, 334
    de control 26, 158, 161, 167, 226, 240
    de limpieza 240
    de palabras 329, 330
    de tareas 54, 83, 109, 158, 162, 240
    de verificación 51, 158, 167
lóbulo frontal 217, 234, 258, 304, 323
lucha o huida 172, 304
lugar de trabajo 18, 27, 28, 79, 81, 85, 87, 88, 93, 102, 133, 184, 212, 231, 238, 277, 317

M

Make Dice (aplicación) 264
malvavisco 151, 335
malvavisco, La prueba del (experimento) 151, 335
materia blanca 24, 270, 304, 305, 321, 322, 323, 325
materia gris 24, 270, 322, 323, 328
meditación 66, 178, 179, 180, 183, 185, 264, 306, 308, 315, 317, 318, 328, 331, 333, 335, 337
memoria
    a largo plazo 155, 304

    de trabajo 15, 16, 17, 20, 28, 32, 39, 42, 44, 49, 56, 63, 70, 81, 100, 107, 121, 131, 155, 156, 157, 158, 159, 160, 161, 164, 166, 167, 234, 256, 258, 285, 327, 335
MentalHelp.net 308
meta 17, 34, 37, 50, 68, 69, 71, 90, 92, 97, 132, 144, 147, 160, 168, 176, 192, 207, 217, 221, 223, 225, 231, 236, 250, 251, 275, 283, 284, 288, 296, 341, 352
metacognición 15, 32, 36, 40, 43, 50, 81, 100, 109, 269, 352
mielinización 24, 25, 305
modelo
    de ciclo de vida 325
    de tres factores 258
    del entorno 47, 351
    de tareas 50, 51, 143, 287, 306

N

neuronas 24, 270, 321, 324
neuroplasticidad 17, 321, 334
niños 13, 14, 17, 22, 26, 27, 49, 50, 51, 54, 62, 68, 104, 105, 113, 114, 141, 151, 153, 172, 177, 181, 182, 191, 202, 210, 214, 240, 243, 245, 251, 257, 264, 283, 329, 349
nivel actual de rendimiento 68, 75, 87, 162
niveles de dopamina 304, 323

O

objetivo 15, 18, 32, 37, 40, 43, 44, 50, 51, 58, 68, 69, 71, 75, 80, 81, 83, 85, 87, 90, 92, 100, 107, 108, 109, 114, 116, 132, 142, 144, 145, 147, 148, 149, 152, 153, 160, 161, 162, 176, 178, 185, 188, 189, 191, 192, 195, 196, 197, 202, 203, 205, 207, 213, 218, 225, 229, 231, 236, 238, 250, 251, 256, 262, 263, 274, 275, 279, 283, 284, 285, 286, 287, 288, 289, 290, 291, 292, 293, 295, 296, 297, 298, 299, 300, 301, 308
objetivos previos 153
OmniFocus (aplicación) 226

Omni Group (aplicación) 226
organización 15, 16, 22, 26, 27, 28, 32, 35, 36, 37, 38, 39, 42, 48, 49, 50, 51, 53, 61, 63, 64, 67, 68, 74, 81, 83, 95, 96, 99, 100, 105, 108, 109, 111, 116, 119, 124, 130, 131, 159, 218, 233, 234, 235, 236, 237, 238, 242, 243, 266, 268, 335

P

padres 14, 19, 22, 26, 27, 56, 113, 114, 119, 150, 172, 177, 184, 191, 204, 220, 240, 243, 263, 271, 290, 292, 295, 309
perfeccionismo 33, 181, 184
persistencia 15, 32, 37, 40, 43, 44, 50, 80, 81, 83, 85, 100, 109, 114, 116, 142, 203, 218, 283, 284, 285, 286, 287, 297, 298, 300, 301
plan
   15, 31, 36, 39, 55, 65, 67, 68, 69, 70, 71, 74, 75, 76, 85, 87, 88, 89, 90, 93, 95, 97, 99, 109, 112, 123, 131, 140, 146, 148, 149, 150, 153, 160, 161, 177, 178, 182, 183, 184, 189, 192, 193, 195, 196, 197, 205, 207, 208, 212, 218, 219, 221, 222, 223, 224, 225, 229, 230, 231, 234, 236, 237, 238, 242, 251, 253, 254, 255, 256, 262, 263, 265, 267, 274, 275, 276, 277, 281, 284, 285, 286, 287, 290, 291, 294, 295, 296, 297, 298, 299, 300, 308, 309, 310, 311, 314, 315, 316, 341
   semanal 91
planes de refuerzo 36, 299
planificación 15, 16, 18, 27, 28, 32, 34, 35, 38, 39, 44, 49, 53, 55, 57, 63, 65, 81, 83, 85, 90, 92, 95, 97, 100, 107, 108, 111, 112, 113, 116, 123, 128, 130, 131, 139, 142, 149, 150, 160, 161, 162, 177, 188, 192, 193, 207, 214, 217, 218, 219, 220, 225, 226, 227, 229, 231, 232, 233, 246, 248, 258, 262, 265, 266, 275, 284, 285, 287, 290, 291, 292, 294, 295, 296, 327
plasticidad 60, 168, 327
Pomodoro (aplicación) 209, 252

práctica de la habilidad 70, 194, 262
precontemplación 295
predisposición para el cambio 295
preparación para el cambio 296
priorización 15, 32, 34, 39, 49, 81, 90, 100, 108, 113, 116, 142, 162, 188, 217, 219, 220, 233, 248, 285
problemas de salud mental 116, 337
procesos 139, 156, 171, 214, 304, 323, 324
procesos compensatorios 324
procrastinación 30, 187, 197, 198, 199, 336

R

razonamiento
   abstracto 330
   fluido 329
recompensa 66, 71, 72, 92, 106, 143, 146, 149, 150, 152, 161, 162, 167, 177, 178, 183, 184, 193, 195, 197, 208, 211, 213, 214, 225, 237, 238, 241, 243, 244, 251, 254, 263, 266, 267, 277, 282, 290, 291, 304, 323
recordatorios 18, 30, 50, 54, 71, 98, 121, 122, 157, 161, 162, 165, 166, 167, 193, 195, 208, 226, 237, 240, 241, 242, 251, 253, 267, 277, 293
recursos
   95, 278, 333
   neuronales 325, 326
red en modo automático 201, 202, 214, 215
redes sociales 143, 180, 189, 215, 240
reestructuración cognitiva 318
reflejos 258
refuerzo positivo 71, 72
relaciones
   14, 18, 19, 28, 29, 59, 79, 116, 117, 118, 119, 120, 127, 130, 133, 134, 142, 230, 278, 279
relaciones
   de pareja 14
relaciones interpersonales 28, 79, 117, 118, 119, 120, 130, 133

relajación 180, 308, 318
RescueTime (aplicación) 252
resolver problemas (Metacognición) 103, 215, 243, 273, 330
responsabilidad 182, 256, 273, 313, 314
responsabilidades
    financieras 62
    laborales 14
ritmos circadianos 246

S

sacrificios 296
señales 17, 23, 50, 71, 76, 88, 146, 148, 157, 158, 160, 161, 172, 197, 208, 237, 251, 271, 272, 273, 276, 287, 296, 310
servicios financieros 293
sistema límbico 172
situación financiera 62
StarCraft (juego) 264

T

tabla 38, 49, 52, 53, 55, 105, 106, 109, 111, 114, 184, 205, 229, 235, 250, 272
tareas 13, 14, 15, 16, 28, 30, 31, 32, 33, 34, 39, 43, 44, 48, 49, 50, 51, 52, 53, 54, 55, 56, 64, 65, 66, 70, 80, 81, 83, 90, 95, 98, 99, 100, 102, 104, 105, 106, 107, 108, 109, 110, 111, 112, 113, 114, 115, 116, 122, 123, 124, 127, 129, 130, 132, 143, 155, 158, 162, 168, 171, 173, 187, 188, 189, 190, 191, 192, 194, 195, 196, 197, 198, 202, 203, 204, 205, 207, 208, 211, 234, 235, 237, 240, 243, 246, 247, 248, 250, 257, 258, 264, 270, 275, 283, 285, 287, 290, 291, 296, 300, 306, 307, 323, 329, 330, 331

TDAH 153, 163, 202, 214, 246, 333, 335, 336, 337
tecnología 13, 14, 54, 57, 194, 214, 215, 219, 227, 237, 248, 255
tentación 29, 59, 66, 71, 103, 141, 144, 145, 152, 153, 196, 220, 296, 298, 301
teoría
    cognitiva-conductual 94
    del andamiaje 325
terapia de inoculación de estrés 307
The Checklist Manifesto (Gawande) 158, 334
The Tile (aplicación) 163
tolerancia al estrés 27, 28, 37, 38, 41, 61, 80, 83, 102, 120, 127, 303, 305, 306, 307
trabajo con esfuerzo 104
trastorno
    afectivo 174
    obsesivo-compulsivo 28, 116, 259
trauma 22

U

uso eficaz de las fortalezas 84

V

velocidad de procesamiento 111, 168, 329, 330, 331
videojuegos 48, 264, 286
visualización 251, 287, 308, 318

W

Wunderlist (aplicación) 158, 162

Z

zonas de estabilidad 317

Índice

Nota de los autores 7

PRIMERA PARTE
Comprender al ejecutivo que tienes en tu cerebro 9
¿Eres inteligente, disperso y estás estresado? 11
Tu perfil de habilidades ejecutivas 21
Gestionar las habilidades ejecutivas mediante la modificación del entorno 47
La mejora de tus habilidades ejecutivas 59

SEGUNDA PARTE
Comprender el impacto de las habilidades ejecutivas en tu vida diaria 77
Las habilidades ejecutivas en el lugar de trabajo 79
Las habilidades ejecutivas en el hogar 101
Habilidades ejecutivas y relaciones interpersonales 117

TERCERA PARTE
Estrategias para las habilidades ejecutivas individuales 137
Control de impulsos: Inhibición de respuesta 141
Seguimiento de la memoria del trabajo 155
Estar tranquilo: Control emocional 171
Evitar la procrastinación: Iniciación de tareas 187
Mantener la concentración: Atención sostenida 201
Definir una ruta: Planificación/priorización 217
Arreglando el desorden: Organización 233
Cumplir con la agenda: Gestión del tiempo 245
Cambiar de marcha: Flexibilidad 257

Aprender de la experiencia: Metacognición.. 269
Llegar a la meta: Persistencia dirigida a un objetivo 283
Lidiar con las situaciones difíciles: Tolerancia al estrés............................ 303

CUARTA PARTE
Mirar hacia el futuro 319
Envejecer sin perder las ventajas: Una receta para preservar
   las habilidades ejecutivas.. 321
Recursos 333
Referencias 339
Índice analítico... 343

(Quienes compren este libro se pueden descargar e imprimir versiones más ampliadas de algunas herramientas prácticas seleccionadas de www.guilford.com/dawson7-forms para uso personal o uso con clientes individuales).